U0007359

CHINA'S CRONY CAPITALISM

THE DYNAMICS OF REGIME DECAY

權貴資本主義的起源與
共產黨政權的潰敗

裴敏欣——著

梁文傑——譯

出賣中國

目錄

導讀

人民的名義「超展開版」：
電視劇沒告訴你的，都在這了

胡采蘋

專欄作家，曾經任職《商業周刊》（台北）、
《財經雜誌》（北京）、阿里巴巴集團天下網商執行主編（杭州）

很快的我就發現，大家在講一個什麼我不知道的事情。

2010年的中秋節，是我第一次在北京過中秋，那也是我在極具聲望的《財經雜誌》上班的第一年，一切都很新鮮。

中秋節前的兩個禮拜，很奇怪的，馬路上開始日夜塞車，我跟同事們約定的會議都很難準時。遲到的同事趕得滿頭大汗，一坐下就向大家致意：「中秋節送禮，哪兒都堵。」這時候，從大家臉上古怪的笑意，我意識到這個「送禮」，不是普普通通的月餅禮盒，似乎有著引人遐想的意涵。

後來我當然知道了，月餅禮盒裡，拿開了上層的月餅，底層會有大把現金鈔票；同事們說，京城的送禮車裡，一整個後車廂

滿滿都是這種禮盒，途為之塞。

　　裴敏欣在《出賣中國》書中，稱此為「賄賂的分期付款」，如果收禮的人滿意了，會給送禮的人安排官職、滿足需求，任務達成之後再補齊尾款，不成就繼續送。農曆春節、中秋是兩大送禮時機，京城處處是官，各種高級禮物流轉，也是一大官場文化：每逢佳節必塞車。

　　2010也是上海主辦世界博覽會的一年。在台灣出生長大的我，覺得這不過就是一個展覽，有什麼大驚小怪。然而上海世博會被定位成和北京奧運會同等重要的國家級活動，幾乎動員了全國公務機構、重點學校參加；我們公司也派出多名記者到世博會參觀，因為公司「響應號召」，認購了大批門票。

　　一進世博館，到處是農村大伯大嬸組成的旅遊團，穿戴全身螢光橘色、腥紅色、玫粉色等鄉土氣息濃厚的團體裝，幾十人、幾十人一組，在世博會場中逛來逛去，彷彿這裡是觀光景點。即使已經動員了大量機關單位，門口查票處排得人山人海，奇怪的是，這個世博會場就是顯得碩大無朋，再多人還塞不滿。

　　同事們一邊張望一邊聊天：「這片地兒都搬了多少人家？」「欸，還在鬧，該徵的不該徵的，都徵了。看看，都是空地。」我才恍然大悟，大得看不見邊的世博會場，原來儘可能徵收了大量的週邊土地，以世博會之名，趕走地上民居，準備展會一結束就要大片土地賣給建商，居民因此在開幕當天集結抗議賠償條件過低。

在《出賣中國》裡，裴敏欣統計了土地、礦產、國有企業這三大貪腐標的的案例型態，其中惡名昭彰的土地財政，在1994年金融沙皇朱鎔基將財稅收歸中央後，成為地方政府至少一半的財源收入。像上海世博會這樣的迫遷、圈地，在全中國範圍內都很常見；儘管推動了驚人的房地產經濟活動，卻也成為貪腐案件的重災區，賣地成為官員發財的重要手段之一。

在北京居住還沒有很久，我很快就學到了，原來在普通京城民眾的話語體系裡，有一種特別隱諱的耳語，大家說的時候不明目張膽，但人人又特別愛說；各種晦澀用語、代號，講到人名時絕不說穿，有各種密語暱稱替代，茶餘飯後、出租車間都是庶民政治講堂。我漸漸知道了每個代號在指誰，個個都是「大領導」。

這是在台灣社會很少遇到的事情，好像有一個神秘的世界，隱藏在人們的交頭接耳中，人人都知道私底下有些什麼事情正在發生。

＊　　＊　　＊

耳語的世界，有時候會不小心露出一角，你能真正看到一些。

2010到2012年可以說是中國調查報導的大年，儘管我們經歷過公安到雜誌社抓人（只好把同事藏起來）、即將付印的大樣在印刷廠被沒收、已經出街的雜誌被人一個報刊亭一個報刊亭沿

街買下（不讓人買來看）、上網的新聞鏈接失效等驚險事件，但平心而論，當時由於新媒體崛起，中國政府一時之間找不到有效的管制辦法，還是有許多珍貴的調查報導得以透過網路與世人相見。

因為《財經雜誌》擁有全中國最好的調查報導團隊，在公司裡稱為「法治組」，都是專門揭發貪腐新聞的風雲記者，因此裴敏欣書中的研究案例，對我來說有一種詭異的親切感。

例如書中提到縣級政府的貪腐能力並不下於較高階的市級政府，為了安排自己人張羅貪腐網絡，縣級政府以「薄利多銷」的方式賣官，大量官位低價格出售，就能快速鋪成「一條龍服務」網絡；生意人前來尋租時，無須個個關節打通，「一把手」點頭即可。豐厚的所得使地方流行把縣政府蓋成「小白宮」，裴書中提到過三座富麗堂皇的小白宮，我自己就去過其中一個。

進入集體貪腐網絡有其儀式，官員們各自帶著情婦出席聚會，算做投名狀，因為情婦常是收受賄賂的白手套。當時流行一種官員落馬情節，官員與情婦的情色照片、錄影動輒被公開上網，紀委就不得不懲處官員，情婦經常是一種官員之間互相控制的把柄。

我的同事甚至寫過一個轟動江湖的封面故事「公共情婦」，一個手腕厲害、相貌並不出色的女子，憑藉對官員需要貪腐網絡的敏銳直覺，竟然成為好幾個部級官員的共同情婦，一個女子網羅了一張有國營企業高層、證券監理高官、省級高官、法院院長

等，可以任意功能組合的「合作脈絡」。報導一出，震驚宦海，我們也爭相請該同事吃飯，追問幕後香豔情節。

這類故事現在沒有過去常見了，這屆政府上台後，打貪聲勢浩浩蕩蕩，官員落馬甚至打破了「刑不上常委」的慣例；然而以貪腐新聞為主要戰場的調查報導部門，並沒有因為新聞富礦而更強大，反而逐漸萎縮消失，被打擊的程度比貪腐官員還要慘重。

取而代之的，是類似《人民的名義》這種官方審批製作的打貪電視劇，官方在考慮政權穩定的前提下，決定了哪些情節可以被人民知曉，哪些不可以（新聞自由市場上的調查報導就不是官方想要的），對貪腐事件的知情權，正在逐漸被收歸黨國所有。

＊　　＊　　＊

在這樣的情形下，裴敏欣先生去年出版的《出賣中國》一書，就成為人們在耳語世界中，得以窺見的重要真實。

這本書依據過去中國法院公開審判的檔案卷宗，歸納出幾種重要的貪腐案件類型，包括買官賣官、官商勾結、掏空國企、黑道治國等，並對結構型貪腐現象做出政治經濟學解釋：中國在1990年之前並沒有集體貪腐案件，然而90年代行政權下放地方後，由於國家仍然希望控制國有資產的所有權，創造出「可交易的控制權」概念，將所有權與控制權分離。

儘管國家在名義上得到了所有權，然而控制權的法律概念並不清楚，多方勢力都有權介入控制，例如國企幹部、擁有審批權

的行政長官、資產或土地的實際使用人等，所有人都聲稱有權介入，導致控制權演變為有隙可乘的尋租標的。

裴書並有層次的將貪腐網絡是如何一層一層建構起來、每種貪腐類型為何發展成如此等問題，進行了有效解釋；例如買官賣官的收入雖然少，卻是建立起長期貪腐機器的重要基礎，因此這種犯罪長期存在，而且能長期不被破獲。

而在官商勾結網絡中，買官的增值空間簡直像股票，有人花34萬人民幣買官，貪污共1300萬人民幣，增值高達38倍；因此官位是必須花時間養護、增值的高報酬投資，官員就必須靠家人、情婦在外包工程、管財務，進行「貪污分工」，這就解釋了為什麼總有家人、情婦介入貪污案件。

在國有資產的掏空案中多半牽涉到生意人，商人總與國企幹部走在一起；黑道則是賄賂警察，因為只有警察能抓黑道，而生意人沒有動力跟警察打交道。書中也展示出某些地方政府是如何一步一步陷入黑道控制的局面。

裴敏欣研究貪腐問題的態度是比較客觀的，他解釋了哪些歷史宏觀決策導致了黨國體系最終淪為貪腐體系，現狀似乎是必然的結構性結局。這也衍生出一個重大問題，如果貪腐是黨國體系發展經濟過程中的重要動力、政策條件下的必然結果，那麼這屆政府驚天動地的打貪之後，這張黨國體系網絡接下來又有什麼意識形態上的前進動力？有什麼其他驅動力，可以促使黨國體系的持續更新前進？

＊　　＊　　＊

　　身為一個台灣人，讀這本書還有一種意外的趣味。裴書在解釋黨國體系時，大概每一個台灣人都能輕易的察覺到，書中的黨國脈絡體系和國民黨的「黨產通國產」是多麼相似。列寧式政黨在以黨領國的思想下，導致早期國民黨在處理黨產與國家財產時，也出現非常多裴書中的黨國行為。

　　國民黨黨產爭議已是長期話題，今年台灣的不當黨產委員會有許多大刀闊斧的改革，許多人將之視為政黨惡鬥。然而看過裴書之後，我想台灣社會可能必須意識到一件事情，我們正在處理的問題，是一個非常具有世界意義的難題。當19世紀末、20世紀初流行的以黨領國政體走入歷史，被一種新的民主政治體制取代，這是我們的共同決定，那麼我們所建立的新政體如何思考、處理舊體制的遺留問題，就是一個必須嚴肅對待，而且對整個世界政治潮流能形成許多啟發的重要課題。

　　我試著查閱中央圖書館的館藏資料，發現台灣對國民黨黨產的研究資料還相當稀少，僅有15筆結果，顯然台灣在這方面的總結經驗還不多。然而如果台灣能對國民黨黨產問題建立起一個處理典範，未來很可能會成為所有類似問題的解決範例，尤其像中國、新加坡、東南亞等，至今仍遺留強人強勢政黨傳統的國家。我很希望在國民黨黨產問題告一段落之後，能有一本像是《出賣中國》一樣的政治經濟學解釋，記錄下台灣社會對黨產問

題的處理過程。

　　裴敏欣先生是中國「恢復高考」的第一屆大學生。因為文革，中共曾經取消高考十年時間，整整十年全中國沒有出過一個大學生，直到1977年才重新招生。十年份的考生湊在一年考，這一年傳統上被認為是出類拔萃的一年。

　　從上海外語學院畢業後，裴敏欣先生赴美求學，獲得哈佛大學政治學博士，目前任教於加州克萊蒙特·麥肯納學院（Claremont McKenna College）。由於在中國問題上認識深刻、立場鮮明，成為最權威的中國問題專家之一，《出賣中國》是他第一本被翻譯成繁體中文的書，甫出版即成為英國《經濟學人》雜誌的年度選書，這是一本對中文世界有重要意義的書，能在此刻的台灣出版尤其珍貴。

譯序

台北市議員　梁文傑

　　無論從任何角度，今日中國從上到下的貪腐現象都和帝制中國極為類似。清代縣官雖是帝國統治體制的最末端，但也是「三年清知府，十萬雪花銀」，也就是三年撈個十萬兩都算「清官」。做到巡撫、總督以上者更是人人開府建牙，富可敵國。同樣的，在中共統治最末端的鄉鎮與縣市，其「一把手」幾乎個個都是「小官巨貪」。而中央大員周永康、郭伯雄、徐才厚等人所聚斂的財富，更是個個皆有如乾隆朝權奸和坤。

　　熟讀二月河小說者皆能將今日的習近平視為清代雍正皇帝的翻版。2013年5月，英國《經濟學人》的封面上就曾刊出過身穿一襲雍正龍袍的習近平。雍正在位時幾乎每年都有省級大員被正法，然後查抄罰沒財產，最多者一案正法近60人，有些貪腐重災區在一年內罷黜獲罪的官員將近一半。雍正堅持「吏治不清，民何由安？」，其反貪的決心和口號皆和今日的習近平驚人的相似。也難怪自習近平發起反腐運動之後，許多論者將其和雍正相比。就連二月河本人也說，「面對這個改革大潮中的形勢，中國

需要有決心有毅力、作出大改變的領袖人物,像雍正那樣的人,來糾正時弊,使中國能夠沿著『中國夢』這個健康大道向前邁進」。

習近平是否有意自比雍正不得而知,但他們面對的困境是一樣的。今日中國雖然是中共一黨專政,不是家天下的王朝,但任官昇遷的邏輯和地方濫權的情況幾乎都和清朝一模一樣。中共官員和清朝官員的正式工資都極低,但手中的權力都極大,這就鼓勵每一個為官者都要想方設法在任內以權換錢,能撈就撈。不論是習近平的「中紀委」或雍正的「會考府」等中央反腐機構,執行反腐的人力相較於腐敗官員的人數都是滄海一粟,反腐的速度遠遠比不上腐敗蔓延的速度。本書作者即一再揭示,儘管反腐運動的口號喊得震天響,中共官員受到腐敗調查的機率其實很低。更重要的是,中共官員和清朝官員都沒有獨立的司法和媒體監督(也從來不想要有),只能搞「自體監督」,這就註定不可能公正公平的辦案,反腐運動也就不可能免於選擇性辦案的政治計算。正如雍正所整肅者皆為其爭奪皇權時的政敵,習近平所整肅者也都是對手派系。

從雍正1722年登基至今已近三百年,而中國政治的根本問題似一無所變,著實令人感嘆。

本書作者從實證研究的角度揭示了中國官場各種腐敗行為及其背後的政治經濟邏輯。這對專業的中國研究者來說既具價值,書中各種腐敗案例對一般讀者也饒富興味。對於有需要到中國經

商創業或者從事兩岸工作的讀者來說，本書更有助於其和中國官員打交道。因此譯者雖為台北市議員，也願在公務繁忙之餘譯出此書以增進大眾對中國的理解。

自序

裴敏欣

　　自上世紀90年代初以來，中國共產黨的生存戰略的主要支柱之一是一黨統治下的經濟發展。在政治學裡，這一模式通常被稱為「威權發展主義」或「發展式威權政權。」這一模式在東亞的韓國、臺灣，和新加坡的高速發展過程中起到了關鍵作用。「發展式威權政權」在東亞的成功對後毛澤東時代的中共領導層有深刻的影響。在1989的天安門事件後，以鄧小平為領導的中共政權開始全力以赴地實施這一模式。

　　在過去的二十多年裡，我們不可否認中國的經濟獲得了世界歷史上罕見的超高速發展。由於中國的經濟起飛是在一個發展式威權政權統治下發生的，這一事實不可避免地引發了一場所謂「中國模式」的辯論。這場辯論的核心爭論是威權政權在經濟發展中的作用。推崇「中國模式」的人認為，中國的經濟起飛驗證了威權體制的優越性。如果沒有一個以發展為核心目標的一黨專制政權，中國的經濟起飛是無法想像的。持反對意見的人則認為這種觀點十分片面。影響經濟發展的因素很多，政府的行為和政

策只是其中之一。所以不能簡單地把中國過去二十多年的經濟成果歸功於中國的一黨專制。

這場辯論忽視的問題之一是威權體制下經濟高速發展的社會成本和政治後果。由於威權體制的排他性和缺乏有效的問責機制，菁英共謀勾結和濫用權力是這類體制的核心特徵與通病。這類政權統治的國家如取得經濟高速發展，它們的社會一般來說將會承受巨大的社會成本，如環境污染、貧富不均，和官員嚴重腐敗。這種社會成本不僅侵蝕了經濟發展的品質，而且會使經濟發展本身缺乏持續性。

在中國取得經濟飛躍發展以前，一個普遍被接受的觀點是只要經濟水準提高了，其他問題就好解決。但是中國的現實並不如此。如果我們仔細觀察中國的現實，現在中國要比1980年代富好幾十倍，有些問題（如溫飽、交通、能源與住房等）的確有極大改進。但是有其他問題（社會安全體系、社會公正、公民權利、食品安全、醫療保健系統與教育等）變得更為複雜，甚至無解。這是因為經濟發展只能解決一些純粹由於資源極度缺乏而造成的問題，但是不能解決由於資源配置不均和政府權力缺乏監督所引發的矛盾。在威權體制的統治下，後一類問題往往在經濟發展取得一定成果之後變的更加複雜和難解。

我們可以把這個現象稱為「威權發展悖論」，即威權體制現代化不僅無法會為統治菁英贏得長久的合法性，反而會導致國家

社會矛盾的激化。造成這一悖論的關鍵因素是權貴資本主義。

　　威權體制下的經濟發展容易導致權貴資本主義的根本原因是統治菁英控制了巨大的經濟資源和有對產權的絕對定義和支配權。由於威權體制的政治統治菁英的特權，他們不可避免地會利用這些權力在經濟發展的過程中「自肥」。但是由於政治菁英缺乏商業才能，他們不得不和民間的經濟菁英共謀勾結，進行「權錢交易」。這一過程對這兩組菁英都是一個「雙贏」的機會。統治經英可以兌現自己掌握的「權」，尤其是對國有資產的支配權。少數能夠和統治菁英建立密切的私人關係的經濟菁英可以通過賄賂，以少量的錢來獲得低價的高品質國有資產，從而獲得暴利，成為巨富。

　　本書試圖探討中國權貴資本主義的起源和中國的腐敗市場的內在運作機制。關於中國腐敗的研究很多，但是大部分研究沒有從理論上來探討形成中國特色的權貴資本主義的深層原因和機制。在此書中，我的基本理論貢獻是確定了1990年代以來國有資產的不完全產權改革和菁英共謀勾結之間的聯繫。中國的權貴資本主義的歷史和制度淵源是「後天安門時代」政治菁英和少數經濟菁英通過所謂的「產權改革」對國有資產的掠奪。另外，通過分析260例共謀型的腐敗案件，我從微觀層面描述了中國的腐敗市場的基本運作規則和機制。本書的實證貢獻披露了中國官商勾結，官員共謀，警匪一家，和司法執法腐敗的黑暗面。

　　《出賣中國》的中文版能見世，是作者的極大榮譽。我希望本書能起到拋磚引玉的效用，吸引其他學者和有識之士一起參與對中國的發展模式的探討和辯論。

裴敏欣

2017 年 6 月 11 日

導言

　　在最糟的情況下，這種由官員、生意人和黑社會組成的腐敗網絡會控制地方政府，把地方政府變成黑道治國。地方菁英的集體腐敗還會加劇社會和國家間的衝突。在菁英勾結並濫用權力的地方，民眾和地方政府的矛盾會更激烈，更容易引發群眾事件和暴力衝突。

> 區域性腐敗和領域性腐敗交織，窩案串案增多；用人腐
> 敗和用權腐敗交織，權權、權錢、權色交易頻發；官商勾結
> 和上下勾連交織，利益輸送手段隱蔽、方式多樣。
>
> ——習近平，2014 年 10 月 16 日

　　中共總書記習近平的擔心是有道理的。他在2014年聽取中央巡視工作領導小組關於各省反腐工作匯報時的講話中，生動描述了這種典型列寧主義政權末期的衰敗現象。從2012年11月一上任開始，習近平就展開後毛澤東時代最激烈的反腐敗運動，既對黨內刨根，又清除政敵。成千上萬的黨政幹部以及幾十個「老虎」（省部級高官）被送入大牢。習近平的努力能否挽救共產黨還未可知，但反腐敗運動所曝露出來的各種目無法紀的現象，完全證明一黨專政下的現代化所創造出來的並不是鄧小平的「具有中國特色的社會主義」，而是習近平在上述談話中所描述的極為猖獗的權貴資本主義。

　　要知道中國的權貴資本主義有多麼普遍和深入，只要看看被習近平的反腐敗運動打下來的那些老虎就夠了。最大一隻老虎當然是周永康這位負責國家安全的前政治局常委[1]，他在2015年經秘密審判後被判終身監禁。此案的重要性不只是它打破了在後毛澤東時代「刑不上政治局常委」的慣例，還因為周永康及其家人所打造的貪腐網絡正好就是習近平所講的「官商勾結和上下勾連交織」。周永康在2008年10月當上政治局常委以前，當過中

國石油公司總經理*、四川省委書記及公安部長。除了深耕黨內地盤，周永康還有一大群親信（八個省部級官員和幾十個市廳級官員）幫他家人發財²。根據知名的《財新》雜誌調查報導，周永康的兩個弟弟和一個妹妹擁有奧迪汽車的代理權，在四川和新疆擁有礦場，在四川有龐大的房地產，擁有液化天然氣公司，還擁有中國知名酒廠五糧液的代理權。周永康的兒子周濱特別有辦法從中國石油公司拿到合同，把便宜買來的資產高價賣出。單單在一筆交易中，他就把以1000萬元人民幣從中國石油買來的鑽油平台，用5億元賣給私人企業³。

在周濱的生意夥伴中，最引人注目的是周永康落馬後因涉及多宗謀殺罪被處決的黑幫老大劉漢。劉漢是四川礦業大亨，身價超過400億人民幣。他在2004年以2000萬人民幣的高價向周濱買下市值不到600萬元的未開發旅遊項目。劉漢應該對周永康一家很感念，因為正是周永康在當四川省委書記時，把劉漢從2001年預定逮捕的黑社會名單中剔除⁴。後來又查出劉漢回饋了周濱更多好處。2006年周濱幫劉漢拿到四川省批准的3個水力發電廠執照，還從國有銀行拿到6億人民幣的貸款。劉漢於2013

* 編註：中國石油天然氣集團公司（China National Petroleum Corporation，縮寫為CNPC），簡稱中國石油集團或中石油，是中國中央直接管理的國有企業，亦是中國大陸地區最大的原油與天然氣的生產及供應商。2016年該公司營業收入趨近三千億美元，於《財富》全球500強排名第三，僅次於沃爾瑪與中國國家電網。

年3月被捕之前，他才剛把發電廠以17億元賣掉。在周永康的親信中還有一個特殊人物曹永正，他是周永康的私人算命師，據說擁有特異功能。中共指控周永康把辦公室的國家機密文件非法交給曹永正，《財新》雜誌也發現曹永正的公司與中國石油合資煉油。這家公司在2012年底的未分配盈餘高達11億元。在2015年6月的判決中，法院指控周永康的妻子和長子周濱在周永康知情之下向四名企業家收取1.29億元的賄款，法院還指控周永康利用其職權幫助周濱、他的弟弟、姪子、曹永正和一名女企業家獲取非法利益21.36億元，造成國家14.86億的損失[5]。

　　周永康的案子也許特殊，但絕非個案。胡錦濤任總書記時（2002-2012）的中共中央辦公廳主任令計劃也是一例。令計劃並非周永康一夥，但他在2012年3月拜託周永康掩蓋他兒子開法拉利撞死的事件，這件事導致令計劃在幾個月後被撤職。[*]2014年令計劃再度受到調查，黨中央很快就揭破他在老家山西省的貪腐網絡，逮捕了八個省部級和三十個市廳級官員。根據媒體報導，令計劃家族積累的財富令人咋舌。其弟令完成的證券公司靠著神準投資高科技和媒體股票，大賺12億人民幣（令完成在令計劃落馬後逃往美國）。令計劃的小姨子和外甥開廣告公關公司，包攬2008北京奧運和2010上海世博會的生意。令計劃的妻子也擁

---

[*]　編註：令計劃的兒子令谷2012年3月駕駛價值500萬元人民幣的法拉利跑車車禍身亡。當時令計劃一度是2012年下半年舉行的中共十八大中獲得晉升的熱門人選。

有數家媒體和網路公司[6]。

浙江房地產大亨樓忠福因為拿1000萬人民幣現金給令計劃妻子開網路新創公司而被捲入對令計劃的整肅。樓忠福因為在2005年買下解放軍瀋陽軍區的籃球隊，並在自己的土地上蓋陸版艾菲爾鐵塔（並未蓋完）而全國知名，但押錯寶害得他鋃鐺入獄。在一個由太子黨統治的國家，樓忠福是白手起家的傳奇人物。他原是一名高中都沒畢業的建築工人，1984年接手一家小小的鄉鎮企業，然後在集體企業私有化的浪潮中把這家企業變成家族企業。在不到二十年間，廣廈控股集團變成中國第九大私有企業，有十二萬名員工，2014年的營業額是986億人民幣，盈餘是64.9億元。樓忠福深知政治關係的好處，他用高薪請來上百名離退的地方官員幫他做事，其中有浙江高級人民法院原副院長、中級人民法院原院長、浙江證券管理委員會原主任委員等。樓忠福最大的政治靠山是浙江省委原組織部部長斯鑫良（2001-2009），他對地方官員的任命和升遷有極大的影響力。在樓忠福於2015年底被拘留後不久，中央紀委以收受賄賂和權色交易的罪名逮捕了斯鑫良，罪名和周永康與令計劃相同[7]。

和樓忠福一樣，遼寧煤礦大亨王春成也是白手起家的典型。王春成在1990年代初從國有企業下崗後進入煤礦業。為了養家活口，王春成從地方上的礦場批煤，然後用手推車載去賣給地方上的發電廠。靠著勤奮、聰明和運氣，他成為遼寧電廠的主要煤炭供應商。王春成一路賄賂了內蒙古許多官員，拿到了在內蒙古

大煤礦區的採礦權。王春成一度春風得意。他的車子掛著解放軍車牌，可以免付高速公路過路費和罰單，還聘了武警幫他開車。根據媒體報導，王春成的落馬是因為兩件事。第一件事是他在2006年錯誤的決定要蓋一條鐵路連結他在內蒙古的礦場和遼寧的發電廠。由於進度落後和預算超支，王春成幾乎破產。第二件事是他的兒子捲入一起酒吧鬥毆致死案件。為了讓兒子脫罪，王春成賄賂了中國軍方當時最有權力的將軍，也就是中央軍委副主席兼政治局委員徐才厚。根據官方對徐才厚的指控和媒體的報導，徐才厚累積了大量財富，多數來自想升官的解放軍軍官。他的家財多到要好幾台卡車才能載走，光現鈔就有一噸（約一億人民幣），還有金條、珠寶、古玉、字畫等等。在對徐才厚進行調查時，解放軍檢察院在2014年4月逮捕了王春成[8]。

　　以上不過是中國權貴資本主義如何無法無天的幾個主要例子。在本書的後面，我們還會看到無數個小號的周永康、令計劃、樓忠福和王春成盤據在中國的黨國體制和混合經濟中。這些人可能沒那麼有名，其階級、地位、財富和貪污的方式也不同，但基本情節都差不多。整個故事及其背後的理論，就是權貴資本主義如何在一個一黨專政下的經濟「奇蹟」中崛起和鞏固。這種權貴資本主義的特徵，就是習近平在本章一開頭所講的那種菁英之間互相勾結，貪贓枉法發財致富。

後天安門時代的權貴資本主義和菁英勾結

如同《經濟學人》所言，權貴資本主義最傳統也最普遍的定義，就是一種資本家能從政治人物手上拿到價值高昂的經濟租的制度*。[9]而比較寬廣的定義，是指資本家和政治人物結合成一個聯盟，資本家弄錢，政治人物弄權。凱倫．道維沙（Karen Dawisha）在《普丁的盜賊統治》（*Putin's Kleptocracy: Who Owns Russia?*）一書中對俄國的權貴資本主義有精彩的描述，她也證實資本家和政治人物的結合是權貴資本主義的特徵[10]。然而知道特徵只是理解這種現象的第一步。雖然權貴資本主義已是一個眾所周知的名詞，要加以研究還必須克服兩個挑戰。

第一個挑戰是要提出一個可以抓住權貴資本主義本質並可用作經驗觀察的分析概念。我們提出「菁英勾結」（collusion among elites）作為研究權貴資本主義的根本概念。之所以用這個概念，是因為無論在哪一種社會和政治體制中，這種合法和非法的勾結都是權貴資本主義的核心。這個概念還有助於理解權貴資本主義的起源及其在真實生活中的展現。只要我們找到菁英勾結的證據，就可以追溯權貴資本主義的來源，並揭示其經濟學和

---

* 編註：經濟學上，經濟租（economic rent）最早指從土地獲得的收益，後被擴大為所有因為獨佔權力而獲得的收入。生產過程中要付出的成本，高於某個供給的價格彈性下本來應該付出的價格（也就是機會成本），這中間的差額就是經濟租。經濟租的出現，會帶來尋租行為。

社會學機制。

　　用菁英勾結的概念來研究中國的權貴資本主義會讓我們有更好的洞察，因為像現在這麼普遍的菁英勾結現象，在1990年代之前是看不到的。如果我們分析1980年代和其後二十五年間在制度上有何重要差異，就能找出菁英勾結的起源及其行為模式。之所以說菁英勾結在1990年代之前並不普遍，是因為「窩案」和「串案」*這種在同一個單位或多個單位，甚至多個地區之間涉及多名官員的貪腐案件，要到1990年代初才出現[11]。1980年代當然也有貪腐，但很少看到中國人講的「窩案」和「串案」這種集體勾結的貪腐案件[12]。從1980年代被起訴的案件和媒體報導中，我們看不到集體勾結的貪腐案件[13]。在「中國知識資源總庫」（CNKI.net，涵蓋中國報紙、雜誌、官方文件和學術期刊全文的電子資料庫）做關鍵字搜尋，這兩個詞要到1992年才首次出現[14]。而從1990年代開始，官員勾結貪污和其他各種犯罪行為變得越來越普遍。一些研究這種發展的學者都認為這種集體勾結式的貪污已越來越細膩，規模越來越大，也越來越難追查[15]。

　　雖然中國的反腐敗機關並未系統性公布「窩案」和「串案」的數據，但包括習近平在內都公開承認這種案子很普遍。曾任中

---

* 編註：依據百度百科，窩案一般指「一群由掌權的腐敗分子組成的腐敗團夥，依靠權力非法獲得利益的利益共同體。較著名的有中石油窩案、中移動窩案、深航窩案等」。串案指「一系列不同的案件，但是通過對作案手段、痕跡、物證等分析，存在聯繫，而將這些案件放在一起偵破。」

央紀委副書記並在1990年代和2000年代初辦過一些知名貪腐案件的劉麗英在2003年受訪時就表示,「窩案」、「串案」和「案中案」越來越多,腐敗官員「結成利益同盟」,且具有明顯的「團夥性」[16]。各省市檢察院也會不時揭露一些案件,證明劉麗英講的集體腐敗確實很普遍。如果表1.1的法院資料有足夠代表性的話,那麼平均大概有一半的貪官污吏是牽涉到「窩案」或「串案」。這種案件約占所有貪腐案件的45%。

　　勾結式的腐敗不管在理論上和實踐上都比個別人的腐敗要來得可怕,因為這種行為會損害國家機關的組織和風氣,不但更難追查,貪污金額也大得多。由於這種菁英集體腐敗的掠奪能力非常強,被這些人把持的地方政府就無法發揮提供公共財的功能。在最糟的情況下,這種由官員、生意人和黑社會組成的腐敗網絡會控制地方政府,把地方政府變成黑道治國。地方菁英的集體腐敗還會加劇社會和國家間的衝突。在菁英勾結並濫用權力的地方,民眾和地方政府的矛盾會更激烈,更容易引發群眾事件和暴力衝突[17]。

　　雖然勾結式腐敗已嚴重威脅到中國的經濟發展和中國共產黨的存亡,但絕大多數關於「紅色資本主義」(red capitalism)和腐敗的學術研究卻都忽略這種現象。由布魯斯‧迪克森(Bruce Dickson)開先河的紅色資本主義研究只看到私人企業家和地方官員在政治價值和政策順序上你濃我濃,卻沒有探討這種緊密的政治關係如何被用來創造雙方共同的經濟利益[18]。1989年以來有

表1.1　中國國家審計署及各省市公布的窩案和串案比例

	時期	在所有因貪腐被起訴的個人中，屬於窩案和串案的比例	在所有貪腐案件中，屬於窩案和串案的比例
全國性資料（國家審計署編制）	2013	69	35.7
各省資料			
上海	2000		32
江蘇	2000		36
江西	2003		超過20
湖北	2003		43
貴州	2004		42
江西	2007-2009		55.4
四川	2007-2010		45
浙江	2009-2013		約50
貴州	2012		58
上海	2011	39	
上海	2012	49.5	
上海	2014（一到五月）	35	27
各市資料			
杭州	2001		42
廣州	2003		71
杭州	2004		63
重慶	2008	39	34
大連	2011	53	39
深圳	2012	70	
福州	2012（一到六月）	63	50
廣州	2012-2013		超過70
平均數		52	45
中位數		51	42

資料來源：

1. 國家審計署，2013 年度審計報告，http://www.audit.gov.cn/n1992130/
   n1992165/n2032598/n2376391/3602645.html
2. 〈江西三年查處職犯罪案 700 件〉，人民日報，2010 年 10 月 13 日。
3. 〈行賄犯罪工程建設領域最多〉，檢察日報，2011 年 2 月 9 日；中國改革報，
   2003 年 8 月 7 日。
4. 〈江蘇今年職務犯罪案件中窩案串案占三成六〉，中國新聞網，http://review.
   jcrb.com.cn/ournews/asp/readNews.asp?id-=13942
5. 〈湖北公開典型腐敗窩案〉，湖北日報，2004 年 2 月 25 日；〈貴州去年偵查
   貪污賄賂案 984 件〉，新華網，2005 年 2 月 16 日，http://news.sina.com.cn/
   c/2005-02-16/10325115766s.shtml
6. 〈貴州 2012 年查辦涉農貪污賄賂犯罪 223 件〉，人民日報，2013 年 1 月 15 日。
7. 〈上海 5 年內 4 名局級幹部落馬〉，中國新聞網，http://www.chinanews.com/
   fz/2013/01-24/4518728.shtml
8. 〈滬檢方貪賄立案今年增 17.4%〉，東方早報，2014 年 6 月 24 日；〈受賄濫
   用職權等五宗罪占浙江職犯罪 9 成〉，中國新聞網，http://news.sina.com.cn/
   o/2014-07-10/180430500807.shtml
9. 〈7 成腐敗案為窩案串案〉，廣州日報，2003 年 2 月 21 日。
10. 〈廣州兩年查處 24 名廳局級窩串案占立案數 7 成〉，大洋網，http://news.
    dayoo.com/guangzhou/201403/18/73437_35529435.htm
11. 〈深圳檢察院：窩案串案占 70% 以上〉，第一財經日報，2013 年 1 月 23 日；
    〈大連檢察機關去年查辦職務犯罪案 193 件〉，正義網，http://news.jcrb.com/
    jxsw/201201/t20120105_785840.html;
12. 〈查辦行業系統窩案串案〉，人民檢察 10（2005）
13. 〈重慶深挖窩串案〉，人民日報，2008 年 12 月 29 日。
14. 〈福州查辦職務犯罪 122 件〉，人民日報，2012 年 8 月 5 日。

許多研究探討了腐敗的類型、參與者、程度、原因，也探討了反腐敗運動和腐敗對經濟成長的影響[19]。有些個案研究也深入分析了「買官賣官」和包庇黑社會等勾結腐敗行為，但這些研究都沒有探討其對中國社會在理論和實際上的重要性[20]。在少數研究勾結式腐敗的學者中，龔婷首先系統性分析了這種現象[21]。但龔婷並沒有處理一個關鍵問題：為什麼在1990年代之前，勾結式腐敗很罕見，又為什麼在此後大量出現？

當前的學術文獻很少關注勾結式腐敗的制度起源及其行為特徵，這表示我們還不理解後毛澤東時代的「改革開放」是如何造就出威權主義和權貴資本主義的結合體。我們對勾結的機制了解不足，所以也難以理解中國的後期列寧主義政權的內在衰敗過程。

研究方法上的挑戰

研究權貴資本主義還有一個方法論上的挑戰：要如何取得能證明其假設的證據？我們可以像《經濟學人》那樣，只看財富是如何從高度管制性的產業集中到巨富的手上（意思是財富越集中，尋租行為越劇烈，權貴資本主義的影響越大）[22]。但這種方法實在太簡化，因為這種指標無法告訴我們政治和經濟菁英的實

際勾結過程。*

　　另外一種方法是搜集有多名官員和商人涉案的案件。由於權貴資本主義下的勾結行為根本難為大眾所知，研究者只能依賴媒體的調查報導和官方資訊。這種方法當然有其侷限，最大的問題是研究者只能從媒體和官方資訊搜集貪腐案件，不符合隨機性的要求。這種取樣方法確實會有偏差，但綜合而言，利用這些數量眾多但還是可以處理的公開案件有其方法論上的好處。首先，這些主要來自官方媒體和法院的案件對細節都有豐富而生動的描述，可以讓我們從微觀層次深入理解菁英勾結的機制，這是純量化研究做不到的，因為大規模量化研究無法讓我們從微觀上了解這些罪犯的動機和手法。其次，如果取樣的案件夠多，我們也可以做一些基本的量化統計，這可以矯治僅對單一或少數個案做深入的研究分析，卻見樹不見林的缺點。

　　所以我們選擇一種混合型的研究方法，這方法雖不完美，卻是目前最好的。我們從260個案件中抽繹出每個角色和行為的特點，讓我們一窺中國權貴資本主義的世界。這種混合型的方法無法做到大規模隨機取樣的「代表性」，卻比只針對單一或少數個

---

* 譯註：經濟學人在2014年提出一個「權貴資本主義指數」（crony-capitalist index），先算出巨富們在容易尋租的產業中的總財富，再除以該國的GDP，指數越高表示權貴資本主義的程度越高。所謂容易尋租的產業是指受到政府高度管制而容易權錢交換的產業，如賭博業、礦業、國防產業、基礎建設和管線鋪設、石油和天然氣等能源產業、港口和機場、房地產業、鋼鐵業、電信業。

案的研究能提供更堅強的經驗證據。大規模取樣的研究會忽略許多微觀細節，而這種混合型的方法則讓我們更理解勾結式腐敗的行為特徵。

　　本書分析的260個案例都在媒體上被大幅報導過。這種取樣一定會有偏差，因為這種重矚案件大多是高官涉案，畢竟高官被捕和被起訴才會成為媒體焦點。然而這種偏差對於研究權貴資本主義並不造成太大的問題，畢竟在權貴資本主義的世界中，只有那些有足夠政治權力的人物才能以權謀錢，所以焦點一定是放在那些有足夠權力的菁英身上。在挑選案例時，最重要是它必須含有本書試圖分析的勾結行為的特徵。本書所有案例都在媒體和知名刊物被報導過，包括報紙、雜誌、通訊社、政府文件、官方發布的消息和法院文件。每個案例都符合勾結式腐敗的標準定義，也就是涉案人數要在三名以上。當然，最理想是我們能直接取得中央紀委的檔案，從大量的案例中隨機取樣。但這在目前當然是不可能的。

共產與民主國家的權貴資本主義

　　中國當然不是權貴資本主義的唯一受害者。權錢勾結是一個普世的現象，只是形式和程度不同。這種型態的資本主義在後共產主義國家特別猖獗，尤其是在俄國、烏克蘭和前蘇聯的中亞國家。如同在中國，這些前蘇聯國家的權貴資本主義也是以菁英之

間的勾結和菁英與黑社會組織的勾結為特徵[23]。但必須強調,在前蘇聯集團國家從共產主義的轉型過程中,權貴資本主義並不是無可避免的現象。許多對於俄國和東歐國家的不同轉型過程的研究都顯示,經濟轉型的結果是由政治權力的結構和政權型態共同決定的[24]。

前蘇聯國家的權貴資本主義主要是因為國有資產私有化促成了菁英間的勾結。當國有資產被私有化時,政治菁英和經濟菁英就勾結起來以低價或免費取得國有資產,其手段或者是赤裸裸的強取豪奪,或者是透過表面上合法但實際由其操控的程序。私有化過程的勾結腐敗使得財富和權力集中在一小群有緊密關連的菁英「寡頭」(oligarchs)身上[25]。學界對國有資產私有化已有許多研究,但另一種型態的私有化,也就是「國家權力的私有化」(the privatization of the power of the state),卻更容易滋生勾結腐敗,而這是權貴資本主義的第二個來源。從表面上看,「國家權力的私有化」似乎就是經濟轉型過程中的權力下放(decentralization of power)。但實際上,權力下放和國家權力的私有化是兩種不同的現象。權力下放是指地方官員有更大的自主權,但這並不必然會導致以權謀私(雖然沒有問責的權力下放一定會製造更多腐敗的機會)。而國家權力的私有化則是指地方官員攫取了原本屬於國家的權力,創造出符合自身利益的獨立王國[26]。國家權力私有化的最明顯症狀就是出售政府職能以謀私利(例如治安保護和司法救濟)。最糟的情況是地方官員乾脆靠

賣官發財，這在中國相當普遍。國家權力私有化的另一種型態是
「把國家當俘虜」（state capture），也就是生意人能夠影響政治人
物和官員，讓國會和監管機關通過有利於特定人士的法律和規
定。「把國家當俘虜」會消除競爭和擴大「俘虜者」的經濟租，
也會提高政治體系內勾結腐敗的程度[27]。

中國權貴資本主義與前蘇聯國家的差異		
	前蘇聯	中國
發生時機	共產政權崩潰後	政權牢牢掌權時
發生層級	中央為主	較分散
發生次數	一次性事件	從1990年代開始持續發生

　　權貴資本主義的第三個來源是中央權力在經濟轉型過程中系
統性的下放，並在地方上滋生勾結腐敗。權力下放讓地方菁英取
得國有資產的處分權或資產收益，地方政府也在提供公共服務
上取得更大的自主權[28]。雖然權力下放和腐敗的具體關係有待爭
議，但有一點是極有共識的，那就是沒有問責的權力下放確實會
加劇地方上的腐敗[29]。前蘇聯國家就是明證。波羅的海三小國的
腐敗程度比較低，因為它們在權力下放過程中同時進行了民主改
革，而在沒有民主改革的國家，權力下放就特別容易造成勾結腐
敗[30]。沒有問責的權力下放會從幾方面滋生腐敗，地方政治菁英
會勾結起來藉私有化謀奪國家資產，也會濫用新取得的自主權對
本該免費提供的公共服務收費，把國家當成勒索的工具[31]。

最後，權貴資本主義還有一種更暴力的形式，可以被追溯到源於那種中央權威崩解、國家力量弱化及地方上的黑道治國的前蘇聯國家[32]。國家權力在共產主義黨國體制垮台後分崩離析，政府官員尤其是安全部門的紀律急速敗壞。這除了導致國有資產被掠奪，還創造出立刻被惡質的政治社會勢力所進占的政治權力真空[33]。以中亞的國家為例，大權在握的權貴將國家擄獲在手，並且運用權力獲取豐厚的財富和政治影響力[34]。在一些前蘇聯國家，政治權力真空被犯罪組織進占，並深入到執法部門和軍隊。轉型期的經濟衰退使得政府無法給警察和軍隊足夠的預算，也無法投資在人員的招聘和訓練上，以至於這些國家的安全部隊沒有打擊犯罪組織的能力。在許多案例中，他們甚至和犯罪組織勾結或乾脆自己犯罪[35]。

權貴資本主義當然也存在於後共產國家以外的地方，但是非共產國家的症狀和後共產國家完全不同。共產制度崩解後出現的權貴資本主義是趁著政治混亂和國家崩潰的時機奪取國有資產和建立一套掠奪體系，其他國家的權貴資本主義則是在相對穩定的政治環境中尋租和強化既有菁英的權力與財富[36]。一份針對印尼的研究就指出，由獨裁者親信所擁有的公司，其股票價格也會比較高[37]。即使是在比較穩固的民主國家，政治關係還是可以給某些企業帶來巨大的利益[38]。1970年代和1980年代初的菲律賓馬可仕政權則是比較極端的例子，那裡是由寡頭直接控制國家權力[39]。雖然權貴資本主義通常在非民主國家比較盛行，因為政治

權力可以直接做為掠奪的工具，且統治菁英毫無問責可言，但權貴資本主義也可能在新興民主國家肆虐，危害民主進程和滋生腐敗[40]。

　　從比較的觀點，中國的權貴資本主義與前蘇聯國家比較相近，因為都是從共產主義轉型，儘管路徑有所不同。中國的權貴資本主義與非共產國家也有本質上的不同，因為中國的大部份資產還是由國家掌控，而中國的列寧主義政權擁有更強大的鎮壓能力和更強的意志維護自身利益。然而，雖然前蘇聯國家的案例有助於了解中國權貴資本主義的性質，尤其是菁英如何勾結以掠奪國有資產，但前蘇聯的國有資產是在1990年蘇聯崩解的混亂狀況下被巧取豪奪，這和中國的權貴資本主義截然不同。

　　最大的差異是，前蘇聯和東歐國家是在共產政權崩潰後才發生掠奪國有資產的現象，而中國的菁英們是在後極權政府依然牢牢掌權的環境中巧取豪奪。前者是因為權力真空、政治混亂、法律漏洞和缺乏私有化的知識經驗。而在後者，中國的統治菁英是經過盤算後刻意做出政策選擇，創造出一個能把國有資產放入私人口袋的環境。

　　另一個重要差異是掠奪國有資產是發生在中央層次還是地方層次。在前蘇聯及東歐國家，掠奪主要發生在中央層次。這在共產主義崩潰後的中央權力真空中也許看來奇怪，但由於蘇聯的國有資產具有高度集中性質，天然資源和龐大的重工業資產原來都在中央政府手上，這使得掠奪必須從中央下手。於是有一小撮企

業家憑著政治關係用超低價格把國有資產據為己有，累積了龐大
財富[41]。正是政治權威的衰弱讓這些關係良好的大亨得以奪取大
量國有資產。相較之下，在中國，掠奪的層次就比較分散，地方
官員和中央官員都在謀奪國有資產。這一方面是因為中國的工業
結構比較分散，另一方面是因為中央放鬆了對財產權和行政權的
控制，讓地方官員占據相對有利的位置來謀奪國有資產。

　　中國的權貴資本主義和前蘇聯國家的第三個差異是，後者的
統治菁英掠奪國有資產是一次性的事件，但在前者則是持續進行
中的事件。前蘇聯在1990年代共產主義崩潰後，私有化進行的
速度非常快，大量國有資產迅速轉為私有[42]。但中國並沒有這種
大規模私有化的情況，最具價值的資產依然在國家手上，包括
土地、礦產和獨占性的國有企業。根據中國社科院2015年的報
告，國有資產總值高達181兆人民幣，占全國總資產51%[43]。中
國自1990年代開始的高速經濟成長創造了大量新財富，國有資
產也因大量投資而迅速增加，所以政治權力的經濟價值就不斷提
高，賄賂的金額也越來越大。當前蘇聯國家較為民主化而權力菁
英受到較多限制之後，要掠奪剩下的國有資產就沒那容易了。但
是民主這帖藥方在中國並不存在，中共還是壟斷政治權力，無人
能限制他們發財致富。

小結

　　為了理解中國的權貴資本主義和其他國家的不同，尤其是和前蘇聯國家的差別，本書提出一個理論架構來理解菁英勾結的起源和機制。這個架構側重於所有權的部份變革及中央權力下放的後果，填補了對於權貴資本主義的一般性研究及對中國的個案研究中的不足。我們要在第一章發展出這個架構，找出腐敗菁英的動機、手法、行為模式和成功之道。第二章要追溯後毛澤東時代的所有權變革和中央權力下放的過程，找出勾結腐敗的歷史和制度溫床。第三章要討論買官賣官，闡明政治權力是如何轉化成可買賣的商品及如何透過這種交易建立勾結網絡。第四章分析地方政治菁英如何向生意人收賄，讓生意人以低價取得國有資產並獲取經濟租。第五章探討國有企業主管如何系統性的勾結侵占國有企業資產。第六章探討地方執法官員如何包庇犯罪組織收受賄賂。第七章探討勾結腐敗如何擴散到重要的司法和監理機構，把許多機關變成黑道治國的「塌方式」腐敗。並且論證中國的權貴資本主義必然會造成列寧主義政權的衰敗。在最後一章，我們將簡短討論中國權貴資本主義和中國共產黨衰敗的影響和後果。

第一章

權貴資本主義的起源

——制度變革如何滋生腐敗

　　黨的利益是維持權力，要以國有資產的收益為己用，但國家的利益是保有這些資產和收益。而國家資產的真正擁有者是中國人民，於是黨和人民之間就有了衝突。黨及其黨員之間的衝突也一樣。黨把國有資產當成是黨的財產，但有自身利益的黨員並不這麼想。

　　對礦產資源、土地出讓、房地產開發等重點領域的腐敗
問題，要集中懲治，堅決遏制這些領域腐敗現象蔓延勢頭。
　　　　　　　　　　　　　　　　——習近平，2014 年 1 月 23 日

　　習近平在反腐敗運動中特別講到礦產和土地，因為這些都是
國有資產。腐敗和公有制密切相關，因為權貴資本主義的特徵就
是菁英勾結以掠奪國家資產。雖然中國的權貴資本主義已是明
顯的事實，卻少有人理解其制度上的根源。在本章中，我們要
從 1990 年代初追溯權貴資本主義的興起。1990 年代以前還沒有
菁英勾結式的腐敗，而權貴資本主義從這時開始出現，極可能是
因為某些關鍵性的政治和經濟制度變革，而菁英的行為也隨之改
變。探討制度變革與菁英勾結的關連就能找出權貴資本主義的
起源。

　　簡言之，我們認為由於國有資產的所有權在後天安門時代歷
經部份而漸進式的改變，國家下放了對這些資產的控制權，但沒
有對所有權做出清楚界定，所以讓政治和經濟菁英有機會用低價
甚至免費取得這些資產。因為所有權沒有界定清楚，而爭奪又很
激烈，這就給了菁英們勾結起來分贓的動機。有了機會和動機，
地方菁英還要有政治權力為手段。而後天安門時代急速的權力下
放正好讓他們有了權力，尤其是地方官員的人事權。機會、動機
和手段只是建構勾結理論的第一步。第二步就要探討這些動機相
同的人是透過哪些機制才得以非法合作。我們提出三種勾結模式

說明勾結在真實生活中到底如何進行。最後，由於勾結理論一定
要探討決定勾結成敗的因素，所以我們也要對交情、承諾和如何
防止背叛等問題做分析。我們希望這樣一個涵蓋機會、動機、手
段、機制和成敗因素的勾結理論，能讓我們深入了解權貴資本主
義的起源和機制，尤其是在中國。

勾結與腐敗

　　勾結與腐敗是兩個獨立的概念。腐敗是指濫用公權力以謀私
利，而勾結是指官員之間或上下級之間非法或未經許可的合作，
但這並不必然涉及私利或經濟利益，也未必是犯罪行為。一般來
說，勾結是以組織或社會的公共利益為代價而有利於少數人的
行為。勾結會破壞組織的紀律、風氣和能力。在政治上，普遍
化的勾結會顛覆國家的權威階序並導致政權衰敗。彼得・默雷
爾（Peter Murrell）和曼瑟爾・奧爾森（Mancur Olson）就認為
在前蘇聯時代，正是因為國營企業主管普遍性的勾結，才導致
這些企業組織硬化，效率極度低落[1]。在經濟上，勾結也會讓大
企業得以人為地提高售價或壓低得標價格，導致價格扭曲和猖
獗的尋租行為。凡是勾結泛濫的經濟體，其資源配置必然受制
於菁英寡頭的力量而極無效率[2]。然而，經濟學上的勾結理論通
常只注重勾結的兩種動機。第一種動機是經由定價使利潤極大
化[3]，通常是少數賣方勾結以排除競爭並維持高價。在標售過程

中，投標者也可以勾結起來排除競爭對手，迫使賣方接受較低的得標價格。這種行為稱為「橫向勾結」（horizontal collusion），因為參與勾結者的地位並不是上下關係。第二種動機是「規避責任」（shirking），這是典型的委託人和受託人的問題（principle-agent problem）。在這種情況，受託人勾結的動機是規避委託人的監督以混水摸魚[4]。勾結有時也被稱為「私下訂約」（side-contracting）。也就是中間管理人在委託人不知情或未授權的情況下，和受託人私訂契約[5]。

這兩種觀點都很有價值，但無法解釋一些不具這些動機的案例。這些理論的另一個缺陷是，它們大多是未經實證檢驗的數學模型，很少有個案研究去闡明橫向勾結或縱向勾結的複雜機制。周雪光對地方政府行為的開創性研究是少數例外，他以「組織適應」（organizational adaptation）的理論解釋地方政府之間普遍的勾結現象[6]。他認為，地方政府之間互相勾結是為了避免執行不符實際或有損其利益的中央政策。

組織適應的概念有助於解釋組織之間的勾結，但無法解釋組織內個人之間勾結以謀私利的行為。最重要的是，傳統的勾結理論無法解釋「勾結性腐敗」的現象，也就是一群官員為了明顯的私利而陰謀串連。有一些研究腐敗現象的學者試圖解開這個謎。龔婷是首位研究官員勾結腐敗的學者，她認為官員勾結腐敗的動機有兩個，一是為了使利益極大化，二是為了降低風險[7]。利益極大化是老生常談，但勾結是為了降低被查到的風險則是一個極

具原創性的概念。龔婷認為，官員不只是要聯合起來增加收益，還要互相掩護以免被抓到。雖然龔婷沒有進一步闡明勾結的機制，也沒有用個案加以說明，但這個風險管理的觀點很有用，因為正如計量經濟學模型所證明，如果參與的官員很多，腐敗就很難被查到[8]。勾結的官員越多，貪污就越難抓。確實有一些證據指出，在1992年之後的中國，勾結腐敗既增加了這些人的收入，也減少了被抓到的風險[9]。無所不在的貪污、貪污收入的快速提高，兩者的並存可以支持利益極大化的假設。

　　然而，除了利益極大化、規避責任和降低風險之外，還有一個重要原因讓官員必須勾結：每一個官員的掌管範圍都是有限的，都只是決策過程中的一部份，所以他們必須勾結在一起以免互相否決。由於每個官員都有否決別人謀私的能耐，他們就必須勾結在一起才能貪污腐敗。比方說，在一個核發執照或撥款的過程中，各部門官員都對其中一部份有審批權。如果勾結起來，就可以讓某個行賄者很快拿到許可，權就換到了錢。如果沒有勾結，任何一個官員都不太可能讓行賄者心想事成，權也就換不到錢。這種以勾結來避免相互否決的腐敗機制也可以從產業組織學的角度來理解。史勒佛（Andrei Shleifer）和韋斯尼（Robert Vishny）認為，分散式的腐敗會比集中式的腐敗降損更多效能，因為每一個個別的壟斷者（亦即每一個控制個別部門而想收賄的官員）都會不顧後果收取最大賄賂[10]。在最糟糕的情況下，如果行賄者拒絕再行賄，只要有一個壟斷者不高興就可以讓整個過程

停頓。另一種極端則是完全競爭而讓賄賂的誘因降為零。然而在兩個極端之間,個別壟斷者之間也可能達成協議來解決問題。只要他們願意分享贓款,就可以非法合作來保證大家都有好處。這樣就可以達到平衡,行賄者和勾結在一起的受賄者都有好處。

當然,在真實生活中,要勾結成功是非常複雜的,光有動機還不夠,還需要協調、互信、訊息和承諾。想要勾結的官員必須克服合作上的困難。他們也許不了解其他官員的意圖、弱點和想要拿多少。他們也害怕其他人可能會拒絕,甚至會向反腐機構舉報。要解釋中國權貴資本主義的興起,我們就必須融合產業組織學的觀點,把它放在轉型經濟和當代中國政治體系的獨特制度及其社會學脈絡下來理解。

腐敗的機會和動機

要了解權貴資本主義在中國的崛起,特別是為什麼勾結腐敗會在1990年代之後大量出現,我們必須同時檢視微觀的動機和巨觀的制度與政策變化。我們必須解釋為什麼一種在1980年代還很罕見的行為會在1990年代變得非常普遍。現有關於勾結的理論只能提供部份解答。比方說,如果光用利益極大化和降低風險的動機就可以解釋,那勾結腐敗就應該是一種長期性的現象。然而,1980年代的個別性腐敗和1990年代的集體勾結性腐敗的差別太大,光用這兩種動機很難解釋官員勾結的原因。也就是

說，如果官員總是在追求利益極大化和降低風險，那為什麼在1990年代之前沒有這麼做？

我們的答案是，1990年代初期的政策和制度變化大幅改變了中國官員的動機、風險回報的計算以及勾結的能力。而1990年代初最大的政策和制度變化，就是國家財產所有制有了部份和漸進式的改變，催生了勾結的機會和動機[11]。

在1992年鄧小平南巡之後，中國的經濟改革開始加速。雖然1990年代的改革主軸是自由化，但很快的，為了繞過意識型態爭議而名為「產權改革」的私有化成為1992年後改革的主軸。當然，產權改革在1980年代就小規模而審慎實驗過，但因為保守派的反對，中國政府沒有把實驗範圍擴大。保守派的聲音在鄧小平南巡之後被削弱，產權改革也隨之加速。但是中國的產權改革比較不那麼激進。中國政府不是搞完全私有化，而是把所有權和控制權分離。其背後的經濟思維是很清楚的，把「所有權」（ownership right）和「控制權」（control right）分離，這樣就可以提高管理者的經營動機，創造出控制權的市場（控制權的中國標準用詞是「使用權」）。中國的狀況太複雜，產權改革的形式繁多，「私有化」一詞無法總括其多樣性。私有化（國家把所有權及控制權都移轉到私人手上）當然是有的，但許多財產只是轉移了使用權（例如土地和礦產），有些財產只是在政府之間轉手（從中央轉給地方）。更複雜的是，行政權力的下放讓地方官員和國企幹部得到前所未有的控制權，尤其是分配資金、簽定

大型合同和決定土地如何使用的權力。

　　儘管產權改革的形式繁多，但有兩個共同特點。第一個特點是把界定財產權和處分國有資產的權力大量下放。過去無法由私人控制的資產，現在可以實質上被私有化或用來創造私人收入。第二個特點是所有權界定不清，因為各種原因糾紛不斷。

不完整的產權改革

　　糾紛的原因之一是大多數產權改革的不完整性，也就是只把財產的控制權（使用權）和所有權分開，但沒有明確界定財產權中最重要的所有權歸屬的問題。這種改變創造出一個部份財產權的市場，但其不完整性卻造成財產的名義上所有者和實質控制者之間的衝突。在中國，財產的名義上所有者（國家）和實質控制者（主要是中共黨員）之間的衝突比市場經濟的國家複雜許多。在市場經濟中，私有產權不但界定得比較清楚，也有競爭而開放的公司治理體系、資本市場和大型法人組織。在中國，國家是被一個政黨獨占，而國家是名義上的財產所有者，這就意味著黨的利益和國家的利益有根本的分歧。黨的利益在於維持權力，而這個權力來自於控制國家資產的黨員必須效忠於黨。這樣的結果引發了中國在1992年後兩種關於所有權的衝突：國家與黨的衝突以及黨與黨員的衝突。黨的利益是維持權力，要以國有資產的收益為己用，但國家的利益是保有這些資產和收益。而國家資產的真正擁有者是中國人民，於是黨和人民之間就有了衝突。黨及其

黨員之間的衝突也一樣。黨把國有資產當成是黨的財產，但有自身利益的黨員並不這麼想。黨員的利益是控制財產取得收益，或者乾脆合法占有這些財產。於是黨和黨員就國有資產也發生了衝突，所以黨才要懲罰那些從黨的手上偷東西的黨員。

各方競逐

　　當國有資產被釋出可供私人所有或使用後，就引來各方的競逐。中國土地所有權的模糊性質經常造成糾紛。國企工人、公有土地上的居住者、承租土地的農民等等也對這些資產有「剩餘權利」，大家都認為自己有權分到國有資產改制的好處。而實質掌控國有資產的政府官員和國企幹部也認為自己有權分一杯羹。此外，當所有權不明確，搞不清楚誰才是真正所有者時，社會上某些人就認為自己也有權摻一腳。私人企業家既能看到這些資產的潛在利益又有辦法加以實現，他們就有動機去取得這些資產。由於私人企業家在中國是沒有政治權力的，他們就會拿最有力的武器——賄賂——去取得這些資產。犯罪組織也眼紅這塊大餅。他們除了會賄賂之外，還能用暴力和恐嚇取得國有資產的控制權。

相互否決

　　產權改革的多方競逐使得重新界定所有權的過程註定淪為政治角力。在這個角力過程中，有權處分國有資產的官員有著最大的影響力。但是官員與官員之間也會碰到相互否決的問題，不論

是透過正式程序的否決或非正式的抵制。如果某個官員（例如地方黨委書記）權力大到可以命令下屬照辦，就可以克服相互否決的問題。如果權力不夠大，那就要和其他在決策過程中擁有部份權力的同事合作。不這麼合作，個別官員就很難取得國有資產。在這種情況下，勾結除了能讓利益極大化和降低風險之外，最重要的功能是在一個有許多否決者存在的複雜官僚體系中克服相互否決的問題[12]。當官員間的權力大致相若的時候，勾結就是必要的[13]。

行政權力的下放

勾結除了要有動機和機會，還要有能力。官員手上要有足夠的政治權力才能勾結起來實現圖謀。而行政權力在改革開放尤其是天安門事件之後的大量下放，使得地方官員有了足以勾結起來搞腐敗的能力。在中國這種中央極權的國家，權力一下放就包含政府的所有面向，包括法律解釋、財政管理、投資審批、對國有資產的控制權和監理機構等等[14]。行政權力下放是中共經改的一環，地方官員從此有了收取賄賂的大權，也成為私人企業家尋租的目標。而權力下放最關鍵的部份無疑是人事管理權，也就是在黨國階層制度中任命和升遷官員之權[15]。傳統上所說的勾結是指權力和資源大致相若的個人之間和公司之間的勾結。在這種「橫向勾結」中，承諾和協調是關鍵。「縱向勾結」則發生在權力和

資源不平等的上下階層之間，這就要靠強迫和利益整合。上級要和下級勾結在理論上比較容易，因為上級有獎勵和處罰下級之權。這種權力在官僚體系中就是人事管理權。如果上級可以掌控下級的職位和升遷，就很容易說服或強迫下級參與勾結。

正如我們所見，在1984年幹部管理制度改革後，地方官員（大都是地方黨委書記）有了任命和升遷直屬下級的權力，這個重大改變在1990年代全面制度化[16]。權力的縱向下放以及人事管理權向地方領導的橫向集中，兩者結合起來深刻影響了地方上勾結的動機和機制。地方黨委書記手握對下級任用升遷的大權，當他需要下級參與非法勾當時，可以強迫下級乖乖照辦。這也更深刻而細緻的影響到地方政府中的升遷模式。由於地方黨委書記對人事有近乎壟斷的權力，下屬就要想辦法用工作表現或賄賂來討好他。當賄賂成為升官的手段後，就發展出兩個關係緊密的現象。第一個現象是下級爭相賄賂上級以求升官的「武器競賽」。這就造成「劣幣驅逐良幣」，膽子越大、賄賂越多的人越能升官。第二個現象是，既然下級要賄賂上級才能升官，下級就更可能向企業伸手索賄。兩種現象結合起來，勾結就愈益滋生勾結和腐敗：為了尋求職務升等造成的縱向勾結也導致了他們（和企業家）的對外勾結。

最後，我們還要了解官員為了在黨國體制內往上爬所做的經濟計算。除了地位之外，官員想升官的最大動機就是可以向生意人索賄，因為在經過1990年代的權力下放和經濟急速成長之

後，地方官員有很大的權力可以受賄給生意人好處，地方政府的
職位也變得奇貨可居。所以毫不令人意外的，中共中央在實施新
的幹部管理制度之後很快就發布了關於禁止以賄賂手段拉攏上級
的新規定，但這些規定毫無效果，「買官賣官」風氣依舊[17]。

勾結的型態和機制

　　勾結會帶來好處，但若無法克服合作協調的問題並防止有人
搭便車，勾結就無從實現。光是有機會拿好處並無法讓官員勾結
在一起，他們還要合作協調共同犯罪才行。在中國，這種協調的
角色是由兩種人來扮演的，一是在官僚體系內有大權的政府官
員，二是有辦法買通各部門官員的私人企業家和黑幫老大。中
國的官方資料並沒有描述地方政府和國企內的「窩案」和「串
案」是如何進行勾結的，我們也不知道這些涉案者是不是直接勾
結在一起。但是仔細檢視媒體對這些案件的報導，再輔以社會科
學的理論視角，我們可以建構出三種主要的勾結型態及其背後的
機制。這三種勾結型態在概念上是獨立的，但在個案中可能有重
疊。在某些案子中可能三種型態都有。

縱向勾結

　　在這種勾結型態中，中心人物是一個有權力的上級（通常是
地方黨委書記），他既是協調者也是強迫者，從而建立起跨政府

部門的腐敗網絡。地方黨委書記（中國人叫做「一把手」）是地方最有權力的官員，他被中共賦予幾乎無限制的權力[18]。黨委書記對下級的任用和升遷有壟斷性的權力，有辦法讓下級聽命辦事並建立一個共犯集團。

一把手搞縱向勾結的主要手法是透過買官賣官[19]。隨著經濟成長和行政權力下放，中國官員能夠收取賄賂的空間大增，官位的價值也跟著水漲船高。官員間的競爭越激烈，黨委書記做為官位壟斷者的權力就越大。對黨委書記來說，買官賣官有經濟上和政治上兩方面的好處。賣官的所得雖多，但還是比不上生意人所給的賄賂。然而在政治上，一把手能藉此安插親信來建立地方勢力基礎[20]。對一把手來說，一個向自己行賄而得到官位的下屬要比地位平等的共犯更靠得住[21]，買官賣官最大的作用在於它讓一把手得以主導上下勾串。買官的人通常想要權力大、油水多的職位，一把手就會安排這些人去當下級行政區的黨委書記或重要政府單位的首長，負責監管土地區劃、天然資源、採礦權、金融和國企資產等等。等到一把手要給行賄自己的生意人好處時，就可以交辦給這些在政府單位裡的親信。以下第四章到第六章的案例都證明這一點。當然，一把手也可以用近乎專制的權力強迫下屬給企業家好處，但這樣做的風險比較高，因為這會引起下屬不滿，也容易啟人疑竇。

對於私人企業家來說，結交一個擁有自己親信網絡或能強迫下屬照辦的一把手，就能大大簡化合作協調的問題。這些企業家

不用花時間買通各部門官員，只要把精力和資源花在黨委書記身上即可。只要和一把手把事情敲定，交易成本遠低於和他下面的人打交道。合作協調不成的風險也會降到最低，因為只要付的錢夠多，黨委書記就會努力讓下面把事情辦好。

　　買通一把手對生意人來說最省事，但實際上不是那麼容易。一把手要找白手套也是要挑人的。一般來說，他們會挑那些已經有一定實力和地位，而且真有能力花大錢行賄的生意人。到處收錢對一把手來說風險太大，他們也沒有那麼多時間交朋友，所以他們只會結交一個固定小圈子的生意人。當然，實力沒那麼好的生意人也不是無路可走。如果結交不到一把手，他們還是可以一個一個去賄賂各部門的關鍵人物。這種方法的交易成本比較高，合作協調失敗的風險比較大，但還是有一定程度的回收。

　　地方領導和一把手所主導的勾結腐敗會惡性循環地創造出許多重大的外部效果。其中之一就是不斷滋生腐敗。一旦下屬明知或懷疑上司或一把手在搞貪污，就會有樣學樣地開始受賄或索賄。另一個比較微妙但更嚴重的效果是讓所有人的貪污都難以追查。一個自己就有收賄的一把手不太可能認真追查下屬的貪污行為，因為這會讓更上級注意到問題。更糟的是，如果下屬手上握有一把手搞腐敗的證據，肯定會為了尋求寬免而把一把手出賣給調查單位。這就是為什麼貪腐案件都是一曝露就是一大堆以一把手為首的地方官員，雖然他們中間並沒有直接勾結。這個假設是有經驗證據支持的。在一項針對142個市級一把手涉案的腐敗案

件研究中，其中有83件屬於窩案²²。在第五章所檢視的50個地方官員和生意人勾結的案例中，絕大多數的主謀都是地方黨委書記或前書記（約80%），而被抓的下級官員並沒有和他們直接勾結。（參見附錄中的表A.2）

內外勾結

在這種勾結型態中，外部人通常是生意人，內部人則是一群散在各政府單位的官員。我們已經提過，位於權貴資本主義食物鏈底端的生意人——尤其是那些還沒有足夠實力結交一把手的生意人——必須自己來主導協調合作的工作。就算生意人已經買通了一把手，可能還是有賄賂下頭的必要，因為有時候一把手無法或無意強迫下面人辦事，有時候生意人也不確定一把手是否真的有實力，這時就要額外行賄來增加成功率。如果一個項目必須由好幾個部門審批，那生意人就要每個部門都去打點。

在內外勾結的型態中，生意人要比官員更適合擔任主導協調合作的角色。他們不是政治上的競爭對手，因此比較容易取得想要接觸官員的信任。他們有錢做風險投資（高昂的娛樂支出、桑拿按摩和賄賂）來誘使官員進入網絡。一旦網絡建立好，這些生意人就像蜘蛛一樣經營編織網絡，發揮協調者的功能。一般來說，只有他們才和官員有直接聯繫，官員與官員之間是沒有聯繫的。這些官員不用知道有哪些同事也參與勾結。只要大家心知肚明，外部人一打出行動暗號和密語就能讓他們間接合作。如果一

個官員懷疑其他同事有參與其中，他自己也比較會跳下去參加。他們的想法是既然同事都有拿，自己當然不能放過機會。更重要的是，這種間接合作的方式可以讓大家的利益更豐厚，也可以互相保護以降低被查到的風險。最後，上級的作風也會影響到下級，促進這種內外勾結。如果地方政府或某部門的一把手搞腐敗，生意人就可以堂而皇之的引誘其下屬也加入。

內部人的橫向勾結

這種型態的勾結多半發生在專責性的政府部門，例如監理單位、國有企業和執法單位[23]。以監理單位和執法單位來說，這種勾結型態和內外勾結的型態有一個共同的關鍵點，那就是通常都有外部的生意人用行賄打進機關中，不論是直接行賄或透過白手套。但這種勾結型態有其獨特之處。最重要的一點是，這種勾結的成功與否，完全要看同一單位內的一小群內部人是否能合作。這些人共享這個單位的行政權力，大家都清楚其他人的職權，官僚作業程序也很明確。在這種專責單位中，共享行政權力的低層官員需要相互合作才能成事，所以他們必須勾結和分享贓物。

如果一個單位手上沒有國有資產，內部人收受外部人賄賂的動機就是為了錢。在我們的案例中，法院或執法單位內的勾結主要是受了罪犯或黑幫老大的賄賂。他們的回報是賄款，但這種賄款的金額比較小，因為他們能提供的服務和國有資產的價值相比是小巫見大巫。相較之下，國企幹部勾結的貪污金額要大得多，

因為他們直接掌控國有資產，可以給生意人豐厚的合同。涉入國企貪腐案件的生意人通常是想行賄去拿到一個大合同或用低價取得國有資產。國企高幹搞侵占的金額可以非常龐大，因為國有企業的現金流量很大。如果是勾結起來把國有資產私有化的話，那利益將更為驚人。

除了利益之外，橫向勾結能否成功還有賴這些人的關係和互信。在規模比較小的地方政府機關、法院和執法單位中，關係和互信比較容易建立[24]。小圈子的人一起幹一些不光明的事可以加強彼此的感情和信任（例如被生意人招待遊樂、賭博或去桑拿）。

使勾結得以成功的因素

在經濟學中，決定卡特爾組織*能否勾結成功的因素有參與者的數目、產品是否具同質性、能否有效執行承諾，以及是否有外部衝擊[25]。本節將簡短討論這些因素是否也影響到官員勾結的成功與否。

一般來說，參與者人數越少，勾結成功的機會就越大。如果

---

* 編註：壟斷利益集團，也稱壟斷聯盟、企業聯合、同業聯盟，或卡特爾（Cartel）。這種壟斷很容易發生在少數資源被數個企業完全掌握的情況下，為了避免過度競爭導致整體利益下跌，於是由一系列生產類似產品的企業組成的聯盟。

參與者很少，合作協調失敗和被查到的風險就會比較小，也比較能防止背叛和搭便車的行為。列文斯坦（Margaret Levenstein）及蘇斯羅（Valerie Suslow）針對卡特爾組織定價行為的研究發現，在大多數案例中，參與者的中位數都小於10^{26}。我們的案例也證實了這一點。總體而言，直接涉案或被捕的官員人數比較少的，讓合作協調和實行勾結起來比較容易。在監理單位和法院的勾結案件中，涉案人數的中位數是6人。而在黑社會與地方政府和執法單位官員勾結的案件中，中位數也是6人（見附錄中的表A.4-A.6）。在官員與生意人勾結以及國企幹部內部勾結的案件中，中位數是11人（表A.2及A.3），這兩種案件的勾結人數之所以比較多，應該是因為買官賣官之風在地方政府和國有企業極為猖獗。除了參與人數不同之外，涉案者所能提供的服務基本上是同質性的，儘管在形式和手法上有所不同。這些人基本上都是濫用公權力為生意人或自己謀取私利。

　　正如史特勒（George Stigler）所指出的，勾結行為經常因為有人背叛而破局[27]。然而，根據對於犯罪組織和核威懾的研究以及我們對中國官場拉幫結派行為的觀察，我們認為中國官員可以成功處理背叛的問題。中國的黨國體制在人事任用上是一個封閉的勞動市場。官員要離開的代價很高，一旦坐上位子就很少有人會放棄，這就可以有效嚇阻背叛者，因為現實上很少有人能離開官職。同宗、同鄉、校友和同一個工作場所等因素也有助於建立關係和互信[28]。中國的黨校和幹部訓練班是讓不同地區和部門

的官員形成聯繫的有力環境[29]。而更值得注意的是，中國官員會用一些特殊的儀式活動來強化互信。某些中國官員會一起帶情婦參加聚會，有點像用人質來證明自己的可信度[30]。在本書所檢視的案例中，有許多官員會一起賭博和嫖妓，還會一起收賄。雖然這些墮落行為證明中國統治階層的道德敗壞，但這些儀式在強化互信上卻至關重要。許多關於犯罪組織的研究都指出，新加入者通常要用做一些暴力和骯髒的事來證明對組織的忠誠[31]。但這也不是說道德敗壞沒有影響。有許多證據指出，自1990年代以來普遍性的道德敗壞的確促進了菁英間的勾結之風，其中最具指標意義的就是腐敗官員的貪色惡習。這種行為在1980年代還不普遍，但自1990年代以來已蔚然成風[32]。不論是學術研究或官方報導都指出，多數腐敗官員都有外遇、包養情婦、婚外生子等情況。在某些案例中，正是包養情婦的經濟壓力逼使官員向生意人索賄[33]。

防止背叛的機制可以由參與者自己來執行。如果是以一把手為首的縱向勾結，他就可以懲處那些想要背叛的部屬。生意人也可以防止有人背叛，因為他們的賄賂是分期支付的，他們可以不再付款，或者讓其他人都知道某個官員會背叛以損害其聲譽。更厲害的是他們還可以偷偷檢舉[34]。還有一種更為細緻的機制讓官員一旦參與勾結就很難從腐敗網絡脫身。他除了會失去大筆貪污收入之外，還要面對被大家孤立甚至被勒索的威脅。當然他可以向中紀委自首，但很少有官員會這麼做。

　　這些勾結網絡還有一個奇怪的特點。它們通常可以存在很久，然後在其中某個成員被反腐敗調查之後很快就崩解。更奇怪的是，這些網絡可能分別以競爭的政治對手為首，這些人都知道對手的腐敗行為，但在自己落網之前都不會加以舉報[35]。各種型態的勾結模式交疊存在，在同一個單位中就可以有好幾個腐敗網絡並存。媒體經常報導涉案官員向中紀委舉發其他同事的腐敗行為以求寬免，我們可以合理假設這些官員其實一直都知道其他人的犯行，雖然他們不屬於同一個網絡。這種現象可以用「相互保證毀滅」（mutually assured destruction，簡稱MAD）的原理來解釋。這些資訊有兩種作用[36]。在「和平時期」或在被中紀委抓到之前，這可以互相威脅不要傷人傷己。在自己被中紀委找上門之前，先對對方出手是不理性的，因為對手一定也會把你的腐敗行為向黨舉發。所以大家一定要等到被捕之後，再後發制人的舉發對手以尋求寬免[37]。

　　中國的法律讓反腐敗調查人員有相當大的權力來突破勾串案件。由於侵占公款或受賄超過十萬人民幣者可處十年以上有期徒刑到死刑（屬於特殊情況），中紀委和檢察官可以用刑期威脅犯人合作。檢察官自己也表示，突破勾串案件的最佳方法就是讓犯人合作[38]。根據江蘇省發布的資料，在2015年，有80%的貪腐案件是在深入調查窩案和串案之後才另外查出來的[39]。如果這是事實，那這些勾結者其實沒什麼忠誠度可言，儘管他們花了很多精力去建立互信和友誼。

第二章

權貴資本主義的土壤
——滋生腐敗的環境

　　始於1990年代國有財產的所有權的漸進和不完整的改革，使得國有資產特別容易被政治和經濟菁英勾結起來侵奪。幹部管理制度的分權下放在大幅加強地方領導幹部權力的同時，又大幅降低了他們的可問責性。

滋生腐敗的土壤存在。

——習近平，2013 年 11 月 9 日

　　不必引用制度主義的理論，也可以了解為何某些政治和經濟環境特別容易滋生腐敗，也就是習近平比喻的「土壤」。要了解中國權貴資本主義的起源，就一定要追溯到後天安門時代某些關鍵性的制度變革，特別是影響到財產權以及地方官員人事權的那些變化。證據顯示，在下放國有資產控制權的同時卻沒有明確界定所有權，就創造出菁英勾結起來掠奪的絕佳環境。而當幹部管理權下放，地方官員完全掌握人事權之後，產權改革和行政權下放這兩個因素就交相作用，進一步促成了對國有資產的掠奪，而這正是權貴資本主義在中國興起的源頭。

　　1980 年代的經濟改革和後天安門時代的經濟改革，其最大的不同在於國家對財產的控制權大幅下放[1]。保守勢力在 1980 年代阻擋了自由化。但到了 1990 年代，控制大幅放鬆，於是地方政府官員和國企幹部逐漸取得處分國有資產的權力。但國家在大幅下放控制權的同時，卻沒有清楚界定所有權，土地和礦產在名義上都還是國家所有。更重要的是，這些資產到底真正由誰控制的問題一直沒有解決。產權改革不完整的結果，就是讓統治菁英和他們的生意人朋友有各種機會以低價或免費取得國有資產（主要是土地和天然資源）。

土地權利的演變

　　房地產業會成為中國權貴資本主義的溫床是毫不奇怪的。資料顯示，由於房地產業可以藉由以低價取得土地創造暴利，所以是兩大最腐敗的領域之一（另一個是公共建設領域，也需要取得國有土地）[2]。由於土地價格在快速都市化和工業化之後大幅提高，私人企業家就想用行賄的方式在中國的官僚迷陣中取得開發項目。但房地產業腐敗叢生的最重要原因是土地的產權改革不完整。如前所述，把控制權下放但沒有把所有權界定清楚是勾結腐敗的主因。在本節中，我們要追溯中國的土地權利制度自1980年代中以來的變革，從歷史的眼光來看權貴資本主義及土地國有制在當代中國的關係。

　　土地權利的漸進式改革始於1980年代中。1986年通過的《土地管理法》是中國土地的最重要法規，並於1988、1998和2004年陸續修正。總的來說，這些修正大幅鬆綁了國家對土地使用的控制，但沒有改變土地的所有權。在第一版的《土地管理法》中，最重要的法律突破是把土地的所有權和使用權分開。這讓中國政府得以在所有權不變的情況下准許土地出售與轉讓。然而，1986年的《土地管理法》並沒有明確准許出售和轉讓使用權，也沒有明確界定所有權。該法規定城鎮地區的土地由國家所有，鄉村地區的土地除明確由國家所有者之外，由村民集體所有。該法通過後，中央政府依法成立了國家土地管理局。

　　雖然法律沒有明文規定可以出售土地的使用權，但國務院在1987年4月指示土地使用權可以在收費的基礎上轉讓。1987年11月，國務院又批准土地管理局關於在深圳、上海、天津、廣州、廈門和福州試辦土地使用權改革的計畫。1988年4月，全國人大通過憲法修正案廢除了禁止出租土地的法令，土地使用權的轉讓進一步自由化。該修正案還加上「土地的使用權可以依照法律的規定轉讓」這段文字。1988年12月，《土地管理法》再度修正，允許國有土地和集體所有的土地可以合法轉讓，建立了土地使用權的收費制度。1990年5月，國務院頒布《城鎮國有土地使用權出讓和轉讓暫行條例》，為城鎮地區土地使用權的出售和轉讓做出詳細規定（但這不適用鄉村地區。鄉村地區的集體所有土地到現在都不能自由出售和轉讓，只有當國家在鄉村地區取得土地使其變成國有土地後，才能出售及轉讓使用權）。

　　《土地管理法》於1988年修正後，中央政府又出台（中國習慣用語，意指正式提出）了一些規範土地使用的法規。1994年通過了《城市房地產管理法》，允許用拍賣、標售和協議等方式轉讓土地使用權。1998年又再度修正了《土地管理法》，進一步放鬆規定。由於大部份土地轉讓都是通過私下協議而不是通過公開市場進行的，國土資源部在1999年發出《關於進一步推行招標拍賣出讓國有土地使用權的通知》。2001年，國務院又發出《關於加強國有土地資產管理的通知》，對土地使用權轉讓作了嚴格規定。然而，從政府不斷發出關於土地賤賣問題的規定來

看，政府想避免土地使用權被賤賣給個人或公司的努力似乎毫無成效。2002年5月，國土資源部頒布《招標拍賣掛牌出讓國有建設用地使用權規定》，規定國有建設用地的使用權必須經由招標、拍賣和公告掛牌的程序才能出售，不准賣方（政府）與買方私下協議。由於地方政府普遍用低價土地來招商引資，國務院在2004年又發出《關於深化改革嚴格土地管理的決定》來禁止這種行為。《土地管理法》在2004年又再度修正，允許政府可以為了公共利益取得土地。

這些漸進式的改革大幅放鬆了國家對土地使用權的控制，讓中國得以享有二十年來的房地產和公共建設榮景。然而，中國的地權改革方式所製造的問題要比解決的問題更多。表面上看，把使用權和所有權分開是很聰明的作法，讓國家可以創造出土地使用權的市場又不必放棄對土地的所有權。但從1990年代至今的經驗看來，只要土地的所有權依然在國家手中，就不可能有真正的使用權市場。只要國家還擁有土地並決定土地的供給，土地使用的「初級市場」（primary market）*就無法存在。由於沒有真正的土地交易市場，價格是由政治決定的，這就必然會滋生權貴資本主義和腐敗。

---

* 譯註：「初級市場」（primary market）又稱發行市場，是國家或企業發行債券、股票以籌措資金的市場。

地方土地財政的興起

　　土地使用權初期的微幅改革在 1980 年代末還沒有產生太大的影響。從 1986 年到 1990 年之間，在 28 個試點改革的城市中只有 2000 公頃的土地被轉讓，總收入是 10 億元[3]。到了 1991 年，土地使用權的讓售開始暴增。光是在 1991 年，就有 22000 公頃土地被轉讓，是之前五年的 7.3 倍。房地產開發商也如雨後春筍般出現。1992 年，中國有 12000 家房地產開發商，比前一年增加了三倍[4]。1993 年的土地讓售量是 57338 公頃，是 1992 年的兩倍有餘[5]。

　　出售土地使用權的收入也大幅提高。部份的統計顯示從土地使用權可以被買賣開始到 1993 年底，讓售的收入是 1230 億人民幣[6]。而從 1990 到 2005 年之間，土地讓售的總收入達到 2.19 兆元[7]。在接下來的幾年內，土地讓售量持續激增，地方政府的財政越來越依賴土地的讓售收入。在 1999 年，土地讓售收入只占地方政府總收入的 9.2%，占總支出的 5.7%。但到了 2007 年，已達到總收入的 52% 和總支出的 32%[8]。在 2008 年到 2011 年這段期間，土地讓售收入占各地方政府常態收入的 36% 到 71% 之間[9]。

出售土地占中國地方政府收入的比例	
1999年	9.2%
2007年	32%
2008至2011年	36-71%

有研究認為，地方政府之所以依賴土地讓售收入，主要是因為1994年的財政改革使中央政府再度把財政權往中央集中，大部份稅收都上繳北京[10]。雖然1994年的財政改革普遍被視為地方政府開始仰賴土地讓售收入的主要原因，但實際情況可能複雜得多。土地讓售收入對地方財政的重要性是逐步提升的，這表示急著找財源的地方政府是慢慢才學到怎麼利用土地賺錢的。更重要的是，如果進一步檢視地方政府對這些收入的使用方式，可以發現其實都不是用在經常性支出（例如社會福利或公務員的薪水），而是用在固定資本投資。事實上，地方政府在2000年到2010年間出售的大批土地主要被用做一種財政槓桿，用土地向銀行貸款來做固定資本投資[11]。

最可能的解釋是，北京早在1993年就和地方政府在土地讓售收入上達成默契，以克服地方對財政中央集權化的反彈。雖然沒有任何正式文件證明有這種默契存在，但我們很難相信一個從傳統上就偏好直接控制總體經濟和稅收的中央政府會任由地方政府把大筆土地收入據為己有。根據一篇報導，中央政府在1992年要求土地讓售收人要有5%上繳中央，而地方政府可以自行決定剩餘款項如何使用[12]。還有一位學者指出，在1994年財政改革剛開始的時候，中央就決定把土地讓售收入全部給地方政府。這位學者表示，1989年的規定是中央/地方四六分帳。但是因為總收入很難核實（當時的金額還很小），中央實際上分到的很少。而從1994年開始，中央允許地方政府保留全部土地讓售所得[13]。

回顧起來，這種非正式的安排對中央和地方都有好處。中央政府只是把本來就很難收到的財源拿去和地方政府交換，藉此把大部份稅收都收歸中央。而地方政府則得到土地這種龐大的新財源。接下來幾年，新的財政制度把大部份稅收都收歸北京，而地方則從土地讓售得到了驚人的收入。然而，這種依賴土地收入的地方財政體系正是權貴資本主義的最大溫床。本書的案例顯示，和土地相關的勾結腐敗相當普遍，本該用於地方建設的土地讓售收入可以輕易落入地方官員和紅頂商人手中。

土地所有權的爭議和尋租

隨著國家自 1980 年代對土地控制的鬆綁，地方政府很快就學會把土地這種在過去屬於非流動性的資產給金錢化。然而，就像中國所有重大改革一樣，土地產權改革的目的是工具性的，改革並不完整且步伐緩慢。雖然中央大喊改革，但土地產權改革的目的從來就不是透過市場讓土地使用更有效率，也不是要把土地完全私有化。它只有工具性而狹小的目標，一開始是為了解決政府對土地轉讓控制過嚴的實際問題，後來則是為了增加地方政府的收入。中國共產黨從來不肯放棄控制中國最具價值的資產，所以從來也沒有要把土地私有化。由於中共先天就對市場不信任，再加上很多人都想從土地鬆綁中得到好處，這就意味著土地分配的過程和監管機制一定是把政府的控制權和決定權極大化。而結果就是讓所有權刻意模糊不清，這樣才有尋租的機會[14]。

　　土地持續由國家所有是尋租機會的源頭。做為法律上的擁有者，政府可以決定如何處理土地。一旦地方政府官員可以決定轉讓土地的使用權，就容易製造腐敗和權貴資本主義。在土地使用權商品化的初期，大多數土地轉讓都是買賣雙方私下「協議」完成的。例如在1993年，只有5%的土地使用權轉讓是經由公開標售。在2000年，經由公開標售的只占13%。在2002年也只占15%[15]。中央政府擔心地方官員賤賣土地，於是在2002年5月發布了《招標拍賣掛牌出讓國有建設用地使用權規定》，要求所有土地讓售都必須經由公開標售的程序。此後公開標售的比例開始提高。在2003年，有28%的土地使用權轉讓是經由公開標售。在2008年，比例達到84%[16]。但這些數字是值得懷疑的。從許多被揭發的案例看來，公開標售的過程很容易被操控，對行賄者有利。

　　由於地方政府可以用強制力便宜取得土地，轉手賣給房地產開發商就可獲得極大利潤。根據財政部的資料顯示，在2008到2010年間，地方政府的利潤空間是42%至45%[17]。這麼大的利潤空間顯示中國的土地使用權市場是極端扭曲的。如果政府沒有人為的限制土地供給，土地的市場價格一定會下降，利潤就會減少。此外，政府取得土地的成本很低，因為政府可以刻意少付補償金給農民和居民。最後，由於用低價把土地賣給生意人和房地產開發商的行為實在太普遍，地方政府必然損失了很大一部份土地買賣收入。中國媒體經常報導土地買賣違反規定，讓政

府損失了龐大的收入。例如，從2003年到2005年6月，在政府調查的87個開發區中，有60個開發區違反規定以低於官定價格出租了7873公頃的土地，政府少收了55.65億人民幣[18]。根據國家審計署在2009年對11個省分的調查，該收而未收的金額高達381億[19]。

　　從官僚的角度來說，尋租機會豐富意味各種地方機關會爭相介入土地讓售過程及土地開發產業。根據國土資源部的調查研究，土地成本只占全國平均住房價格的23%，但開發商的毛利卻高達30%至50%[20]。如此巨大的利潤自然讓開發商想賄賂能決定價格和審批開發許可的官員。地方官員也想用手上的權力向開發商勒索。由於土地使用要經過10個單位審批，開發商就要每個單位都買通[21]。為了獲得批准，開發商一定要行賄。一般流程是，他們先選定想要的土地，和土地目前的使用者達成協議，然後再去尋求各單位審批。能不能拿到土地就要看他們在這些單位有沒有「可靠的關係」[22]。在這個過程中，開發商可以串連一大群官員，而這些官員彼此間可能完全沒有連繫。

　　政府對土地使用以及房地產業的巨大權力是勾結的動力來源。而由於土地使用的競逐者眾，勾結也成為必須。首先，一個地方官員如果要從農民或居民手上取得土地，就一定要勾結其他單位的官員（例如公安）和地產商把人趕走。其次，由於同一塊地會被許多地產商看中，想勝出就得結交最有力的地方官員（在許多案例中都是黨委書記）。最後，由於許多單位對同一塊土地

都有或多或少的權利，官員就必須互相勾結才能讓心中屬意的開發商取得土地的使用權（即使是權力最大的黨委書紀也得取得各單位下屬的合作）。

採礦權的演變

許多像劉漢和王春成這樣的大亨都和採礦業有關。在本書所搜集的國有企業、地方政府和執法單位的腐敗案例中，我們還會看到許多比較小號的劉漢和王春成，他們都在天然資源領域挖到了寶。這些人有的出身寒微，有的關係良好，為什麼可以拿到採礦權是個謎，因為根據中國法律，採礦權向來都是國家所有。在本節中，我們要追溯中國政府如何漸進式的在不放棄礦權國有的前提把採礦權下放，讓地方菁英能勾結起來用這些寶貴資源發大財。

地方菁英之所以能占有這些在名義上屬於國家的礦產資源，一個結構性因素是中國的礦產大部份都屬於小礦[23]。根據1990年代後期的資料，在全國礦產總量中，手工式的小礦場占了30%至76%[24]。中國礦產的分散性質是被廣大的幅員和地理條件所決定的（含礦量少、存量少、位置偏遠、缺乏開發經濟效益），這也引來許多競爭者（個人、農村集體、地方政府、國有企業、中央政府）[25]。根據一份官方研究機構的報告，在1990年底，中國有8000個國有礦場，11萬5000個集體所有礦場，11萬4000個私

人礦場。這份報告指出，大部份的礦權爭端發生在國有企業和地方集體企業之間（例如鄉鎮企業和地方政府企業）。地方政府的礦場也和鄉鎮企業的礦場時有爭端[26]。例如在1990年代初的雲南，鄉鎮企業及私人所有的礦場有55%是沒有執照的[27]。所以嚴格說來，中國的採礦權要比土地更模糊。

中國的小規模礦場		
1985年	1/3的煤礦出自小礦場	
1990年	全國礦場數量：	
	國有	8000
	集體	115000
	私人	114000

中央政府意識到這種混亂，於是在1970年代末開始進行礦權改革，對採礦業制定了一些法規。除了面對實際之外，政府重新界定採礦權還出於兩個因素。第一個因素是中國的礦產需求越來越大，必須讓礦業鬆綁才能提高產量[28]。第二個因素是政府刻意讓礦業在不搞私有化的前提下鬆綁。如同土地的產權改革，政府繼續把礦產的所有權抓在手上，但又推出許多法規釋放探礦權和採礦權。首先是國務院在1983年4月推出的《關於加快發展小煤礦的八項措施》，允許集體和個人投資小型煤礦[29]。煤礦鬆綁的效果立刻湧現。在短短兩年內，鄉鎮及農村出產的煤礦達到全國產量的1/3。在1985年，全國煤礦總產量的1/3來自小型煤礦[30]。

在1980年代中展開自由化之後，政府出台多項措施以加速礦權改革。最重要的立法工作是1986年3月由全國人大通過的《礦產資源法》。該法一方面堅持礦產的國家所有制，一方面允許集體和個人去開採礦物。尤其是，該法鼓勵成立集體礦山企業和個體採礦，也鼓勵他們在國家指定的區域開採少量礦產。1994年，國務院又為該法制定實施細則，允許集體和個人可以在不適合中大型規模開礦的國有礦山開礦。《礦產資源法》及其實施細則建立了多種型態的所有制，為國家進一步鬆綁礦權鋪平了道路。

1986年的《礦產資源法》還禁止礦權出讓，這個禁令在1996年的修正案中被拿掉了。法律大門一開，礦權交易市場立刻出現。但仍有一些礦權出讓的項目是禁止的。最重要的一條是禁止國企出讓採礦權，除非是因為企業合併、分立、與他人合資或出售資產而有需要變更企業主體。國務院在1998年2月就探礦權和採礦權另外制定規範，最重要的特點是把審批權下放給地方政府。各級政府都有代替國家審批礦權出讓的權力。在國務院的規定出台後，許多省分也制定了該省的礦權出讓法規，而這些法規都有很大的漏洞：這些法規對探礦權的規定不如對採礦權嚴格，而由於這兩種權利實際上很難區分（尤其是在探勘確定有礦藏之後），於是採礦權也往往可以出讓[31]。由於省市政府對兩者皆有審批權，有心買賣的人就比較好下手。這些法規還允許國有礦山在經過公正估價後有償出讓礦權。

　　國務院在1998年制定《礦產資源開採登記管理辦法》，進一步放鬆了國家對礦業的控制。除了石油和天然氣的探礦權和採礦權必須由國務院規定的部門批准之外，各省市政府有權批准在國家規劃礦區和「對國民經濟具有重要價值的礦區」以外的中小型礦區採礦。縣級以上的地質礦產主管部門可以頒發採礦許可證。這項規定出台後，地質礦產部立刻又制定《關於授權頒發勘查許可證採礦許可證的規定》，凡勘查投資小於500萬元人民幣的，授權給省市主管部門批發勘查許可證，而礦山規模在中型以下的，也授權給省市主管部門批發開採許可證。

　　這三項關於探礦權和採礦權的規定在1998年出台，大幅鬆綁了礦業的所有權，也把審批權大幅下放給省市政府。最重要的是，這些規定打開了出讓採礦權的禁令。1996年修改《礦產資源法》時，政府還禁止出讓採礦權，除非是因為企業合併、分立、與他人合資或出售資產而有需要變更企業主體。也禁止將探礦權和採礦權倒賣牟利。然而國務院在1998年2月發出的《探礦權採礦權轉讓管理辦法》卻實質上取消了禁令。

　　基於煤礦在中國礦業和能源產業中的重要性，這個產業的所有權演變也值得一提。如前所述，中國政府在1980年代認識到非調動非國有煤礦的產能無法因應能源需求，於是制定了特別法規允許設立集體和個人礦場（雖然出讓採礦權依舊是非法的）。到了1990年代，礦業部門大幅鬆綁。最重要的一步是放鬆了煤礦採礦權的出讓，以及1994年制定的《鄉鎮煤礦管理條例》，把

審批權下放給縣級政府。這些自由化措施鼓勵大批資金湧入煤礦業[32]。雖然大部份投資來自私人企業，政府官員也抓住機會成為投資者（雖然媒體報導顯示許多官員並沒有真的拿錢出來投資，而是用影響力插乾股）[33]。

國企所有權的演變

在整個改革開放年代，國企資產私有化最特殊之處就是雖然從來沒有正式的私有化計畫，但許多國企資產還是漸進而不為人知的落入私人手中[34]。在整個1980年代，中共黨內對於私有化的意識型態鬥爭非常激烈，政府根本不敢提出國企資產私有化的想法。產權改革被限定在某些特區才能實施，實驗對象也只限小型國企[35]。一直要到1990年代初，中共才敢對國企資產提出一些溫和的處理方案。

第一份暗示性的文件是1991年11月出台的《國有資產評估管理辦法》。這個辦法間接允許國有資產可以出售和轉移給非國家實體。在鄧小平於1992年春南巡之後，這種隱蔽式的私有化進程加快了步伐。1992年7月，國務院制定了《全民所有制工業企業轉換經營機制條例》。該條例除了給國企幹部更多經營自主權之外，還允許國企資產可以出租、抵押和出售。國企幹部也可以收購別的公司。一份針對該時期國企幹部的調查顯示，在改革之後，這些幹部得以用新成立的股份制公司處分資產[36]。

　　1993年11月，中共十四屆三中全會通過《中共中央關於建立社會主義市場經濟體制若干問題的決定》，明確指出小型國企可以出租，也可以改成股份制公司或出售給集體或個人。這份文件是中共中央第一次肯定國企資產可以私有化。在這份文件通過之後，各省市政府也制定和通過了處理國企資產的法規[37]。

　　在1990年代中，國企私有化一般都和破產國企改制有關。在改制的過程中，中國政府實驗性地允許出售這些企業的資產給私人。1994年10月，國務院發出《關於在若干城市試行國有企業破產有關問題的通知》，正式允許出售國企資產。這份通知的重點在於安置破產國企的下崗員工，出售或處分資產的所得要優先安置員工。這份通知的另一個重點是，破產國企可以採取改組企業管理層、改變企業資產經營形式、引導企業組織結構調整等措施。雖然文件沒有說明何謂「改組」和「調整」，但這些用語通常是指出租、外包和部份私有化。

　　到了1990年代末，由於國企的財政狀況持續惡化，中國政府採取了比較激烈的改革。新戰略的重點是把中小型國企私有化，同時優先補助大型國企。這個戰略叫「抓大放小」，體現在第十五屆四中全會於1999年9月通過的《中共中央關於國有企業改革和發展若干重大問題的決定》。這份文件強調國有企業是國民經濟的支柱，要把大型國有企業改造為具有競爭力的企業。最激進的部分是要透過競爭把中小型國企留強汰弱，以改組、聯合、兼併、租賃、承包經營和股份合作制、出售等多種形式，放

開搞活國有小企業。文件只提到出售小企業是搞活的方法之一，但實際上是認可了各地方政府已普遍展開的處理虧損小企業的作法。

對地方政府來說，快速處理掉虧損小企業的資產有很多好處。除了減少地方財政負擔，更可以讓有關係的生意人和官員本身用低價取得國企資產[38]。在這個過程中，國企資產的價值普遍被低估，而破產國企拖欠的稅款和銀行貸款也都沒有清償，因為不管是買方或地方政府都不想承擔這些債務。由於情況太嚴重，國家經貿委、財政部和中國人民銀行不得不在1999年2月發出共同文件《關於出售國有小型企業中若干問題意見的通知》來控制私有化的進程。文件批評了「一些地方違反黨的十五大精神，把出售國有小型企業作為改革的主要形式甚至唯一形式」，「出現了一些不規範行為，導致國有資產流失、銀行債務和拖欠稅款懸空、職工合法權益受到損害」。但就和中央所有政策一樣，這還是無法阻止小型國企出售的問題。在十五屆四中全會通過《決定》之後，地方政府很快就把這些小型國企用低價賣掉了。就連能賺錢的國企也都被拿去賣[39]。

中國政府在2000年代初進一步下放處理國企資產的審批權，地方有權自行處理地方國企的資產[40]。根據國有資產監督管理委員會（下稱國資會）發出並由國務院在2003年11月通過的《關於規範國有企業改制工作的意見》，在私有化過程中出現了許多不規範的現象，造成國有資產流失。為了控制這個過程，國

資會提出對審批過程的新規定。根據新規定，國有企業可以採取重組、聯合、兼併、租賃、承包經營、合資、轉讓國有產權和股份等多種形式轉型為非國有企業，但必須經過多個政府單位審批（例如地方財政局、勞動局和地方政府主管國企資產的單位）。此外，被重組的國企資產要核實評估，也要由具備資格的會計師事務所進行審計。向非國有投資者轉讓國有產權的，由直接持有該國有產權的單位聘請資產評估事務所評估。企業的專利權、非專利技術、商標權、商譽等無形資產必須納入評估範圍。最大的突破是允許國企的管理層把國企資產賣給私人，但管理層不得自買自賣。

國資會於2005年再發出《關於進一步規範國有企業改制工作的實施意見》，提出更嚴格的私有化管理規則。這份文件特別要求想改制的國企必須提出改制的目的和必要性，詳細說明改制後企業的股權結構、法人治理結構、資產和負債狀況及員工安置計畫，也必須明確提出如何保護國企的金融資產及清償債務，並特別規定出售土地和礦權必須遵守相關法律的規定。

與土地和天然資源的產權改革相較，國企改革可說是走在兩個極端。一方面，中小型國企的私有化是在沒有明確法律授權的情況下進行的，因為中國唯一有權立法的全國人大並沒有通過任何法律允許出售國有資產。在這個轉型過程中，尋租者和權貴者是一次性就低價奪取了國有資產。由於各部會發出的暫行規定都很模糊且有漏洞可鑽（雖然都由國務院通過），負責公司清算的

國企幹部和地方官員就能上下其手。這些規定對關鍵程序少有規範，其實是是刻意讓地方官員和國企幹部去搞私有化。雖然這些規定一再強調私有化不能造成國有資產流失，卻從來沒有訂定詳細的實行程序。這些模糊的規定只是把審批權分散到許多政府單位手中，這就導致菁英之間必須勾結。

另一個極端是大型國企仍屬國家所有（或全民所有），第四章將會看到裡頭根深柢固的勾結腐敗。中共努力要讓這些龐然巨獸更具競爭力，甚至給了國企高幹搞貪污腐敗的大權，但依然沒有起色[41]。這種結果並不令人驚訝。中國的大型國企改革是在沒有明確界定所有權的情況下放鬆對國有資產的控制，而這正是讓內部人上下其手的絕佳溫床。

行政權的下放：幹部管理制度

做為一個列寧主義政權，中國共產黨維持權力的最重要工具就是其「幹部系統」（譯自俄文nomenklatura）。在改革開放年代，幹部系統的管理經歷一些重大轉變。中共推行了強制退休制度、提高了教育程度資格、實行輪調制度，並對任用升遷制定了一系列規定[42]。這些改變是為了吸收能力更好、教育程度更高和更忠誠的幹部[43]。但最重要的改變是1984年把幹部管理權大幅下放，把「下管兩級」改成了「下管一級」。在新制度下，中央領導只管理和任命省級幹部，省級幹部管理和任命市級幹部，市級

幹部再來監督、評量和任命縣級幹部。

　　1984年的改革大幅增加了地方領導的權力，讓他們掌握了市級、縣級和鄉級幹部的政治生命。省級領導雖然失去了對縣級幹部的任用權，市級和縣級領導卻分別獲得對縣級和縣級以下幹部的任用權。市級領導可以任命和升遷縣級官員，而縣級領導則可以任命和升遷縣級以下的官員，這是他們在舊制中沒有的權力。中國政府在下放幹部管理權的同時，還下放了投資審批權、財政管理權和監督管理權[44]。與此同時，國企幹部也被賦予類似的權力以重組國有事業[45]。

　　從「下管兩級」變成「下管一級」深刻影響了地方官員及其有權直接任命和升遷的直屬下級的勾結關係。市級或縣級領導更有力量讓下屬和他勾結。很明顯，1984年的改革正是地方官員從1990年代以來買官賣官之風的源頭。「一把手」不受控制的問題也是因為行政權力下放但沒有相對的制度約束。根據媒體報導和學界的研究，「一把手」是當代中國最腐敗的一群人，他們的權力幾乎不受節制[46]。

　　權力大幅下放後的主要問題是如何監督這些地方菁英[47]。雖然中共提出許多評量和監督這些地方菁英的措施，但總是無法防止這些人自私謀利[48]。我們不能說中共沒有努力去處理這些地方領導的問題。但這個問題其實深植於列寧式黨國體制。在這種體制中，執行領導人的意志要高於一切，黨國不得不把大權賦予忠誠的地方領導幹部。從列寧式政權的觀點來看，政黨競爭、監督

制衡、透明化、第三方監督等防止官員濫權的機制都是弊大於利，因為這會讓忠誠的地方領導幹部失去效率，也會降低他們的忠誠度。

1984年的幹部管理制度改革為何沒有馬上造成貪腐橫行？

A. 財產控制權的下放比較慢，早期官員無法染指國有財產。
B. 80年代中國社會與媒體較自由，監督較強。
C. 幹部改革的落實需要好多年。

有一個問題是，為什麼1984年改革之後沒有立刻出現地方菁英（尤其是地方黨委書記）濫權勾結和掠奪資產的現象，而是在鄧小平1992年南巡之後才普遍起來？最明顯的原因是，幹部管理權的下放比財產控制權的下放要早了十年。官員的權力雖然大增，但他們直到1980年代末還沒有太多機會把手伸進國有資產。所以在1980年代末的腐敗行為還只是一些侵占公款、收賄、藉著政府發許可證尋租、和靠價格雙軌制搞倒買倒賣[49]。第二個原因是，1980年代的政治風氣和後天安門時代截然不同。當時的中央領導人致力於經濟和政治自由化，中國社會和媒體的自由程度也很大。來自上下的壓力約束著地方菁英不敢妄為。第三個原因是，就像中國所有重大制度改革一樣，1984年的幹部管理權下放也要好幾年後才真正落實，如果考慮到天安門事件的衝擊，那麼新的幹部管理制度可能要到1990年代初才真正建立起來[50]。

無牙的老虎：紀律檢查委員會

　　唯一能制衡地方黨委書記濫權的就是中共的紀委組織* 51。然而研究指出，這些紀委在面對地方菁英，尤其是地方黨委書記時，往往是無牙的老虎 52。這些紀委的工作人員很少，專業性也不足。例如，福建省在1990年共有4717名全職的紀監人員，分屬於1個省級紀委、5個市級紀委、80個縣級紀委，和978個鄉級紀委，平均每個紀委只有不到5個工作人員。一份2014年的報告指出，市級紀委一般有4名官員，每人配有3名工作人員（一個市平均有400萬人口和27.5萬黨員）。中共中央紀委也只有360名調查人員 53。中共紀委體系最致命的問題就是沒有獨立性，在黨內也沒有政治地位。

　　在中共黨內，地方紀委同時受上級紀委和同級黨委的領導，紀委書記的排名低於同級黨委書記。紀委書記的排名低，自然要聽命於他本該去監督的黨委書記†。紀委查案也受到許多限制，它只有「初步調查權」，如果同級的黨委不同意（也就是黨委書記不同意）就無法正式立案調查，也無法作出最後定論。更糟的

---

* 編註：全名為中國共產黨紀律檢查委員會，簡稱紀委。
† 譯註：中共的地方黨委通常有13名常委，排前3名的通常是黨委書記和兩名副書記，紀委書記的排名則不一定。在有些省分如北京、遼寧、黑龍江、江蘇、浙江、湖北、湖南、廣東等等，紀委書記固定排在第4名。但其他省分則是看紀委書記本人的資歷和年紀，排名並不一定。但無論如何，紀委書記的排名一定低於黨委書記。

是，紀委的調查結果也沒有規定要上報給上級紀委，要掩蓋案件相當容易。所以毫不令人奇怪的，在2012年11月到2013年10月間被捕的83個市級官員中，沒有任何一個是被同級紀委查出來的[54]。中共中央領導人並不是不知道紀委制度的問題。習近平在2014年1月對中央紀委會議講話時就說：「對地方紀委來說，同級監督忌諱也不少，這些年發生的一把手腐敗問題，很少有同級紀委主動報告的。有的地方紀委領導甚至對反映同級黨委領導幹部問題的同志說：你不要講了，我什麼也沒有聽見。」[55]

在習近平展開反腐敗運動後，他的政治盟友中央紀委書記王岐山採取很多新措施來加強地方紀委的獨立性及防止掩蓋案件。省級紀委書記現在都由別省調來，以免和地方上發生關係。而為了讓地方紀委不敢掩蓋地方官員的腐敗行為，中共中央要求所有地方紀委正式立案調查的案件都要上報給上級紀委[56]。雖然現在還不知道這些措施能否強化紀委的功能，但它們顯然沒有解決人員太少和紀委書紀從屬於黨委書紀的問題。掩蓋案件的行為還是會持續，因為地方紀委只要不正式立案調查就不必上報。

小結

在改革開放時期的中國，尤其是在1990年代以後，出現一種特別會滋生勾結和掠奪的制度環境。始於1990年代國有財產的所有權的漸進和不完整的改革，使得國有資產特別容易被政治

和經濟菁英勾結起來侵奪。幹部管理制度的分權下放在大幅加強地方領導幹部權力的同時，又大幅降低了他們的可問責性。

本章所討論的三種國有資產的產權變革的情況都很類似。這些改革都是在定義、用語、程序和規範都刻意模糊的情況下進行的。它們也都是在範圍、速度和程度上逐步漸進的改革。這種漸進主義的必然後果是，一方面由菁英逐步取得國有資產的控制權，一方面這些資產的所有權還是界定不清和爭議多端。這些從國家移轉給私人的權利持續處於不安定的狀況，也不確定政府的政策會怎麼變化。

在缺乏來自中共本身或第三方有力監督的情況下，新得到權力的地方菁英必然會用合法或非法的手段掠奪國有資產發財致富，他們的機會也非常多。他們可以用低價甚至免費把資產轉給自己的家族或行賄的生意人。由於他們手握政府強制力，甚或和黑道勾結，他們還可以胡亂徵收民房、土地和礦區。如果沒有這兩個制度環境，中國的權貴資本主義是不可能這麼嚴重的。

第三章

買官賣官
——政治權力的非法市場

　　正是因為害怕不再能夠壟斷人事任命的權力，中共中央才會不斷嚴打買官賣官，但都沒有成功。從買官賣官政治經濟學的角度來看，這種失敗是可以預料的。在這個市場中，賣官者懂得如何創造需求、增加流通性和決定價格，買官者也知道如何出價和弄到財源。

　　用人腐敗和不正之風問題反映突出，違規用人問題十分
普遍，幹部制度形同虛設。有的地方拉票賄選、跑官要官、
買官賣官問題嚴重。

——習近平，2014 年 10 月 16 日

　　在中共總書記習近平看來，買官賣官已經嚴重到讓幹部制度
「形同虛設」。表面上看來，買官賣官只是政治菁英間的交易，
和生意人無關，不屬於權貴資本主義的範圍。這種交易也看不出
所有權的不完整性與權貴資本主義的內在關係。但實際上，如果
要完整了解權貴資本主義在中國的鞏固和深化，就不能不了解列
寧主義黨國體制內部的腐敗是如何讓政府官員和生意人相互勾
結。我們已經看到生意人如何賄賂地方領導幹部以尋求好處。而
領導要給生意人好處，就得用縱向勾結讓下屬配合才行。領導可
以強迫下屬聽話照辦，但更好的方法是把職位賣給親信。證據顯
示，這種形式的縱向勾結是當前中國權貴資本主義的特點。

　　此外，買官賣官本身也促成了權貴資本主義，因為會去買官
的人通常也會和生意人勾結。他們要累積足夠的資金才有錢去買
官，然後再用買來的官撈回本。但這靠地方官員的薪水根本不
夠，所以要搞腐敗才能弄到錢。最後，探討這種非法的政治權力
市場有助於了解權貴資本主義得以興盛的政治生態。一般來說，
政府官員和生意人的腐敗不過是反映了國家內部的腐敗。在一個
本身就腐敗到骨子裡，許多官員要靠賄賂才能升官的國家，權貴

資本主義一定非常茁壯。

　　第二章對中共幹部制度變革的簡短討論顯示，買官賣官極可能起於1984年的幹部制度大改革，但要到1990年代才發展為成熟的非法買賣市場。證據顯示，這種行為在1980年代還不存在，但在1990年代就變得非常普遍。如果我們在中國最大的報章雜誌資料庫「中國知識資源總庫」中以「買官賣官」做關鍵字搜尋，那在1990年以前還搜尋不到任何條目。一份針對1983年到2012年142個被起訴的各城市官員的研究也指出，在1990年以前並沒有這種案件[1]。而另一份針對2000年到2008年2800件貪腐案件的研究則指出，其中有365件或13%的案件涉及「組織和人事腐敗」，也就是買官賣官[2]。當代中國的買官賣官之風實際上要比已曝光的更為猖獗。我們在官方媒體的報導上經常看到某些涉案官員「幫助他人得到工作或職位以獲取利益」，雖然這些官員最後未必因此被起訴，但這就是買官賣官。

　　雖然菁英之間透過買官賣官來勾結是政權衰敗末期的典型症狀，學術界的關注卻不多[3]。在本節中，我們要探討這種行為背後的政治經濟學及其脈絡。我們的資料來自因買官賣官被起訴的50個案例。這些案例都經媒體大幅報導，有足夠多的細節讓我們深入了解政治菁英究竟如何勾結[4]。

主要發現

　　雖然這50個案例（見附錄中的表A.1）並不是隨機取樣而來，卻足以讓我們了解勾結如何進行。這50個案例遍及22個省分，表示這種行為很普遍。其中有9個案例來自安徽，這個省分雖窮但買官賣官很多。相對貧窮的湖南和經濟蓬勃發展的廣東各有5個案例。海南和山東各有3個案例。既然窮省和富省都有，這就表示買官賣官是不管各地區經濟發展程度的普遍行為，但我們無法確定到底各省的嚴重程度為何。

　　買官賣官案件的最大特點就是主犯大多是地方黨委書記。在50個案例中，有31個是市級和縣級的黨委書記（還有一個鄉鎮級黨委書紀）。有6個是組織部部長或主管人事的黨委副書記，他們可以影響人員任用和升遷的初步篩選階段。有9個是局處首長（例如商務局長或國土資源局長）或執法單位首長（例如公安局長）。這些首長同時也是這些單位的黨組書記，對於人事有絕對的控制權。黨委書記對人事有近乎壟斷的權力，很容易用賣官來以權謀錢。地方官員大批買官賣官之風肯定是人事任用權從中央下放的結果[5]。由於地方層級的職位要比省級和中央層級多，所以在縣級和縣級以下想買官的人就更多，大部份案例都發生在這個層級。但是省部級買官賣官的也大有人在。只要仔細研究落馬的「老虎」案件，也就是副省級和副部級以上官員的案件，就可以知道其中許多人都在買官賣官。這種行為在中國軍隊也很普遍[6]。

買官賣官案件的另一個特點是，凡是有賣官的人都會同時涉及別種腐敗行為。地方領導會搞很多非法勾當，想升官、要拿合同和低價買到國有資產的人都要向他們行賄。在我們的樣本中，因為賣官而被懲處的官員中有86%都有另外受賄（表3.1）。這也不是說賣官本身不重要。賣官的所得雖然比較少，但對貧窮地區的官員來說還是很豐厚的。這種行為另有無形的好處，例如可以安插親信在某個職位以方便自己和生意人勾結。我們將會在第五章討論這一點。

權力能賣多少

樣本中的案例也讓我們知道權力能賣出多少錢。雖然表A.1沒有顯示每個職位的價值，但大致能看出賣官金額上升的趨勢。在這50個案例中，有10個是在2001年以前被抓到的，有36個是在2002年到2013年間被抓到的。在2001年以前被抓到的10個案例中，其中有5人的貪賄金額不到100萬人民幣。這10個案例的

表3.1　50個買官賣官案例的主要特點

	出售官位數	腐敗持續時間（年）	在此期間升官比例（%）	貪賄金額（萬元人民幣）	向生意人收賄比例（%）	刑期（年）
平均數	41	7.7	84	645	86	13
中位數	27	7		381		13
標準差	45	3.4		1,044		3

平均貪賄金額是245萬元，中位數是120萬元。由於其中一位黨委書記的貪賄金額高達1040萬元，所以平均數被拉高許多（這位黨委書記也是唯一被判死刑的）。如果去掉這個極端案例，那麼平均數是180萬人民幣，中位數是100萬人民幣。相較之下，在2001年以後被抓的36個案例中，只有5人的貪賄金額在100萬元以下。這個時期的平均貪賄金額是800萬元，中位數是530萬元。由於光是羅蔭國這個市委書記就貪賄7000萬元，所以拉高了平均金額。但即使拿掉這個個案，平均金額還是高達623萬元，中位數是510萬元，是2001年之前的3.5倍，而中位數高出5倍。

雖然我們沒有足夠證據證明官位本身的價值從1990年代以來有大幅提高，但這樣推論是合理的。假設賣官金額的比率是固定的，那麼賣官金額大幅增加就表示官位本身的價值也水漲船高。此外，官位的價值反映這個官位有多少油水。如果某個官位油水很多，大家就會競相喊價。這可以從先後兩任前安徽省的黨委書記張桂義和徐社新的案例看得出來。徐社新接任張桂義的黨委書記職務，在貪賄總金額和每個官位收賄的金額都超過張桂義（表3.3）。徐社新對每個官位收賄金額的中位數是1萬到1.4萬人民幣。貪賄金額增加證明腐敗風氣日盛，也顯示官位的價值攀升。

一般人都認為高階官員的貪賄金額比較高。雖然這一點符合我們的樣本，但高階官員和低階官員的貪賄金額實際上沒有差距那麼大。如果考慮到高階官員的為官時間都比較長，那麼差距就

更小了。表3.2的資料證明高階官員確實貪的比低階官員多。在50個案例中，有1名鄉鎮級官員，27名是縣級官員，17名是市級官員，5名是省級官員[7]。縣級官員的平均貪賄金額是390萬人民幣，市級官員是1040萬元，省級官員是910萬元。縣級官員的貪賄金額中位數是240萬元，市級和省級分別是500萬元及820萬元。省級官員貪比較多並不令人意外，但這三級官員的貪賄金

表3.2　各層級官員的貪賄金額、出售官位數、腐敗持續期間、刑罰程度

貪賄金額 （萬元人民幣）	平均數	中位數	標準差
縣級官員	390	240	460
市級官員	1040	500	1700
省級官員	910	820	250

出售的官位數	平均數	中位數	標準差
縣級官員	54	33	47
市級官員	23	13	18
省級官員	25	13	22

腐敗持續時間 （年）	平均數	中位數	標準差
縣級官員	6.5	5	2.8
市級官員	8.3	9	2.8
省級官員	10.6	10	3.8

刑罰程度 （官員數）	死緩或無期徒刑 （％）	有期徒刑長度 （平均數）	有期徒刑長度 （中位數）	標準差
縣級官員（27）	44	12.3	13	3
市級官員（17）	47	13.8	14	2.9
省級官員（5）	100	n.a.	n.a.	n.a.

額中位數並沒有差距太大。省級官員的中位數只比市級官員多64%，也不到縣級官員的4倍。市級官員的權力比縣級官員大得多，但其貪賄金額中位數只有縣級官員的2倍。如果考慮到市級和省級官員的貪賄時間中位數都比較長（分別9和10年），而縣級官員的貪賄時間中位數比較短（5年），那縣級官員的貪賄金額不但相當驚人，也顯示在當代中國，貪污腐敗是一種在地方上相當普及的現象。

　　在中共黨內級別不高的縣級黨委書記之所以能貪這麼多錢，是因為他站在黨國體制的第一線，有許多機會可以向下屬和生意人索賄[8]。只要縣委書記夠貪心夠大膽，撈到的錢就會比上級還多。在表A.1的貪賄金額前十名中就有五名是縣委書記。此外，市級和縣級官員貪賄金額的標準差非常大（分別是1700萬和460萬人民幣），這表示地方官員的索賄能力差別很大。這可能是因為各地國有資產的價值不同，能給生意人的合同價值也不同。

　　更重要的是縣、市及省級官員可以藉由買官賣官撈到多少錢。表3.2顯示，平均而言，縣級領導賣出54個官位，是市級領導的兩倍以上（23個），省級領導也只有25個。中位數和平均數的狀況也雷同。縣級領導賣出官位的中位數是33個，市級領導是13個，省級領導也是13個[9]。從標準差來看，縣級領導的差異性比市級和省級領導來得大。縣級領導手上有許多低層職位，通常說了就算數。相較之下，高層官員手上的職位雖然比較有價值，但數量比較少，而且這些職位的任命受到的監督和競爭比較

大，要收賄必須很小心。

　　然而，高層官員（例如市領導）賣出的職位雖然比較少，但單價比較高。這並不令人意外，因為市級領導掌控了縣黨委書記及縣長的任用權。這些「處級」職位比縣級領導所能出售的「科級」職位更有權力[10]，未來的油水也更多。此外，要買這些職位的人本身都是縣級官員，他們可能早就貪了足夠的錢，也比較會有生意人幫他們出錢行賄。

　　在50個案例中，我們有關於14個案例的細節。其中有7個案例涉及到縣委書記，7個涉及到市委書記（包括那些在市委書記任內賣過官的省級官員）。簡單分析一下這些人的收入，可以看出買官賣官的幾個特點。如同我們所假設的，縣級領導賣官的單價要低於市級領導。7名縣級領導賣官價格的中位數是1萬到3萬人民幣，7名市級領導賣官價格的中位數是1.9萬到34萬元[11]。如果把這14個案例加總，那麼縣級領導賣官價格的中位數是2萬元，只有市級領導10萬元的20%[12]。

　　表3.3顯示買官賣官的市場在縣級比在市級發展得更成熟，因為在7個縣的賣官價格要比在7個地級市更為一致（也就是在統計上的標準差比較小）。181個縣級職務的賣官價格中位數是2萬人民幣，標準差是18946元。相較之下，7個市的182個職務的賣官價格中位數是10萬元，標準差是219643元，高出中位數兩倍。在7個縣的案例中，賣官價格的最高中位數（3萬元）是最低者的三倍（1萬元）。而在7個地級市的案例中，這個比率

表3.3　縣級與市級官員賣官的價格（人民幣）

縣級官員

姓名	張桂義	徐社新	張治安	張改萍	梁必志	李剛	王國華	總計
賣官數	11	58	15	26	13	33	21	181
價格平均數	12000	17814	17867	25730	26125	29121	33143	23177
價格中位數	10000	14000	16000	20000	20000	20000	30000	20000
價格標準差	6588	19024	13916	13916	19397	24548	16051	18946

市級官員

姓名	何閩旭	王國華	田忠	陳少勇	馬德	劉卓志	羅蔭國	總計
賣官數	10	13	12	9	12	11	15	82
價格平均數	34100	41923	65000	126111	175000	307273	438000	190134
價格中位數	19000	30000	73333	100000	228333	240000	340000	100000
價格標準差	31402	27729	32998	69682	145993	209623	307390	219643

註1：何閩旭、陳少勇、劉卓志賣官行為發生擔任市級領導期間。

高達17：1（34萬元對1.9萬元）[13]。

　　這種現象可能是因為在一個縣裡面，想買官的人比較容易知道該花多少錢，因為縣的幅員比市小很多（一個市通常下轄五、六個縣）。另一個可能的原因是，想在縣裡面買官的人還沒有多少本錢買官，而想在市裡買官的人則已經貪夠了足夠的本錢，所以買官的價格就比較高。而決定縣級和市級職務價格高低的最重要因素是該職務本身的價值。一般來說，縣級官員索賄的權力要比市級官員來得小，即使賣官者是同一人亦然。例如，王國華此人在縣委書記和市委組織部部長任內都賣官。雖然賣官價格的中

位數相同，但他在市委組織部部長任內所賣的平均價格要比縣委書記任內所賣的高出8000元人民幣（見表3.3）。組織部長賣官的價格本應該比較低，因為組織部長對於人事並沒有最終決定權。也就是說，如果王國華是市委書記，那賣官的價格就會高得多。最後，市裡賣官的價格差異之所以比較大，也可能是因為每一個職務的價值不同，各單位的吸引力有可能差非常多。

被抓到的風險低，腐敗持續時間長

在中國，官員勾結腐敗被抓到的風險是很低的（見表3.1）。在已知的49個案例中，平均腐敗持續時間長達7.7年（中位數是7年）。高階官員的腐敗持續時間又比低階官員要長。在27個縣級官員中，平均腐敗持續時間是6.5年（中位數是5年）。而在7個市級黨委書記中，平均腐敗持續時間是8.3年（中位數是9年）。而在樣本中的5個省級官員中，平均腐敗持續時間是10.6年（中位數是10年）（見表3.2）。市級和省級官員的腐敗持續時間長，可能是因為他們有很多手下當白手套（這些手下也很可能是用賄賂得到職務的）[14]。

在中國貪污的風險很低，鼓勵了官員以身試法。

★84%的官員正在貪污的官員還繼續升官。
★70%的犯案官員獲得減刑。
★高階官員判刑相對較輕。
★死刑極少執行。

　　不被抓到就可以繼續貪污，還可以繼續在黨國體制內往上爬。表3.1顯示，有84%的官員是一邊貪污一邊升官。這表示中國共產黨其實很難查到地方官員的腐敗行為，而大部份的腐敗官員都能升官。

　　當然，腐敗官員被抓到的刑罰是很重的。然而學界的研究和中央紀委的資料顯示，腐敗官員的刑度要比一般老百姓犯罪輕很多，因為很多根本沒有執行[15]。我們樣本中的平均刑期是13年。表A.1的資料顯示，刑度輕重和貪賄金額高度相關，也就是說和官位高低高度相關。市級以上官員比較多被判死刑或死緩（市級官員有將近一半，省級官員則全部被判死刑或死緩）[16]。然而，如果我們因此就說中共對高階官員的懲罰比較重，這是錯誤的。蔡永順針對1122名受黨紀處分的官員所做的研究就顯示，事實上低階官員要比高階官員判得更重[17]。

　　在我們的50個案例中，貪賄金額超過中位數者（381萬元人民幣）有3/4被判死刑或死緩，但死刑卻極少執行。樣本中只有1個低階的縣委書記真的被處決。被判死緩的人通常可以減為無期徒刑（之後又可以再往下減）[18]。這可能是因為黨中央經常會先用嚴刑來威脅腐敗官員，要他們坦白認罪並招出其他人的犯行，之後再加以減刑。根據一則報導說，雖然這個方法有助偵辦，卻也讓大約70%的腐敗官員獲得減刑。根據廣西省人民檢察院的報告，在2001到2005年這段期間，利用職務犯罪而被判刑者，其中有57%獲得緩刑甚至無罪[19]。

買官賣官的政治經濟學

買官賣官是國家公僕對國家權力的濫用。晉用人才看的是賄賂，而不是看工作實績。這些犯罪者的主要動機是要極大化其貪賄所得，但由於時間和能力的限制，官員們很難在一段相當短的時間內把手上的權力運用到極限（縣級或地級黨委書記的任期一般是三年左右），最理性的策略就是把這些職務減價大出售。本節將利用樣本中的資料來探討買官賣官的市場機制。

賣官者的動機

在中國共產黨的地方層級，黨委書記對人事任命有絕對主導權。組織部長在程序上對人事也有一些影響力，但黨委書記掌握了任命過程的兩個關鍵階段，也就是對人選的提名權，以及在黨委常委會通過後的最後同意權。這還只是黨委書記的正式權力，實際權力遠超過此。黨委常委會其他成員很少敢反對黨委書記提名的人選，因為他們怕惹惱黨委書記，也不想讓自己想要的人選被黨委書記否決。

吉林省靖宇縣原縣委書記李鐵成在1991年到2000年之間收受162人的賄賂，他透露了如何在不違反規定的情況下讓行賄者得到職位。據李鐵成描述，每一次有人事變動時，組織部會評估人選，把可能人選的名單交給負責人事的黨委副書記。副書記評估和同意之後，會把名單交給李鐵成。李鐵成同意之後，再把名

單交給常委會討論和通過。在這個流程中，李鐵成明顯享有事先否決權。李鐵成坦承說，如果名單中沒有已經行賄過他的人，他就會把名單退回，要求組織部重提一份名單。如此一來，任何官員沒有李鐵成的支持都不可能被任命[20]。地方黨委書記也可以在人事出缺時直接提名人選給組織部去評估，這也是讓行賄者得到職位的關鍵一步。根據遼寧省撫順市原市委書記周銀校的說法，書記和常務副書記都有權提名人選。周銀校本人就是利用這個權力提名行賄給他的人[21]。

然而，雖然黨委書記能完全主導人事任命，用這種方法賺錢還是有其侷限。對黨委書記來說，最有錢的行賄者是私人企業家，而不是財力有限的部屬。撈得不夠多或者還沒有辦法貪污大筆公款的官員沒辦法出太多錢。相較之下，和私人企業家勾結要比賣官給屬下好賺得多。在50個案例中，有43個賣官者同時和私人企業有勾結，從中得到大筆好處。

馬德就是這樣的官員。他是黑龍江省綏化市原市委書記，賣官紀錄昭著（據媒體報導，在2002年被捕前，馬德的賣官總數超過260個）[22]。在受審時，馬德被起訴收受17人的賄賂（其中12人是官員），總貪賄金額600萬人民幣。其中1/3也就是200萬元是由一個私人企業家所給，因為馬德幫他拿到綏化市電視台大樓的興建合約。根據判決書，12名官員給馬德行賄的金額只有273萬元。這表示馬德的貪賄金額有一半以上來自私人企業[23]。安徽省定遠縣原縣委書記陳兆豐在2006年因為賣官給110人被判

刑，這個案例也顯示賣官所得和向私人企業收賄比起來並不算多。陳兆豐賣官給110人的所得只有150萬元，不到其貪賄總金額830萬的20%[24]。張治安是安徽省窮縣潁上縣原縣委書記，在1994年到2007年間賣官給14個部屬並收受企業界賄賂。在他貪賄總金額360萬元中，有294萬元來自7個生意人，其有1人就給了110萬元[25]。

　　大多數因為賣官被捕的黨委書記也都同時和生意人勾結而發財，這種現象並不奇怪。和政府官員比起來，私人企業家既有錢行賄，也有辦法從政府合同和被低估的（或免費的）國有資產中取得暴利。而黨委書記之所以賣官，錢並不是唯一的目的。事實上，這種行為是為了讓他更有辦法向生意人收賄。黨委書記賣官給部屬的最明顯用處是，可以在各個職位上安插一群願意幫他做事的親信，和生意人勾結起來就更方便。例如，江西贛州公路局原局長李國蔚在1999年到2004年所收賄的23個部屬中，其中就有四個利用職務幫李國蔚把政府合同給了賄賂李國蔚的生意人[26]。在接下來兩章，我們會進一步看到這種縱向勾結的機制。

買官者的動機

　　部屬買官或者是為了金錢利益、或者是為了在黨國體制內往上爬、或者是出於工作上的不安全感。官位越高，尤其是對生意人握有行政大權的職位，其潛在利益自1990年代以來急劇提升。這部份是因為經濟成長造成財富的普遍增長，但國有資產和

公共建設合同才是最重要的利益來源。這些資產（土地、礦產、國企資產）的實際市值要比名目價格高出許多倍。這種價差就鼓勵生意人用各種方法以名目價格去購買這些資產，然後賺取暴利。政府合同也是同樣的道理。生意人大舉行賄有權處分這些資產或批准政府合同的官員，所以官位越來越值錢。

雖然買官者主要是為了錢，但也是為了在官僚體制內往上爬。官位的意義不完全是錢，還有尊榮感和權威感。在一個用行賄就可以買到官位的體制中，不行賄的人就是輸家。他們不但無法升到權力更大、能貪更多的職位，上面的領導也可能都是那些用行賄升上來的人。有些人會去買官只是為了避免這種下場而已。

第三個動機是工作上的不安全感。買官賣官盛行讓所有官員都有不安全感，因為凡是有油水可撈的職位都有人要競標。如果不向黨委書記行賄，官位就可能被換給有送大錢給書記的人。陳少勇在2002年到2005年間當福建省寧德市市委書記時，因為收賄10萬元人民幣而重新指派了有大筆油水的土地局長一職[27]。廣西欽州市原市委書記俞芳林在1997到1998年分六次收受欽州市建設局長的賄款共10萬5千元，這是局長的保官費。行賄保官是必須的，因為競爭對手可能會賄賂黨委書記把他撤換。欽州市財政局長在1997年向俞芳林行賄2萬元，條件就是把他討厭的副局長換掉。俞芳林也爽快的答應[28]。一名向綏化市委書記馬德行賄的地方官員在馬德於2000年受審時作證說，他給了馬德

35萬元，是因為他怕馬德會讓他職位不保，而這筆錢真的起了作用[29]。

風險管理

收賄賣官當然是有風險的。做為黨的代理人，黨委書記竊取了黨中央派用人事以確保黨員忠誠的根本權力。然而被查到的風險是可以管控的。地方領導通常會很小心遵照程序，不會留下違反組織規定的證據。根據最高人民檢察院一名資深檢察官的說法，要把賣官者定罪，最難的是證明行賄和任用升遷有對價關係，因為人事任用都是集體決定的（通常是黨委組織部的常委會），很難證明黨委書記有伸手進去[30]。

黨委書記可以在黨的人事任用程序中最關鍵的階段細緻而合法的發揮影響力。當一個職位出缺時，許多官員包括黨委書記都可以建議人選。組織部進行篩選程序後，由負責人事的黨委副書記和二、三位組織部的官員開會決定最後人選，再把人選呈報給黨委書記同意。如果黨委書記同意了，就會召開「黨委行政會議」正式通過，然後再召開黨委組織部門的常委會正式派任職務。正如前面所說，黨委書記控制了提名和同意兩個階段。當黨委書記提名某人時，組織部門當然就知道書記的心意，不得不順著書記的意思走。一旦過了這一關，接下來的程序就只是走過場。周銀校在2000年到2004年遼寧省撫順市委書記任內，就老練的利用這個程序派用賄賂過他的人。他先疏通組織部常務副部

長提名他想要的人，然後再通過正式派任程序，完全符合黨的人事任用規定[31]。

　　以行賄拿到官位的人當然會嚴守秘密。收賄賣官的黨委書記也會小心讓整個任用過程看來符合黨的規定。當然，輸家（沒辦法或不願意行賄的部屬）有可能向黨的紀委會檢舉。這類檢舉有時候會立案調查，但大部份不會。理由很簡單。因為買官賣官太過盛行，犯罪者本人很可能早就買通上面的人。當這些上頭領導身居黨內高位後，一旦得知有人舉報，他們就會壓著不讓調查，以免自己劣跡敗露。由於紀委必須得到同級黨委書記的同意才能立案對下一級官員的調查，犯罪者的庇護人就會好好保護其親信和自己。

　　還有一個對犯罪者有利的因素是，這些檢舉的數量實在太龐大，而紀委的調查人員太少。例如，湖南省各級紀委在1996年到2001年間接獲387800件檢舉，但只能確認76571條線索，調查58345件，約占總數的15%。浙江省各級紀委在2013年接獲50828件檢舉，但只調查了8915件，約占17.5%[32]。他們收到的檢舉實在太多，且幾乎全是匿名檢舉，很難立案調查。根據對廣東省紀委書記（他後來在2014年因為貪污被捕）在2011年11月的訪問報導，只有不到5%的檢舉有具名[33]。在鬥爭嚴酷的中共官場中，要分辨哪些是抹黑和哪些是真正的檢舉幾乎是不可能的。

檢舉貪污者眾，立案調查者少。			
	檢舉案件	調查案件	立案比率
湖南省 1996-2001	387,800	58,345	15%
浙江省 2013	50,828	8,915	17.5%

　　樣本中大部份買官賣官的官員都是意外被查到的，這顯示被查到的風險真的很低。他們都是當局在查辦其他貪污案件時才被發現有買官賣官的情事。李鐵成就是一例，他賣出過上百個官職都沒被發現，直到當局在2000年逮捕一個犯詐欺案的生意人才被查到。這名生意人供出他行賄過李鐵成，這就讓當局啟動調查，很快就發現李鐵成賣官的行徑[34]。另一個例子是以賣官出名的綏化市市委書記馬德。馬德的行徑是在2001年調查一名生意人賄賂銀行官員的案件時意外發現的。當局發現這名生意人也行賄馬德幫他獲得銀行貸款[35]。第三個例子是安徽省定遠縣原縣委書記陳兆豐，他把職位賣給110個部屬。他在2002年被查到賣官，當時省紀委正在調查陳兆豐違反報銷規定並收受好處（這只算小違規）[36]。

　　最後一個例子是張治安。張治安的前任是安徽省潁上縣原縣委書記張華琪，張華琪在2004年因為向90名官員賣官而入獄，而張治安自己也幹同樣的事。張治安賣官一事直到他被捲入一件當代中國最著名的掩蓋犯罪行為才被發現。張治安的區政府在

2007年蓋了一棟比美美國白宮的政府大樓。一位當地居民向上
頭檢舉張治安因建設計畫徵收了太多農地而被張治安的公安部門
拘留並離奇死在看守所，這件事受到著名的《中國青年報》調查
報導，當局在輿情激憤之下展開正式調查，這才發現了張治安的
其他惡行[37]。

　　當某些官員因為和人事任用無關的貪污案件被拘留時，也可
能供出買官賣官的情事。為了尋求減刑，這些官員通常會出賣同
僚把買官賣官供出來。黑龍江省委組織部部長韓桂芝就是這樣在
2004年落馬的。馬德在2002年被捕後，招出自己為了要當綏化
市委書記，曾送了80萬元人民幣給黑龍江省委組織部部長韓桂
芝。韓桂芝因此被捕，連帶又查出韓桂芝還收了許多官員的賄賂
（包括一名省級人民法院的庭長和省級檢察長）[38]。

創造市場和定價

　　理論上，買官賣官市場的流動性（liquidity）應該很低，因
為中國政府和中國共產黨對地方官員濫用人事有嚴格限制。例
如，黨內規定了地方官員的固定任期，這就限制了官位可買賣的
數量。然而，由於地方領導在人事任用上有非常大的權力，尤其
是在縣級及縣級以下政府，地方領導可以想辦法提高市場的流動
性。市級和市級以上官職的流動性就比較低，這不只是因為職位
比較少，也因為這些職位的任用受到較嚴格的控管。市級政府官
員是由省級黨委任用，而省級官員的任用升遷掌控在中共中央委

員會（技術上來說是中共中央委員會的組織部）。在中共的體制中，縣委書記的地位雖低，但其人事任用之權卻最大。創造人事市場流動性的關鍵手法就是搞「大風吹」，這相當於增加股市中的交易額。縣委書記通常在任期內會以甄拔優秀幹部為名，搞幾波大規模職務調動。這種「大風吹」就會增加可在市場上買賣的官職數量。在我們的樣本中，賣出官位最多的黨委書記都是採取這種人為創造市場的手法。李鐵成就是這種創造市場的高手，賣出上百個職務。李鐵成在1994至2000當吉林省窮縣靖宇縣黨委書記六年期間，共調動了840個職務[39]。被控賣出90個職務的張華琪也是創造市場的高手。在他於1997年當上安徽省窮縣潁上縣的黨委書記後，他在五個月內五度召開縣委常委會，大幅調動縣內官員。縣內31個鎮和各單位有上百個職務被調動，空缺出來以後想要位子的人就多了[40]。

　　但即使創造出買官賣官的市場，官位要怎麼定價還是個問題。雖然中國媒體宣稱黨委書記對每一個職務都有設定一個公開的收賄價碼，但這種說法缺乏證據。最簡單的理由是，如果黨委書記真的敢對特定職務設定價碼然後口耳相傳的去廣告，被抓的風險就很高。而雖然想買官的人很多，但這些人在地方官員中依然算是少數，所以市場還是有限。

　　根據我們對七個涉案縣委書記的分析，可以看出買官賣官市場的運作效率是很高的。在這七個案例中，賄賂金額的標準差都比中位數2萬元要略低，這表示買方付出的價格沒有過高，而賣

方所收的價格也沒有過低。縣級政府買官賣官的市場效率可能得益於幾個因素。首先，由於市場的地理幅員不大，買方容易得知黨委書記到底想賣多少，而這個職務又值多少。而在幅員更大的市級政府，住在不同縣的買家就不容易得知這些資訊，所以市級政府買官賣官市場的效率就比較低。在七個市委書記的案例中，金額中位數的差異很大（七個案例的標準差都是其中位數的兩倍）。

　　縣級政府買官賣官市場比較有效率，也可能是因為和市級或省級比起來，其交易成本比較低。縣委書記要比市委書記更容易接觸。此外，承襲中華帝國的傳統，中國共產黨採取「迴避」原則，也就是不能在家鄉做官，所以一個市級領導會來自另一個市，而一個縣級領導也會來自另一個縣。然而，由於縣級領導只是來自同一個市的另一個縣，就很容易透過朋友和同事關係接觸得到。市級領導就比較不容易接觸，因為他的關係網絡是在另一個市，幅員既大距離又遠。同樣的道理，要接觸省級和中央級領導就更難了。

　　第三個促進市場效率的因素是送禮文化。假如買方不知道某個職務該給多少，他可以用送禮來探測價格，這樣就不會一下子付出太多。例如，2005年因為收賄賣官被判刑的安徽潁上縣原縣委書記徐波，在他所收的136萬人民幣的賄款中，有83%是在過年過節收到的[41]。從案例中可以看出，中國農曆年是買方接近賣方並支付部份款項的大好時機。中秋節或領導住院期間也是好

機會[42]。根據中國傳統，這些時機可以完美掩護檯面下的真正交易，買方可以藉著送禮先付一部份錢給賣方，而送禮在這些時候是很正當的。送禮的目的是多方面的。根據中國的送禮文化，拒絕收禮會讓送禮者很沒面子，買方不太可能被領導當場拒收，這樣就可以送出頭期款。這種方法既給了買方彈性，又不會付出過高的價格。如果經由支付前金讓黨委書記透過暗示同意賣官，官位也真的給了，買方就會再送上後謝以示感謝。按照默契，這份禮物就算是尾款。而如果黨委書記沒有按照承諾給出官位，買方就會再用年節禮物為名送上更多誘因，一直持續到交易完成為止。

　　我們的案例也證明了上述分析，因為行賄者付款的次數超過行賄者的人數。例如，樣本中唯一一位女性陝西省商州市原市委書記張改萍，她在2001年到2005年間向28名部屬收受賄賂。其中有13人分兩次付款，有2人付了三次，13人付了一次[43]。海南省東方市市委組織部長吳苗在2004到2009年間向9名部屬收賄。其中有3人分多次付款，6人付了一次[44]。2002至2005年間福建省寧德市市委書記陳少勇的行賄者也是採用分期付款的方式，也沒有付出過高的價格。根據陳少勇的起訴書，15名行賄者中有9人是分多次行賄（平均是5次）[45]。對陳少勇這一級的領導之所以要分多次行賄有兩個原因。首先是因為他職位比較高，要花較多的時間和努力才能接近他，送禮次數就要比較多。其次是因為在市這一級，要花較多時間才能搞清楚市場價格，這

就要分多次付款才能成交。

更有趣的問題是，行賄的金額是否能真正反映出該缺分（中國習慣用語，意指職缺）的油水。我們沒有明確的資料能證明這一點，但樣本中的案例似乎確實如此。2002年被捕的黑龍江綏棱縣原縣委書記李剛就是把最肥的缺給付錢最多的人。李剛收得最大一筆賄款是11萬元人民幣（這是縣級職務價格中位數的五倍），他就把縣財政局長這個能夠分配縣內公款的位子給了這個人。付錢第三多的人（8萬元）被任命為縣有化工廠的總經理，這個位子能向那些想和國企做生意的人收賄。相較之下，縣內婦女協會的副主席只行賄李剛1萬元[46]。

張改萍所收的賄賂也可以反映出行賄金額和缺分肥瘦的關係。2004年，一名區紀委副書記給了高達38萬元人民幣向張改萍買區教育局長一職。這個職位的油水是很多的，因為教育局長對於教科書、建築工程、維修和派任校長有很大的權力。而給錢第二多，金額5萬元的有兩位，他們分別被派為助理區長以及高速公路強迫拆遷辦公室的副主任。後一個職位可以向包商大筆收賄，因為包商需要政府協助才能遷走農民和原住戶。給錢第三多，金額4.8萬元的人被派為區財政局長。相較之下，給張改萍比較少錢的人所得的職位油水都比較少。給張改萍5千元的人被派為區防疫站的主任，給1萬元的人則被派為街道辦事處主任[47]。

不管在地方政府買官要花多少錢，這些官位的好處通常是很多的，油水豐富的官位更是如此。以李剛的案例來說，他在

1998年當縣長和2000年當縣委書記時共花了50萬人民幣行賄。靠著這些投資，李剛後來收賄了220萬元，超過他原來行賄金額的四倍[48]。廣東省茂名市在周鎮宏和羅蔭國兩任市委書記期間（2002-2011）賣官風氣鼎盛。一名地方官員朱育英花了34萬元在2003年和2008年兩度獲得升遷。朱育英後來的貪污所得是1300萬元，是其原投資金額的38倍[49]。區公安局長楊強在2007年行賄30萬港幣給茂名市公安局長倪俊雄以求升遷。當楊強在2011年被捕時，他的貪污所得高達1330萬元，其中有345萬是部屬向他買官的賄款[50]。

關於買官賣官還有一個有趣的問題：買官者是一開始就該表明自己想要哪個職位，還是先分期付款再說？第一種作法是一開始就給領導一大筆賄款然後講明要哪一個職位。第二種作法是先給領導一些好處，然後再要求某個職位。兩種方法各有利弊。第一種作法有被拒絕和給太多的風險，但速度比較快，也可避免被他人捷足先登。第二種作法比較不會被拒絕，也不會給太多，但被他人捷足先登的風險比較高。樣本案例中兩種方法都有，這也許是因為買官者和賣官者的熟悉程度不同。邏輯上來說，買官者如果和賣官者很熟，他就會採取第二種作法，避免給太多錢；如果不熟，他就會一次給大錢讓賣官者立刻接受。所以買官賣官的市場其實是分兩層運作的。在第一層，如果買官者和賣官者夠熟，就可以靠關係拿到折扣價；在第二層，如果買官者和賣官者不熟，他就必須付足價錢甚至付出過高的價錢。

收入極大化的策略和財源

　　領導幹部有兩種把賣官收入極大化的策略。第一種是以相對低價賣出眾多官職。我們的分析顯示，在比較窮的縣份，黨委書記的部屬們並沒有那麼有錢，他就比較會採用低價大量出售的方式。這種策略被抓到的風險明顯比較高，因為買賣的數量太多。第二種策略是用高價出售少數幾個非常有油水的職位。在我們的樣本中，市級以上的官員就是用這種模式。他們所賣的職位都有大量油水可撈，高價出售是很合理的。要買這些職位的人自己的職位也比較高（有些人自己就是在賣官的黨委書記），能付的錢也比較多。而由於買賣數量少，被抓到的風險就比較低。

　　我們的分析顯示，買官賣官這種菁英勾結的模式是非常有破壞力和殺傷力的。雖然這種收入對賣官者的總貪污收入來說所占比例並不高，但它會產生一種自我強化的機制。由於買官者極力要把投資回收，所以自己一定要貪污。這必然會快速推高買官的價格，因為既然買官的人能撈那麼多錢，那就會刺激更多人用更高的價錢去買官。一旦買到官，他們就會更努力貪污以回收成本。這就是中國在催生腐敗的潛在機制。

　　買官賣官政治經濟學的最後一個問題是，買官的錢從何而來？中國地方官員的薪俸很低，很難付大筆錢買到有油水的職務。我們所分析的案例顯示，買官者的錢大部份都不是自己出的，而是另有三個財源。

　　第一個財源是侵占公款。部屬用來行賄領導的東西通常會以假收據報公帳。安徽省潁上縣原縣委書記張華琪在2003年被捕，賄賂他的有上百名官員。其中有70萬元賄款是以33個單位的康樂費名義報銷（其中有9萬人民幣是以假收據報公帳）[51]。安徽省和縣原縣委書記楊建國在2006年被捕，許多賄賂他的官員也是用假收據報公帳。賣官的先驅者江西省廣豐縣原縣委書記鄭元盛（2001-2005），賄賂他的錢大都來自公款[52]。河南省鄢陵縣原縣委書記謝連章（2001-2013）收受33名官員的賄賂，其中有26人以假收據全部報了公帳[53]。山東省巨野縣營里鎮原鎮長孔慶國在2009年賄賂山東省荷澤市委原常委劉貞堅以求升官時，他也是用侵占來的公款行賄，其中有6萬元來自強制一胎化的罰金[54]。

　　第二個財源是貪污來的積蓄。會買官的官員可能早就很腐化了，手上早就有之前貪污來的錢，所以有能力買到想要的官位。黑龍江省綏棱縣原縣委書記李剛是典型的例子。他先是在1998年以10萬元人民幣買到縣長的位子，再用這個位子去收賄，然後在2000年再以30萬元向市委領導馬德買到縣委書記一職[55]。

　　第三個財源來自民間，大部份是生意人。想買官的官員會和生意人「貸款」來買。一名官員在2001年以50萬人民幣向馬德買到縣長的位子，其中有20萬就是向一名生意人「貸」來的（其他的錢也是向別的生意人貸的）。另一名官員在2004年以38萬元買到陝西省商洛市商州區的教育局長一職，其中33萬元是

向五個人貸來的（其中有一人非法借給他公款）[56]。對生意人來說，貸款給官員去買官是很划算的，因為一旦這些官員得到更好的職位，他們就會回報更多。在廣東省茂名市的大醜聞案中，一名有錢的生意人在2002年到2011年間連續賄賂兩任市委書記幫三名官員升官，其中一名是公安局長。另有兩名生意人分別給了原常務副市長楊光亮10萬港幣，幫他在2007年升為市長[57]。

競爭與承諾

　　關於地方買官的競爭的激烈程度，以及賣官者能否兌現承諾的問題，樣本中的案例只能提供一些初步線索。在我們的50個案例中，只有2個案例有提到競爭同一個職位。這2個案例都是由行賄最多的人拿到官位。在2000年，有好幾個人向河北省平山縣原縣委書記劉秀田爭取水務局長一職。劉秀田把位子給了出錢最多的人[58]。陝西省商州市原市委書記張改萍也是在2004年把教育局長一職給了出錢最多的人，據說她還把錢退還給沒有得到位子的五、六個人[59]。

　　另一個問題是賣官者到底會不會兌現承諾。樣本中並沒有賣官者收了錢卻食言的案例。在一個案例中，有一名官員給了安徽省五河縣原縣委書記張桂義3.2萬人民幣要買教育局長一職，但張桂義沒有做到，最後退了2萬元給他[60]。

　　賣官者收錢不辦事的例子之所以很少，可能是因為賣官者必須在市場上維持信用。如果賣官者一直不講信用，那受害者就會

口耳相傳把所有可能的買家都嚇跑。買官賣官的市場雖然競爭激烈，但只要賣官者遵守誰出錢最多就給誰的規則，就可以維持秩序。失敗者也不一定是完全把錢丟到水裡。因為領導可能會給他別的位子，就算不是他原來想要的，但也算是升官。

小結

對這50個買官賣官案例的分析，突顯出當代中國在政權衰敗末期的微觀機制。雖然外表上牢不可破，但中共的組織完整性卻因為地方領導權力過於集中、地方菁英的勾結難以偵查、官員們難以抵抗生意人大筆賄賂等三大因素而分崩離析。正是因為害怕不再能夠壟斷人事任命的權力，中共中央才會不斷嚴打買官賣官，但都沒有成功。從買官賣官政治經濟學的角度來看，這種失敗是可以預料的。在這個市場中，賣官者懂得如何創造需求、增加流通性和決定價格，買官者也知道如何出價和弄到財源。由於被抓到的風險很低，這種交易的利益／風險比率就很高。成功買到官位的人一定可以快速得到回報。

中共中央更擔心的是買官賣官造成整體風氣敗壞。如果送個禮就能得到官位，那麼光靠道德是根本敵不過買官者出價越來越高的「軍備競賽」的。慢慢的，整個市場就陷入「劣幣驅逐良幣」的邏輯。正直不願行賄的官員永遠沒有好處，只有品行不端且具野心的人才能爬到頂峰。他們用貪污來的「軍火」先向地方

領導買官，再侵占公款去買下一個官。他們也可以靠生意人幫忙買到肥缺。漸漸地，當一個行政區的大多數官位都可以在非法市場買到之後，只有最腐敗的官員才能領先群倫。買官賣官的腐敗還會衍生出商場上的腐敗，因為商場的利益更大，買官者能拿到的好處更多。

　　在比較極端的情況下，買官賣官的自我強化機制更會產生地方黑道治國的現象，其中大部份高官都搞貪污腐敗，就算把這些人調走，繼任者也一樣貪污腐敗。我們在第七章會舉出幾個經典案例。這些案例證實了我們的看法，亦即政治菁英間的勾結不但破壞了列寧主義政權的組織完整性，中國共產黨的衰敗程度可能超出目前所見。

第四章

官商勾結
——權貴主義的行徑

官商勾結讓少部份人受益，大部份人受害。不但工人、農民和城鎮居民的正當權益被傷害，很多生意人也是權貴資本主義的受害者。有辦法買通官員的生意人會利用公安和司法系統把競爭對手送入大牢。權貴資本主義的世界裡充斥著「劣幣驅逐良幣」的邏輯。

　　　　把分管領域當成私人領地…形形色色的關係網越織越
密。

　　　　　　　　　　　　　　　　——習近平，2014 年 1 月 14 日

　　知名搶匪威利‧蘇頓（Willie Sutton）有句名言：「我搶銀
行只是因為銀行裡有錢」，而這句話是所有搞官商勾結的中國政
治菁英都聽得懂的。正如習近平所指出的，藉著和生意人結成緊
密的關係網，官員們就能把分管（中國習慣用語，意指職權管
轄）領域變成私人牟利的工具。一黨專政下的官商勾結經濟學是
很直接了當的：黨政官員控制政治權力，然後迅速以權換錢。然
而，如果官員沒有和生意人勾結，這種轉換就很難實現。大多
數中國官員一生都在官場，他們的「沉沒成本」（sunk cost）* 很
高，不可能放棄高位，所以都是讓家人去搞生意。中國官員也缺
乏必要的企業能力，不懂怎麼發揮國有資產的市場價值，所以他
們自己很難把政治權力轉化為財富。就算懂，他們也不願冒險放
棄大好政治前途。經驗告訴他們，在一個鬥爭成性的政權中，沒
有政治權力庇護的私人財富是很不安全的。更重要的是，離開官
場可能會被黨視為不忠，所以很少會有官員「下海」經商。如果
在「中國知識資源總庫」搜尋「下海」一詞，在 1994 至 2005 這
段期間只能找到 20 條資料。如果搜尋「縣市黨委書記下海」，只

---

* 編註：意指已經付出而且不可能回收的成本。

能找到一條資料。在這21年當中，總共只有10個官員（其中有7個是市級官員，3個是縣級官員）真的辭官轉任私人企業，或買下破產的國企自己來經營（只有2個案例）[1]。

所以，官員要以權換錢的最佳方法就是讓家人去做生意，或是找個生意人當夥伴。這讓官員既可以繼續當官，又可以運用權力來累積財富。這個方法對生意人也有利，這樣就可以弄到官員手上的龐大國有資產。當然，和官員勾結如果被抓到會失去財富和自由，但這種風險很值得一冒，因為十拿九穩的暴利絕對超過被抓到的風險。

這種權錢結合的邏輯就是當代中國權貴資本主義的特徵。官員掌控國有資產和經濟資源的分配大權，生意人則想取得這些資產，然後兩相勾結。雖然官方資料闕如，但我們可以合理推測絕大多數沒被查到的貪腐案件也都是官商勾結，因為在某些地方，勾串案件約占40%，而官員向商人收賄的「職務犯罪」又占大多數。中國最高人民檢察院檢察長在2013年的工作報告中透露，在2008到2012這五年間，中國檢方總共偵辦了165787件案子，涉案人數218639人，其中13173人具有縣處級或以上職位（其中950人是市廳級，30人是省部級）[2][*]。根據中國最高人民檢察

***

[*] 譯註：中國的領導職位分為國家級、省部級、市廳級、縣處級、鄉科級等五級，每級又有正副之別，故分為十級。國務院副總理和國務委員以上的職務屬於國家級。省部級的意思，就是一個省的領導（省委書記）與中央部會的部長同級。市廳級的意思，就是一個市的領導（市委書記）與中央部會下面的廳長

院的年度資料，有將近60%的職務犯罪屬於貪賄金額達500萬人民幣的「重大」案件。例如在2011年，中國政府起訴了32567件「職務犯罪」。在資源開發、產權交易、政府採購等領域，涉及國家工作人員的「商業賄賂」犯罪案件有10542件。而在32567件「職務犯罪」中，有18464件屬於「貪污賄賂大案」[3]。

　　學術研究也證實在貪腐案件中，有很大一部份涉及官商勾結的商業交易。有一份研究分析了最高人民檢察院《監察日報》在2000年到2009年所報導過的2802件案例，其中1583件（56%）分屬四類：政府採購和工程承包（731件）；土地、房產開發和城市規畫（307件）；金融、投資貸款和資金撥付（298件）；工商管理、企業管理和國企改制（247件）[4]。另外一份研究針對1983年到2012年期間被貪污起訴的142名市委書記、市長、市人大常委會主任和市政協主席，其中有115人的案件涉及土地審批、房產開發、企業資金貸款、減稅、上市、項目經營、公司成立和改制、工程項目立項、發包、礦產開採審批[5]。另一份針對房地產業貪腐案件的研究也顯示，由於尋租、所有權不明和監管部門多頭馬車所帶來的利益太過巨大，這就導致官員和開發商的勾結[6]。

或局長同級。其餘類推。副省部級（省委副書記和中央部會的副部長）以上的官員由中共中央組織部直接管理，稱為「高級幹部」，也就是「老虎」。

主要發現

　　附錄中表A.2的50個案例顯示出官商勾結的一些特點。以職位來說，在這些案件的主犯中，省部級官員有7人，市廳級官員有25人，縣處級官員有14人，縣級以下有4人。和之前所討論的買官賣官案例相較，這些主犯的職位比較高（樣本中有60%的官員是市廳級和省部級官員，而第三章的樣本只有40%）。由於主要犯罪性質是商業賄賂，官員的職位也比較高，所以官商勾結的貪賄金額要比單純買官賣官為高。從地理分布來說，這些案件遍及21個省分，這顯示官商勾結是全國性的現象。

各類貪腐案件比較			
	買官賣官	官商勾結	國企貪腐
收賄金額 中位數	380萬	950萬	640萬
市廳級以上 官員比例	40%	60%	
涉案官員人數 中位數		11	11
持續時間 中位數	7	8	7
刑期 中位數	無期徒刑	13年	13年
升官比例	82%	84%	

　　以貪賄金額來說，中位數是950萬元人民幣，比表A.3的國企幹部勾串案件高出將近50%。而買官賣官的平均貪賄金額是380萬元，只有官商勾結貪賄金額的40%左右。在這50個案例中，每個案件涉案官員的中位數是11人，與國企幹部勾串案件相同，但比第三章的買官賣官案例要少很多。涉案人數少可能是因為這些主犯的層級較高，權力比較大。層級高的官員可以直接要求屬下給生意人好處，不需要和他們勾串。

　　表A.2最令人驚訝的一點是，這些人的貪賄持續時間很長，而且邊貪污還可以邊升官。貪賄持續時間（從開始到被捕）的中位數是8年，比買官賣官案和國企幹部勾串要多一年。在這50個和生意人勾結的主犯中，有42人邊貪污邊升官。貪賄持續時間長，升官的比率又高（84%），這就表示被抓到的風險很低。還有一點值得注意的是，這些搞官商勾結的官員同時也搞買官賣官來建立勾串網絡。在這50個案例中，有34人（68%）被起訴買官賣官。而官商勾結所涉及的領域也證實了我們的假設，也就是勾結是由於所有權不明確以及審批過程多頭馬車所導致的必要行為，所以官員之間要勾結，官員與商人之間也要勾結。在這50個案例中，勾結集中出現在四個領域：房產開發和土地交易（34個案例）；公共建設和工程（28個案例）；礦業（13個案例）；國企改制（10個案例）[7]。一般都認為這四個領域的暴利太過巨大，所以最容易官商勾結貪污腐敗。在土地、房產、礦業和國企改制這些領域，主要暴利來自於這些資產的價值被嚴重低估。在

公共建設和工程領域，主要暴利來自於龐大的合同金額、虛報成本和偷工減料。

以被捕時的職位來說，有18人是縣或市的黨委書記；8人是直接負責地方經濟事務的縣市長或常務副縣市長[8]。根據我們的縱向勾結模式，地方黨委書記能運用其幾近專制的權力。他們對地方政府的人事有無可挑戰的權力（他們會派任那些有來行賄的人，以此獲得其忠誠），可以輕易要求地方官員把好處給那些有來行賄的生意人。市長或縣長是在地方政府負直接行政責任的人。雖然他們也能和地方官員勾結，但他們沒有人事權，無法強迫部屬聽命行事。所以大多數搞官商勾結的主犯都是黨委書記。

表A.2的資料也證實了官位高低和貪賄金額有正相關：官位越高，貪賄金額越大[9]。在貪賄金額超過中位數（950萬元）的25人中，有6人是省部級官員，14人是市廳級官員，5人是縣處級官員[10]。這可能有兩個原因。第一，官位越高，貪賄持續時間越長，貪賄金額就越大。第二，官位越高，權力越大，能給人的好處就越多，貪賄金額也越大。然而就算官位不高，但若手上掌有土地、礦產和國企等國有資產，一樣可以貪污大筆金額。在5名貪賄金額超過中位數的縣級官員中，有4人是收受大筆賄賂把國有資產和公共建設合同給了生意人。貪賄金額小的官員受到的處罰較輕。在官商勾結的案子，刑罰輕重通常是看貪賄金額大小。在25名貪賄金額低於中位數950萬的官員中，只有6人（24%）被判無期徒刑、死緩或死刑。相較之下，在25名貪賄金

額超過中位數的官員中，有22人被判刑，其中有18人被判無期
徒刑、死緩或死刑。值得注意的是，死刑通常不會執行，因為被
判死緩的人通常可以減到無期徒刑。在我們的樣本中，即使以中
共的標準來看是罪大惡極的，也只有4個人被判了死刑。

勾結的模式

　　雖然很多貪污案件屬於「窩案」和「串案」，但勾結到底如
何進行還是個謎。本節要探討地方官員和生意人勾結的內在機
制。藉由分析這50個案例，我們可以建構出3種勾結的型態。

縱向勾結

　　生意人能否買通最有權力的官員，也就是黨委書記，是勾結
成功與否的關鍵。如果能買通，黨委書記就會用其巨大的強制權
幫生意人達到目的。在這種情況，生意人就不需要再分別去賄賂
和協調各單位的官員，因為黨委書記就會扮演協調者的角色。正
是因為黨委書記會出面協調，所以生意人願意給黨委書記的錢要
比給各單位官員的要多。生意人買下的是黨委書記的一條龍服
務，他也相信黨委書記會說到做到。從生意人的角度，花大錢買
通黨委書記是最佳策略。

　　黨委書記要幫生意人出面也是有風險的。在制度上，領導幹
部不該插手下級單位的決定，也不能逾越自己的分管領域，而地

方黨委書記是不管經濟業務的。然而，黨委書記可以「支持」或「建議」某項促進地方經濟發展的計畫，這雖然會讓部屬起疑，但大家都清楚不照辦會有什麼後果。在這種情況下，部屬雖然奉命行事，但通常也會懷疑領導是不是受了生意人的賄賂。而由於領導直接或間接的壓力，他們還是得違反規定奉命行事。

　　我們樣本中的典型案例是河南省鄢陵縣原縣委書記謝連章。謝連章在2001年到2006年間向18個生意人收受186萬人民幣，並指使部屬將土地、銀行貸款和都市區劃核批給這些生意人[11]。湖南省郴州市原市委書記李大倫也同樣在1999到2006年間幫許多生意人拿到採礦權、房地產和工程合同。李大倫還會應生意人的要求直接給相關單位首長打電話或會談（其中有些人向李大倫買過官，自己也搞貪污），這是他一貫的行事風格[12]。王懷中的犯行大多發生在他1995到1999年安徽省阜陽市市委書記任內。他會用強迫的方式，直接下令各單位首長要幫忙行賄過他的生意人。他還很會協調，如果要幫一個忙需要好幾個單位審批，他就會召開「協調會」要所有單位都參加，在會上強迫部屬同意[13]。阜陽市太和縣原縣委書記劉家坤在2007至2012年間也用同樣的方法幫生意人朋友拿到縣內的土地和合同，犯案詳情都記載在判決書中[14]。

　　雖然地方領導可以強迫部屬幫生意人朋友的忙，但這種作法的風險較高，也要花力氣去確保部屬乖乖照辦。更好的作法是在各單位安插自己人，他們就會努力而牢靠的完成指令。也就是

說，如果能拉幫結夥的話，和生意人勾結起來就比較安全省力。
買官賣官的盛行讓地方領導很容易就拉到幫結成夥，因為買過官
的部屬不但比較忠心可靠，也比較貪婪腐敗。有這些人幫襯，幫
生意人辦起事來就方便了。在我們樣本的50個主犯當中，有34
個（68%）同時買官賣官，這證明買官賣官所建立起來的網絡有
助官商勾結。

　　其中一個案例是海南省東方市原市長譚燈耀。2009年，一
名生意人想把原來以低價向市政府買的土地以高價賣回給市政
府。他行賄譚燈耀250萬人民幣，譚燈耀就要求交通局長（以前
向譚燈耀買過官）幫這個生意人的忙。本案還有一個共犯是負責
市府土地的城開公司董事長，他也曾向譚燈耀買官。負責把錢付
給生意人的財政局長也是靠行賄才升的官[15]。內蒙古自治區原副
主席劉卓志在2004年收了牛志美42萬人民幣和3萬美元，任命
他為錫盟錫林浩特市委書記。在接下來幾年中，劉卓志持續要求
牛志美幫一名生意人的忙，而這名生意人也給了牛志美46萬人
民幣和2萬美元[16]。安徽省霍邱縣原縣委書記權俊良在2010年以
低於市價5億人民幣的價格把一個國有鐵礦的採礦權賣給一個生
意人。權俊良的共犯之一是國土資源局局長，他這個位子也是以
3.3萬元向權俊良買來的[17]。雲南省瑞麗市原市委書記楊躍國的
專長是幫房地產開發商拿到土地。他不可或缺的幫手是國土資源
局局長，而他的位子也是花40萬買來的（這個局長自己在2009
到2013年間也向房地產開發商收賄228萬）[18]。廣東省茂名市原

市委書記周鎮宏收賄安插了許多關鍵性的職位，包括常務副市長、兩名副市長、宣傳部部長和公安局長（這些人全都因貪污被捕），這個腐敗網絡在周鎮宏任內（2001至2007年間）幫了他很多生意人朋友的忙[19]。

內外勾結

在內外勾結的型態，是由想要低價取得國有資產或獲得大筆合同的生意人來擔任協調各單位官員的角色。沒有生意人的協調，官員之間很難勾結起來。在這種模式中，生意人分別和各單位有審批權的官員接觸，並向他們保證自己已經買通別的官員。這種保證會讓有權審批的官員比較容易接受賄賂。如果其他單位的同事都上了船，那自己被抓到的風險就很低，生意人要的東西也比較容易被批准。

其中一例是有一名生意人想拿下四川省一個縣有發電廠。他用信封裝了10萬人民幣給縣長，並向他保證黨委書記也已經「處理好了」[20]。廣東煤礦大亨朱思宜也是用同樣的手法。從2002到2008年間，他分別買通了所有相關單位的領導，包括一家公有鋼鐵廠的董事長，讓這家鋼鐵廠一定要買他的煤[21]。在四川南充一件大醜聞案中，一名房地產開發商先是在1999年給了工商管理局長價值400萬的股票以取得一筆土地的開發權。然後他又賄賂了該開發案所在的區委書記和人民影都的兩名經理。為了讓開發案通過建築法規審查，他又賄賂了建設局和規劃局局長[22]。

　　遼寧煤礦大亨王春成想建一條長達496公里的鐵路，以連接他在內蒙古的煤礦場和遼寧的燃煤發電廠。為了獲得審批，他在2005年行賄內蒙古錫林郭勒盟盟委原副書記蔚小平60萬元人民幣，又行賄內蒙古自治區原副主席劉卓志18萬元（在2006到2010年間分七次付款）。在這兩人支持之下，國家發改委在2007年批准了這個項目[23]。在廣西南丹縣，採礦業者長期賄賂縣委書記、縣長、兩名縣委副書記和一名副縣長，讓他們能非法竊占國有天然資源。2001年，一場礦災導致81名礦工死亡，收賄321萬元的縣委書記萬瑞忠夥同其他官員隱匿災情。萬瑞忠是少數被判死刑的官員，原因可能是隱匿災情而不是貪污[24]。

內部人的橫向勾結

　　樣本中有很多案例是官員之間橫向勾結以圖利生意人。當參與勾結者的職位和權力差不多或差距不大時，就屬於內部人橫向勾結的型態。如果帶頭者的職位較高，在相關單位又有可靠的自己人，勾結就容易成功。當這個帶頭者找部屬幫忙搞非法活動時，部屬會當成是巴結和拉關係的機會。在這種情況下，部屬通常都會照辦。

　　2006年湖南省郴州市一件幾乎涉及所有高官的大案就是一例。一名房地產開發商找上副市長雷淵利，想要住房公積金管理

中心主任用公積金來挹注他的房地產開發項目*。住房公積金正好是雷淵利的分管領域，他就把公積金主任和開發商都叫來辦公室開會，非法把公積金借給了開發商[25]。另一個例子發生在浙江省紹興市。在2000年，市長馮順橋夥同其親信副市長俞永谷硬是把一塊地標給了一個開發商，儘管這名開發商出的價格比別人低3200萬人民幣。副市長俞永谷拿的好處是325萬元[26]。在1998年，瀋陽市原常務副市長馬向東勾結財政局長和建設委員會主任共同侵吞並平分12萬元公款。在前一年，馬向東也夥同建設委員會主任向一名開發商索賄50萬元，做為免除其1200萬元稅費的回報。這筆賄款被兩人拿到澳門去賭博[27]。

　　2004年，浙江省平湖市一間最大的公司得知市內有一塊很大的土地即將開發。為了要拿到該項目的部份工程，該公司的董事長和總經理找來負責開發的水利局長全保華和負責監督該項目的副市長郭躍榮吃飯。他們擬定一個計畫讓該公司成為下包商，然後以全部工程款的8%（1000萬元人民幣）作為報酬。在另一件開發案中，這兩名生意人也勾結這兩名官員以低於市定底價15%的低價拿到一塊土地。報酬是600萬元，也就是總利潤的20%[28]。

---

* 編註：住房公積金指的是中國一種用於住房的福利，由工作者與其服務機關單位共同繳存的長期住房儲金。

　　在以下這個案例中，不同的生意人賄賂了不同的官員，而官員試著建立規則協調利益衝突。湖南省交通運輸廳的三名副廳長在2014年被捕入獄，在這個案子中，某些官員收受生意人賄賂後無法依承諾給予高速公路工程，因為有別的生意人去賄賂了更大的官。然後其中一名副廳長就和下面的項目經理約法三章：一是如果上面領導打了招呼的，不要以我的招呼為主；二是同一個標段有幾個領導打招呼的，項目經理要自己去協調好；三是至少每條路有1/3或1/4的標段不是靠打招呼得標的[29]。鄉鎮一級也有官員勾結給生意人合同的案例。湖北省秭歸縣郭家壩鎮原黨委書記向宏祖在2013年被捕入獄，他時常把相關人員叫到辦公室，商量如何讓想要關照的投標人得標[30]。

　　由於貪污文化太過普遍，當官員知道其他同事也在貪污時，官員之間就會產生一種默契式的橫向勾結。在這種環境下，當某個單位的官員收到生意人的賄賂，他大概就知道這個生意人一定也賄賂了其他單位的官員以求完成審批。在某些案例中，他們也都知道生意人和上面領導或其他同事關係密切。行賄者也會暗示說其他單位都已經搞定了，這樣比較容易把官員拉下水。這就是說，官員不必明確知道其他人有沒有勾結。只要心知肚明或懷疑假定其他官員也有參與，就足以讓他有信心收賄給好處。在這些案例中，光是心知肚明和懷疑假定就足以促成勾結。只要行賄者的直覺正確，官員也收下賄款，默契式的勾結就形成了。

　　2002年，四川省犍為縣原縣委書記田玉飛要求向他行賄的

生意人也要去行賄負責國企改制的縣長，以因為「這人貪財，給他幾十萬就行了」來打發他[31]。在2007到2008年間發生在海南省東方市的非法土地交易案中，市委副書記吳苗本來沒有涉入其中，但當他得知有名官員幫生意人拿到大筆好處之後，他就要求這名官員向生意人幫他「貸款」100萬元人民幣[32]。廣西省賀州市原副市長毛紹烈也知道其他同事收賄。他在2012年被捕後，立刻舉報另一名副市長農曉文收賄126萬元[33]。青島嶗山土地案中的規畫局局長於志軍在2001到2003年間收賄1900萬元，他在2003年被捕後也舉報其他官員的犯行。賣官收賄眾多的黑龍江綏化市原市委書記馬德也在2002年被捕後，立刻舉報市長王慎義的犯行[34]。

權貴網絡和暴利

樣本中的案例讓我們能一窺官商勾結的網絡是如何建立和維持的。第一步通常是由生意人邀請官員在高檔餐廳吃飯，一起去按摩，送一些小禮物和紀念品。廣東煤礦大亨朱思宜就是這樣賄賂許多地方官員的。他在2008年被捕後描述了攏絡官員的手法。首先是「投石問路」。遇到廳級幹部，先給個一兩萬人民幣，看他敢不敢收。如果收了，就開始「加深感情」，送上兩三萬元。如果又收了，就進入第三步「穩定關係」，逢年過節送5萬元過節費（一年好幾次）。朱思宜說，到了這一步，就表示遇

到事情這個官員是會幫忙的[35]。在2003年春節，廣西武宣縣原縣委書記彭進瑜收到一名生意人送來的兩隻燻雞和一包乾貨。因為這是風俗傳統，也不是什麼高價的東西，彭進瑜就收了禮，但打開之後才發現裡面有1萬元人民幣現金。彭進瑜也乾脆收了，他認為這是因為他幫了這名生意人一點小忙，人家表示感謝而已。兩人關係越來越近，一年之後，這名生意人給了彭進瑜10萬元幫他太太買新車，又給了他10萬元買新家具[36]。

除了官員和他的生意人夥伴之外，這種權貴網絡還有一種關鍵性的角色，那就是官員的家人和情婦。我們的案例證實了這些人在貪污勾結中的重要性。官員通常是讓配偶出面向生意人收賄（在中國文化中，即使是貪官，也要和行賄者保持適當距離）。配偶通常也是銀行戶頭、房產和股票的名義所有人。貴州省凱里市原市長洪金洲、內蒙古自治區原副主席劉卓志、內蒙古自治區原統戰部長王素毅、江蘇省無錫市濱湖區原區委書記朱渭平等人的妻子都嚴重涉入丈夫的貪污犯行[37]。許多貪官也都有情婦，功能就和妻子一樣。安徽省太和縣原縣委書記劉家坤的情婦趙曉莉就是他向生意人索賄的白手套。廣西省賀州市原副市長毛紹烈把部份貪污所得藏在情婦家中。廣東省茂名市原常務副市長楊光亮以情婦的名字買股票和房地產[38]。湖南省郴州市原紀委書記曾錦春的情婦鄺莉娥為他保管1600萬元人民幣的賄款[39]。

這些官員（通常六十歲以下）的子女大部份都還太年輕，無法自己經商。我們的樣本中只有兩個這樣的案例。江西省瑞昌市

國土資源局原局長舒明南與副局長周某一起成立了瑞昌市土地評估事務所，由舒明南的外甥李某和周某的妻弟黃某負責經營，利用局內的人脈拿生意合同[40]。2014年被捕的山東省濟南市原市委書記王敏，有一個女婿在搞房產開發生意[41]。官位較高的省部級幹部和政治局委員（通常六十歲以上）的子女比較有可能利用父母的關係搞生意。前政治局常委周永康的兒子周濱（42歲）就是這種靠權貴關係經商的紅色資本家。前總理溫家寶的兒子溫雲松搞私募基金發了大財。政治局常委劉雲山的長子劉樂飛也是成功的私募基金投資者[42]。

官員的兄弟姐妹在權貴網絡中也很活躍。在2003年，前上海市委書記和政治局委員陳良宇的弟弟陳良軍用關係拿到了上海一塊土地的使用權，隨後就把土地賣出賺了1.18億元人民幣。周永康之弟周元青夫婦也用周永康的權勢賺到大錢[43]。在我們的樣本中，湖南省郴州市原市委書記李大倫有兩個弟弟在他於2007年落馬後被捕[44]。雲南省昆明市原副市長胡星（2001至2004年間）的弟弟在胡星的指示下成立房產公司。胡星操縱標售過程讓他弟弟拿到三個項目的土地，利潤高達1.53億元[45]。湖南省高速公路管理局原局長馮偉林（2011年被捕）的兄弟姐妹擔任馮偉林和承包商的中間人[46]。江西省安遠縣原縣委書記鄺光華的妹妹在縣內開稀土礦，於2011到2013年間非法採礦和行賄[47]。

樣本中的案例也證實生意人的確能靠官商勾結賺到暴利。房地產業、礦業和國企改制是暴利最大的部門。在海南省東方市的

土地醜聞中，生意人張延安在2008年和2009年做了兩筆土地買賣。在第一筆買賣中，他行賄100萬元人民幣，賺到2190萬元。第二筆交易的投資報酬率也相同。他用800萬元買下一塊地，又行賄847萬元給幾名官員。扣掉這些成本之後，他賺到3894萬元[48]。在浙江省紹興市原副市長謝衛星一案中，一名開發商向他行賄350萬元，他則以低於市價3200萬元的價格把一塊土地給了開發商。開發商的投資報酬率等於是賄款的9倍[49]。內蒙古自治區原副主席劉卓志在2005年幫一家公司以每畝2000元的低價拿到一塊土地。這家公司在2010年賣出這塊地，價格是每畝23萬元[50]。

對於有關係的生意人來說，以低價買到國有天然資源再快速倒賣是賺取暴利的大好方式。2005年底，遼寧省凌源市原市委書記宋久林命令其轄下的萬元店鎮把鐵礦以2000萬人民幣賣給一名福建商人。兩年後，這名福建商人以1.72億元的價格將83%的股權轉讓出手，大賺超過1.5億元[51]。安徽省霍邱縣原縣委書記權俊良在2005年到2011年間收受礦產公司老闆吉立昌73萬元現金及價值204萬的房產。2010年，吉立昌夥同一間大型國企要買下霍邱縣的范橋鐵礦採礦權。吉立昌堅持價格不能超過1.5億元。權俊良遂下令把價格設為2.89億元，其中1.39億元以優惠、獎勵和減免稅款的形式抵充。該鐵礦的市價是8.15億元，吉立昌擁有49%的股份，所以他賺了2.6億元[52]。

以低價買到國企資產也是暴利來源。在2002年的四川犍為

縣水力發電廠私有化一案中，生意人王德軍行賄2800萬人民幣，以4000萬元買下電廠。這座電廠的市價絕對遠高於此，因為它是四川前五百大企業。當時另外有人出價8000萬和1億元。如果標售過程是公平的，那應該是出1億的人得標。所以在扣除行賄成本之後，王德軍還是少付了3200萬元[53]。

樣本中貪賄金額最大的個案是2006年讓上海市委書記陳良宇落馬的上海社保基金案。該案核心人物是「公路大王」張榮坤。張榮坤的自有資金很少，但他行賄1200萬獲得銀行和上海社保基金的貸款。2002年，他以10.1億元買下價值13.3億的國有企業上海路橋發展公司，其資金完全是貸款而來。張榮坤拿到的折扣是3.3億元人民幣[54]。

權貴網絡的破獲

在被抓到之前，樣本中主犯的平均貪賄持續時間是9年，中位數是8年。雖然參與勾結的人都會保密，但被抓到的風險還是有的。根據官方資料，從2008年1月到2012年8月間，在政府立案偵查的151350件貪污賄賂案件中，群眾舉報占32.1%；檢察機關自行發現占35.4%；紀檢監察機關（紀委）移送占9.5%；犯罪嫌疑人自首、其他執法司法機關移送和其他來源占23%[55]。值得注意的是，大部份案件來自群眾舉報和檢察機關自行發現，它們占了2/3。而紀委移送的案件是怎麼來的則不清楚。由於紀委的

工作人員少，沒有可靠線索通常不會立案調查，可以合理推論其大部份案件也是由群眾舉報而來。中國檢察機關的人員也少，沒有可靠線索也不會立案調查[56]，但居然有1/3的案件是由檢察機關「自行發現」，所以這些案件應該大部份也是由「群眾舉報」而來。之所以會這樣假設，是因為大部份的案件都是勾串性的案件，只要有一個線索就可以啟動對多人的調查。但問題在於「群眾」的定義為何。這不太可能是指一般老百姓，因為中國老百姓很難和官員有接觸。「群眾」很可能就是官員和公務員，他們雖然沒有參與權貴網絡，卻相當清楚同事的犯行。

　　貪污網絡的致命弱點是太過依賴帶頭的政治人物，通常是黨內的領導。當這些領導因為黨內權力鬥爭落馬，那下面的人就會「樹倒猢猻散」的也被清洗掉。周永康、令計劃、蘇榮等許多案子就是這樣[57]。但破獲地方勾串網絡的過程又不太一樣。這通常是由某個不在網絡中卻又對官員犯行知之甚詳的某人舉報，官方再依線索追查。如果舉報內容詳實而啟動調查，那被調查的官員就會把同夥都供出來。雖然紀委和檢察機關對大部份「群眾舉報」都不理會，但某些線索的調查成果確實是豐碩的。在這些案件中，只要突破第一個犯人，就可以用減刑為誘因逼他舉報其他人的犯行。

　　破獲浙江平湖市窩案，一開始是由檢察機關在2009年依「群眾舉報」的線索偵訊一名低階官員。這名官員一下就把副市長郭躍榮和水利局局長全保華給供出來，他們很快被逮捕[58]。

2007年曝光的湖南婁底市「白宮案」也是由一名官員供出同事和上司的犯行。婁底市政府花了5億人民幣建造一座有七個圓頂類似美國白宮的市府大樓[59]。浙江紹興的一個案子也相同。2006年11月，時任紹興上虞市委副書記嚴永泰和上虞市副市長張吉太因經濟問題遭雙規拘留。一個月後，嚴永泰為爭取立功，將在上虞工作了7年的上虞市委書記任其良供出。在調查任其良期間，檢察機關偵訊了一名曾行賄任其良11萬元的生意人，這名生意人又招出他還行賄了別的官員[60]。首先被拘留的官員不只會供出自己的同夥和犯行，還會舉發出調查人員原來並不知情的其他犯罪。法院的判決有很多是以「誠實檢舉揭發未知犯罪行為」作為立功減刑的理由。

某些案例一開始被調查完全是出於意外。中國媒體時常報導某些官員家裡遭小偷而在家中發現大批現金。有時候，群眾抗議的公安事件也會引起高層注意，從而展開反腐敗調查。在發生群眾抗議事件後，高層通常會懲處地方官員以平息民怨，起訴貪污的官員是很受歡迎的手法。四川漢源縣的貪污案就是因為2004年農民抗議要遷村建水電廠而被查辦的[61]。廣西南丹的採礦業者和官員勾結案也是因為2001年發生礦災，官員隱匿災情受到媒體報導，北京才派專案小組展開調查[62]。

被貪污腐敗所害的生意人也經常會舉發貪官。甘肅蘭州市原市長朱作勇被人檢舉，就是因為有生意人拒絕給他太太51%的股份，而刻意讓一件房產開發工程停工[63]。在湖南郴州的案件

中，原紀委書記曾錦春被他所陷害的四名生意人聯名向上頭檢舉[64]。在浙江紹興的案件中，原市委書記馮順橋在兩名地產商爭奪一個黃金地段時，把其中一方打壓入獄。該地產商出獄後，就把馮順橋的腐敗問題具名向中央紀委檢舉[65]。嫉妒的情婦也可能爆出官員貪污。山東省萊蕪市原常務副市長單增德一案，就是因為他的情婦在網路上貼出一張單增德手寫的要離開妻子和她結婚的承諾書，而被展開調查[66]。

搞官商勾結的官員也可能被政治對手舉發，而這些對手通常自己也貪污。深圳市原市長許宗衡是被廣東省原紀委書記王華元舉發的。王華元原來就討厭許宗衡，早就掌握不利他的材料（資料）。但由於王華元自己也貪污，所以他在廣東省紀委書記任內並沒有對許宗衡展開調查。但當他在2009年因為幫助嫌犯逃脫而被捕後，他立刻就舉發許宗衡[67]。蘭州市原市長張玉舜長期搜集黨委書記王軍和常務副市長楊在溪的貪污事證。當中央紀委在調查一名和這兩人有關的房產開發商時，張玉舜就匿名把材料寄給了中央紀委。由於張玉舜提供的材料可信度很高，中央紀委就對兩人展開調查。諷刺的是，調查也同時查出張玉舜自己的貪污犯行，讓他被判重刑[68]。官員內鬥搞到玉石俱焚的例子還有很多。南京市原市長季建業在2013年被中央紀委逮捕後，他的岳父立刻舉報南京市原黨委書記楊衛澤。天津市原政法委書紀宋平順在2006年被中央紀委逮捕後，也立刻舉報死對頭公安局局長武長順的貪污犯行（武長順後來自殺）[69]。

　　到目前為止，調查人員最有力的武器是先拘留貪污網絡中的蜘蛛，也就是賄賂多名官員的生意人，然後逼他供出同夥。在樣本案例中，生意人招供的內容是追查官員貪污的最有力線索。破獲貪污網絡通常起於某個生意人因為某個和受賄官員無關的原因被捕。一旦被捕，生意人就會供出他行賄過的官員以求減刑。在浙江紹興的案例，一名房產開發商在2007年因為行賄官員被捕，他立刻就供出他另外行賄的六名官員，這六人也立刻被捕[70]。在某些案例中，生意人還會詳細記錄行賄金額和受賄者名單，讓調查人員有書面按圖索驥。在安徽省肥東縣一件地產腐敗窩案中，一名開發商因為一件商業賄賂案被調查。在調查期間，他招出曾經行賄該縣的國土資源局長、副局長、區長、縣委副書記和其他許多人。這些線索使調查人員得以順藤摸瓜再查出更多和這名生意人無關的貪污官員[71]。

權貴主義和政府效能

　　官商勾結不只帶來非法利益，還會破壞地方政府效能，危及司法公正性、法律秩序和公共安全。這些結果有些是官商勾結直接造成的，有些是間接造成的。

　　在樣本案例中，經常可見危害公共安全或違反法規以及在執法上包庇違規行為的案例。官員受賄包庇生意人違規是很常見的現象。廣東韶關原公安局局長葉樹養從2005年到2008年收受煤

礦大亨朱思宜30萬元人民幣，他指示韶關公安局高速員警大隊
對朱思宜公司的超載運煤車盡量放行。幾年後，朱思宜又行賄葉
樹養200萬要他介入一件刑案[72]。山東的單增德在2013年落馬之
前，收受一家公司共131萬元以減免其環保罰金[73]。在2006年湖
南省郴州市的醜聞案中，市委宣傳部長為了保護有行賄過其長官
市委書記的礦主，阻止媒體報導礦災事件[74]。

　　官員也會幫朋友、大亨和黑社會份子逃避法律或侵奪公產。
2006年，國美電器集團創辦人一度也是中國首富的黃光裕被偵
辦洗錢、內部人交易（中國習慣用語，亦同內線交易）和金融詐
欺，他賄賂了好幾個偵辦他的司法高層。因此案落馬的有廣東省
公安廳長、廣東省紀委書記、公安部部長助理、公安部經濟犯罪
偵查局副局長、深圳市長等人[75]。2008年，也涉及黃光裕一案的
廣東省前紀委書記王華元向涉及洗錢的生意人卓釗通風報信，使
他脫逃[76]。廣西武宣縣原縣委書記李啟亮在2005到2007年間收
受一名黑幫老大的賄賂，幫他得到採礦權和土地。他的繼任者也
同樣被這名黑幫老大買通，同時收賄的還有常務副縣長及政法委
書記[77]。在廣西南丹礦災中買通縣委書記萬瑞忠及其同夥的生意
人，據說也有黑社會背景[78]。

　　樣本中的案例同時曝露出腐敗官員在土地迫遷案中的黑暗角
色。這類迫遷通常要靠員警和黑社會去恐嚇居民或農民搬遷。因
為房地產公司提供的搬遷補償費太低，受害者通常會拒絕搬走。
但在地方官員的支持下，就算激起民怨甚至示威抗議都還是能執

行。在這類案件中，地方官員通常會被懷疑是收了好處才幫生意
人迫遷。樣本中的案例也證明了官員受賄和迫遷的因果關係。在
甘肅省宕昌縣原縣委書記王先民的受賄清單中，就有一筆載明他
在2007年到2009年間收了一名生意人15萬元人民幣，幫他解決
水電站徵地和民眾阻工的問題[79]。安徽省阜陽縣原縣委書記王懷
中親自介入幫開發商遷離居民。王懷中後來收賄20萬元[80]。湖南
省郴州市原市委書記李大倫也在2005年幫一名開發商解決村民
激烈抗議遷村的問題。李大倫收了4000美元和價值4萬港幣的勞
力士手錶[81]。

　　高官也經常收賄介入商業糾紛並給行賄者好處。根據判決
書，湖南省郴州市原紀委書記曾錦春就曾三次介入法院審理程
序。2002到2004年間，有兩名生意人在法院爭訟，曾錦春兩邊
都收了錢，但他命令郴州市中級人民法院副院長判給行賄較多的
被告勝訴。曾錦春也包庇行賄者經營非法礦區[82]。此外，曾錦春
還兼營一種類似黑道保護費的生意。他賣一種特殊的招牌給店家
並每年收費，這樣就可以不被地方單位騷擾。不買的商家會被拘
留，直到付了贖金為止[83]。在廣東省茂名市，生意人柯國慶非法
掌控了原來是由一群私人集資購買的土地。柯國慶買通茂名市委
書記羅蔭國和常務副市長楊光亮，楊光亮命令茂名市中級人民法
院把土地判給柯國慶。2009年，其中一名投資人向公安部門報
案財產被侵占，反而被公安抓了起來[84]。廣東省前紀委書記王華
元也收受一名香港商人賄賂，介入一件商業糾紛案[85]。

　　和地方官員交好的大亨也喜歡用錢買政治地位。樣本中的案例顯示，這些生意人很多都當上全國或地方人大代表和政協委員，而且多半是賄賂而來。廣東煤礦大亨朱思宜在2008年行賄20萬元人民幣當全國人大代表。他還行賄100萬元給省委統戰部長想當省工商聯的副主席，因為這個位置可以拉到很多人脈關係[86]。廣東省茂名縣原縣委書記周鎮宏在2007年和2008年收受五名房產開發商賄賂180萬元，幫他們當上廣東省政協委員（其中兩人當上了常委）[87]。內蒙古自治區副主席劉卓志在2004年到2008年當內蒙古錫林郭勒盟盟委書記時，也收賄幫兩名生意人當上當地的政協委員[88]。我們在後面還會看到，許多黑幫老大也買到地方人大和政協委員的位子。

小結

　　正如我們之前所假設，經過部份改革但所有權不明確的領域最會吸引生意人前來尋租，這些領域也最會發生官商勾結。官商勾結讓生意人能擊敗同樣想要這些資產的對手，也可以搞定許多有權審批的官僚單位。這些領域的最大特點就是受到政府高度管制，只要買通官員就可以獲取暴利。這對雙方都有好處。而在市場競爭性強，改革較徹底且所有權界定明確的領域，這種勾結就很少發生。例如在零售業、輕工業和出口導向的產業就很少看到官商勾結。

　　官商勾結讓少部份人受益，大部份人受害。不但工人、農民和城鎮居民的正當權益被傷害，很多生意人也是權貴資本主義的受害者。樣本中的案例顯示，有辦法買通官員的生意人會利用公安和司法系統把競爭對手送入大牢。權貴資本主義的世界裡充斥著「劣幣驅逐良幣」的邏輯。必然的結果是，只有人脈關係良好的生意人才能占據這些油水最多的領域。

　　官商勾結的權貴網絡因此深植在中國的政治和經濟體制之中。這些網絡已發展出讓官商權錢交易的各種規則、密語和手法。權錢交易的市場已經發展得非常成熟，尤其是在市場競爭性低或根本沒有競爭的領域。雖然政府不斷打貪，但中國的黨國體制根本無力根除這些權貴網絡。在戰術層次上，中國的反腐敗官員好像有辦法肅貪，但這些戰術是無法根除官商勾結的系統性根源的。中共的幹部結構以恩庇侍從關係為基礎，官員依關係結成派系，然後派系又促成共謀犯罪。只要這種關係存在，貪官污吏就可以仰賴上頭的朋友和同事保護。官商勾結無法根除的另一個原因是政府持續控制某些經濟領域，這些領域有大量的經濟租吸引生意人前來尋租，而官員就可以分配租金以權換錢。

　　最後，官商勾結還會嚴重損害政府效能，讓權力集中到少數權貴身上。樣本中的案例顯示，官商勾結會讓市場失去法治，危害公共安全及人權，讓少數菁英無法無天。更令人擔心的是，權貴網絡甚至有辦法主導一整個市級單位的政經活動（安徽阜陽市、湖南郴州市、廣東茂名市），市委書記、市長、公安局長和

生意人聯手把市政府變成了地方黑道治國。從官商勾結獲取暴利的生意人並不滿足於只能賺錢，他們還想謀求政治影響力和政治地位，想當人大代表或政協委員。雖然這些機關目前還只是橡皮圖章，但這種權錢集中對中國民主的未來是不利的。一旦政權轉型，這些有錢有權的生意人很可能會變成中國的新寡頭階級，真正的政治權力會落在他們手上。

第五章

竊取國有資產
——國有企業中的腐敗勾結

　　中國式的權貴主義不同於俄國及前蘇聯各共和國那種寡頭式的權貴主義。能搞權貴資本主義的人在社會上雖然有限，但由於中層官員和國企幹部為數甚多，這個權貴集團的規模就很大，對中國社會經濟的危害也比一小圈寡頭更大。這些人深植在中國經濟的各個領域和角落，很難被清除。

執政黨對資源的支配權力很大。

——習近平，2014年5月9日

中國國有企業的幹部都是中共黨員，他們不需要總書記來提醒他們對經濟資源有很大的支配權力。但根據媒體報導和官方資料，國有企業中的腐敗勾結實在相當普遍，這絕不是習近平所能容許的[1]。和其他單位的幹部比起來，國企幹部對國有資產有更直接的控制權，更有機會上下其手。這種偷盜行為相當系統化和深入，已經成為後天安門時代中國權貴資本主義的特徵。1980年代當然也有國企幹部貪腐，然而國企中的貪腐行為自1990年代初以來已經有質的改變，現在更像是搶劫而不是偷竊。所有權下放再加上給了國企幹部更大的自主權，讓竊取國有資產更為容易。自1990年代以來，國企貪腐案件的最大特徵就是其窩串性質[2]。

雖然中國政府對國企中的勾結腐敗程度並沒有提供官方數據，但證據顯示這是非常普遍的。根據江蘇省檢察院的資料，在2000年所起訴的窩案和串案中，有60%發生在國有企業。2000年在上海所起訴的窩案和串案中，國有企業也占80%。浙江省檢察院的報告說，在2001年到2013年間，國有企業中的貪腐案件有20%是窩案和串案[3]。有一份年度研究報告每年都會統計中國媒體所報導過的國企和私企的犯罪案件，這份報告也指出窩案和串案占國企貪腐案件的大宗。在2012年受媒體報導過的82件國

企貪腐案件中，有39件屬於多人共同犯罪（大約有一半以上的案件超過三個人）。總共有225人涉及39個案件（平均每案5.5人）。在這39個案件中，有18件是上下級共同犯罪[4]。而在2013年受媒體報導過的61個案件中，有24件屬於多人共同犯罪（平均每案7.6人）[5]。在2014年起訴的245個國企幹部案件中，42件明確被歸為窩串案件[6]。從2011年到2014年的年度報告中，可以看出國企貪腐案件有幾個明顯特徵。

國企貪腐案件的主要特色。

★涉案金額龐大，平均高達2100萬人民幣。
★最多的是收賄、貪污與挪用公款。
★最常見領域是財務管理、投招標、融資與人事調整。
★中央直接控制的大型國企更常發生。
★董事長、總裁等高層犯案多。他們人數少，貪得多，判得輕。

第一，這些案件涉及金額龐大。在2011年，平均每案涉案金額是2100萬人民幣。涉案金額最大的案件類型是「挪用公款」。在大部份案件中，國企幹部都是以公司公款來買股票，或貸款給其他公司賺取回扣。在2011年，這類案件的每案平均金額是8500萬元。貪污案件的每案平均金額是1500萬元。行賄案件的每案平均金額是250萬元[7]。2012年報告的金額比較少，貪污案件的每案平均金額是190萬元，行賄案件的每案平均金額是43萬元（2013和2014年的報告沒有提供類似的數據）[8]。

　　第二，受賄罪、貪污罪和挪用公款罪是犯罪前三名，也是國企幹部最常犯的三種罪。在2011年的88件國企貪腐案件中，有45件是受賄罪，24件是貪污罪，11件是挪用公款罪。在2012年的45件國企貪腐案件中，有39件是受賄罪，24件是貪污罪，8件是挪用公款罪。2013年的比例也差不多。在2014年的245件案例中，國企幹部犯罪占181件。受賄罪、貪污罪和挪用公款罪的比例分別是67%、28%和17%[9]。

　　第三，國企最常發生貪腐的領域是財務管理、投招標、融資、人事調整（意指買官賣官）。在2012年的85件國企貪腐案件中，已知其發生領域的有69件，其中財務管理有31件，招投標13件，融資7件，買官賣官7件。在2014年的245件案件中，已知其發生領域的227件，其中財務管理47件，招投標34件，買官賣官有31件[10]。

　　第四，大型國企最常發生貪腐案件。根據2014年的報告，在245個國企案件中，已知其規模的有190個，其中有176個是大型國企，有4個是特大型國企[11]。這種現象的原因之一是1990年代末國有企業改制後，多數大型國企還在國家手中。原因之二是大型國企的組織運作很複雜，做的又是高價值的生意，這就會吸引生意人來行賄，也讓國企幹部容易隱匿其貪污犯行。

　　雖然我們可以用數據資料一窺國企中的腐敗勾結，卻很難了解其複雜的過程、關係和手法。在下一節，我們要來分析被中國媒體高度報導過的50個案例。

主要發現

　　表A.3顯示了國有企業中腐敗勾結的主要趨勢和面向。國企中的勾結腐敗在地理上分布很廣，在50件案例中，42件發生在市有或省有國企，分布遍及18個省分。另外8件發生在巨型國企及其在各省的分公司。國企中的勾結腐敗還有一個值得注意之處，那就是腐敗幾乎遍及所有產業，包括零售業、製造業、服務業、日用品業、銀行業和天然資源。很明顯，這些主犯在1990年代和2000年代初的貪賄金額都比較小，但到2000年代末已經上升到天文數字。例如，在2003年被捕的11名主犯當中，只有一主嫌的貪賄金額超過樣本中位數640萬元人民幣。在這些案件中，主犯的貪賄金額和全案的貪賄總金額也大致相關[12]。在24個主犯貪賄金額低於中位數640萬元的案件中，只有4個案件的貪賄總金額超過中位數2800萬元。相較之下，在24個主犯貪賄金額超過中位數640萬元的案件中，有14個案件的貪賄總金額超過中位數。這可能是因為有樣學樣：上司越貪婪，同黨和部屬也就越大膽。這也可能是因為貪婪：金額越大，主犯就越有動機去冒險。

　　一般來說，在國有企業中搞腐敗勾結的利益是很巨大的。和第三章搞買官賣官的地方官員相比，國企幹部的貪賄金額要大得多。地方官員的平均貪賄金額是645萬元人民幣（表3.1），而國企幹部的平均貪賄金額是3000萬元，將近五倍。地方官員

的貪賄金額中位數是381萬元，國企幹部的貪賄中位數則是640萬元，多出2/3（表A.3）。當然，每個國企幹部的貪賄能力有很大的差異。國企幹部貪賄金額的標準差是6370萬元，是中位數的10倍。相較之下，買官賣官的地方官員的貪賄金額，其標準差是1050萬元，不到其中位數的3倍。形成這種差異的可能原因是，和地方官員相比，國企幹部（特別是大型國企的幹部）直接掌控的經濟資源如合同、現金和國有資產比較多，所以他們能上下其手的東西比較多，能向生意人索賄的金額也比較大。除此之外，國企幹部比地方官員更有機會非法把國有資產私有化，從中獲取暴利。在已知主犯貪賄金額的48個案件中，就有32件是把國企的土地、股份、房地產和有利可圖的生意轉手給國企幹部或其家人開的公司。

這些案件的涉案或被捕人數也差異很大，從3人到81人都有。直接涉案人數的中位數是11人。並不是所有涉案者都是國企幹部，其中有些人是生意人，他們因行賄國企幹部或以其他原因涉案[13]，但每個案子都有數名國企幹部參與其中。和買官賣官相比，國有企業中的貪腐並不需要有很多人參與。不像地方黨委書記要向很多人賣官才能賺到大錢，國企幹部只要有少數人共謀就好，不必有太多人分贓。

樣本中主犯的平均貪賄持續時間是7.4年，中位數是7年，標準差是3.4年，和買官賣官的樣本大致相同。這些人能在較長時間內持續受賄和侵占公款，顯示國有企業內的腐敗和買官賣官

一樣很難被抓到。此外，這些通常位居董事長或總經理的主犯們都在貪賄期間內升官，這也顯示中國反腐部門的辦案效率其實很差。

表A.3的資料也顯示，國有企業中的勾結腐敗主要是高級幹部所為，通常是董事長、總裁或總經理。在樣本的50個案例中，有44個案例的主犯是董事長、總裁或總經理。由於中國國企的權力高度集中在董事長、總裁或總經理手中，縱向勾結就是主要的勾結型態。雖然國企幹部的貪賄金額要比地方官員大很多，但不一定會被判得比較重。樣本中的50個主犯有22人被判有期徒刑，10人被判無期徒刑，8人被判死緩和死刑，2人被執行了死刑[14]，另外6人的刑度未知。被判重刑者（無期、死緩和死刑）占45%，而地方官員被判重刑者占48%。國企幹部的平均刑期是12.5年，中位數是13年；地方官員的平均刑期是13.3年，中位數是13.5年。國企幹部貪的比地方官員多，判得卻沒有比較重，這可能是因為中國的量刑制度並不完全是看金額。更值得注意是，在第三章和本章加起來的100個案例中，真正被執行死刑的犯人非常少。真正被槍決的只有一名中級的黨委書記和兩名低層國企幹部。從貪官污吏的判刑數據看來，中共只有在少數情況下才會槍決自己人，但對一般老百姓的刑事犯罪卻經常執行死刑[15]。我們只能說中共認為自己的幹部有特權，即使重大犯罪也不用死[16]。

國有企業中的典型貪腐

分析這些案例可以發現，國有企業中的貪腐行為形形色色，從受賄、貪污、挪用公款、把生意給自己家人到非法倒買倒賣國企資產都有。這些行為的共同點就是需要勾結才能做到。

受賄和拿回扣幾乎在每個案子都有。一般公司要和國有企業做生意，通常要行賄國企幹部或給回扣才能拿到合同或維持來往。例如，占全國煤炭市場二成的甘肅蘭州炭素集團，其董事長兼總裁潘錫光和五名高幹就在1999年到2000年中向中間商收賄354萬元人民幣。他們向自己的中間商進貨，採購價格高出正常市場價格10%至20%，然後以低於出廠價格的18%至26%把產品賣給中間商[17]。福建龍鋼企業集團的前後兩任總經理都向中間商收賄[18]。後來破產的浙江橫山鐵合金廠的前後兩任廠長都在1994年到2003年間向中間商拿回扣，還有幾名中階主管也收賄，把可以再利用的「廢爐渣」賣給一些私營企業[19]。

大型國企的高幹能夠給出巨額合同，收賄金額當然就很大。2003年，中國最大電信公司中國移動的原副總經理魯向東被判刑，他受賄超過2000萬元人民幣，把中國移動的廣告給了行賄的廣告商[20]。長期擔任安徽大酒廠古井集團董事長的王效金，在1991年到2007年間向公司的中間商、經銷商等收賄超過1000萬元。古井集團銷售公司原副總經理郭新民在任職期間共收受賄賂折合人民幣680餘萬元，另有家庭財產2880萬元不能說明合法

來源。另有四名高幹每人各收賄超過500萬元[21]。陝西省地方電力集團在1998年接受中央政府補助77億元以改善農村地區的電網。有54名幹部收受供應商賄賂，以浮報的價格買進粗製濫造的設備。原總經理王文學也受賄710萬元[22]。中國第四大石油公司陝西延長石油集團的四名高幹也收受大筆賄賂給人合同。主犯原副總工程師李興在2012年的兩個項目中收賄530萬元[23]。

貪污和挪用公款是僅次於受賄的犯罪類型。在中國刑法中，貪污和挪用公款是兩種不同的罪名，但實際上很難區分，因為兩種罪都是偷取公共財物。貪污是指非法占有，挪用公款則是暫時為了個人利益非法借用。如果政府官員或國企幹部拿了公共財物且無意歸還，這算貪污。如果是暫時非法借用但在得利之後有把財物歸還，這叫挪用公款。這兩種罪行通常是由國企高幹夥同財務部門主管所犯。某些案例是由高幹自己把錢都吞掉，但大部份案例是幹部們一起把錢當成紅利和獎金分掉[24]。中國的國有企業所以經常發生貪污和挪用公款，主要是因為財務控制做得很差，國企高幹可以捏造財報、隱藏獲利，把公庫當成私庫。

最簡單和最典型的國企貪污手法是把私人花費用公帳報銷。中國遠洋集團（COSCO）資深副總經理徐敏傑在2013年末連同其他七名高幹被捕。他被控在長達四年的時間中，將其妻子在香港的美容費和餐費以交際及禮品費用的名義在公司報銷，折合人民幣共計30.8萬元[25]。另一種簡單的手法是把未列入公司帳上的錢放進自己口袋。在1998到2002年間，中國石油公司山東分

公司齊魯石化集團的總經理侯錫明貪污職工福利結餘款、工程結餘款28萬人民幣[26]。另一種國企貪污的手法是捏造財務報表。廣東省中山市華僑房屋建築公司在1997年要改制私有化時，總經理鄭錦銳夥同副總理、會計主任等五人製作假帳，私分了450萬元[27]。類似的案例也發生在重慶。1998年重慶有一家小國企彭水飲食公司正要私有化時，公司經理、黨組黨支部書記和財會主任等四人共謀未將三座房產列入公司資產，後來將房產變賣後均分[28]。

　　還有更細緻的貪污手法。北京首都公路發展公司董事長華玉璽夥同總經理、總會計師等人，隱瞞公司於1996年購買的320萬元人民幣保險本金能夠返還的事實，將其中的317萬元給公司高幹購買商業保險，致使該國有資產被私分[29]。青海能源集團財務部部長張樹仁在董事長同意之下，於2005年到2013年間編造公司財務報表隱匿3200萬元來發紅利給中高級幹部。2013年春節前，總經理陳德明請示到任不久的青海能源集團黨委書記是否給公司高幹發點錢。黨委書記同意後，陳德明隨後安排張樹仁從隱匿的資金中拿出27萬元發放給12名中高層管理人員[30]。南平礦業發展總公司在2004到2007年間，和私人公司進行了多項投資活動，在總經理張德順的指示下，在公司正帳外另設非法帳戶，將聯合投資的不法獲利放入非法帳戶中，並依個人意圖不當使用該帳款[31]。

　　挪用公款的手法比較簡單，就是把國企的公款非法移為他用

然後迅速歸還。1997年，山東黃金集團董事長薛玉泉及其同夥設立的新公司需要400萬人民幣資金註冊，他命令公司財務部部長把400萬元公司資金匯到新公司的戶頭，並保證新公司完成註冊登記後就把錢歸還。財務部部長和地方銀行的經理合作執行，在薛玉泉新公司的戶頭內存入400萬元後於三周後匯回[32]。但如果被挪用的公款產生了所得，而國企幹部又吞了這些所得，那挪用公款和貪污就很難區分了。齊魯石化董事長張深在1999年到2001年間挪用公款超過650萬元，其中有部份存在情婦的戶頭，這名情婦又把這些錢轉入她自己公司的戶頭[33]。溫州大型國有零售業菜籃子集團董事長應國權在2006到2010年間挪用公款3890萬給他兒子和朋友成立的公司[34]。在某些案例中，國企幹部把公款拿去做高風險投資而導致公司巨額損失。柳州鋼鐵集團董事長梁景理命令公司財務部副部長給他2000萬元用於個人炒股，這筆錢之後下落不明[35]。青海能源集團子公司財務負責人王世才在2010到2013年間挪用8085萬元公款購買彩票，一分錢都沒有追回來[36]。

內部人勾結的私有化

　　受賄、貪污和挪用公款的貪賄金額雖大，卻遠遠比不上把國企非法私有化的暴利。非法私有化牽涉的環節比較複雜，需要好幾名對國企資產有直接或間接處分權的幹部勾結起來才能成事。

幾乎在所有案例中，董事長或總經理的參與都是不可或缺的。但即使是董事長或總經理也不能單獨成事，因為光憑他們自己還是無法掌控所有審批環節。我們的案例顯示，國有企業的非法私有化萌芽於1990年代初，然後國企幹部就用越來越細緻的手法免費或低價取得國企資產。本節要找出和分析這些手法。

左手賣給右手

比較簡單的方法是把國企的業務交給自家人開的公司去做。這不必更動國企資產的法律所有權，一樣可以發大財。這種手法就和把國企業務交給生意人去做然後再索賄是一樣的。當然，這種手法能不能算是「非法私有化」是有爭議的。我們之所以這樣歸類，因為這些國企幹部是為了自己的利益而不是為了公司的利益，刻意系統化地把業務交給自家人的公司去做。這些幹部是以低價或免費的方式利用國企資產為自己賺錢。

例如，在2003年經營不善倒閉的浙江橫山鐵合金廠，其中一名中層幹部自己開了一家公司，並送了50萬乾股給廠長，在購買礦石上低價買進，再高價賣給廠裡[37]。在牽涉15名高幹的中國移動一案中，黨組書記兼副董事長張春江在2010年被捕，他受賄746萬元人民幣把公司的廣告和顧問業務給了兩家公司，而張春江的妻子擁有其中一家公司15%的股份[38]。華中電力集團原總經理林孔興被控在1995年到2000年間把公司合同給了其女兒女婿開設的公司。由於華中電力是當時中國排名前幾大的電力公

司，林孔興可以要求供貨商以相當大的折扣把貨賣給其女兒女婿的公司，然後再以市價賣給華中電力，以此非法獲利近8300萬元[39]。中國農民發展銀行原副行長胡楚壽，其子胡剛以乾股的形式持有一家公司一半的股權。農民發展銀行在1996年到1999年間向這家公司買了好幾億元的資訊設備[40]。

負責原油運輸業的中國遠洋集團高幹茅士家將油品貿易的業務交給他兒子媳婦的公司經營，獲取巨大利益[41]。2012到2013年，廣西柳州鋼鐵集團董事長梁景理幫女兒在香港設立貿易公司，柳州鋼鐵再向這家公司買了14艘船的焦煤，其女淨賺542萬美元。梁景理同時還和34名公司幹部設立兩家公司，把廢爐渣生意交給這兩家公司做，然後大家分紅[42]。廣東省有大型國企新廣國際集團董事長吳日晶於2006年在公司名下設立一家子公司，由吳日晶的同夥擔任代表人。吳日晶給這家公司融資，並把新廣國際標到的工程合同給這家公司做。一年後，吳日晶又要求這名同夥借2500萬元人民幣給兩名弟弟的公司做工程[43]。

偷盜資產

對國企幹部及其家人來說，以超低價格甚至免費取得國有資產的法律所有權是最好的發財方式。在我們的樣本中，貪賄金額最大的就是用這種手法取得國企資產的國企幹部。由於國企監督體制不嚴，國企幹部的裁量權巨大，只要勾結起來就可以用各種手法取得這些資產。最普遍的手法是由國企幹部朋友開的私人

企業和國企合作成立合資公司，幹部再把國企資產以低價轉到
這家合資公司名下，或者虛充私人企業在合資公司中的股權份
額。2005年爆發的陝西地方電力集團一案，調查人員發現在陝
電集團子公司和一家房地產公司合作設立的合資公司中，陝電的
股權被低估了一億元[44]。2003到2004年間，湖南鶴壁煤業集團
董事長李永新幫一名幹部把集團旗下一間子公司轉成私人公司，
然後到香港註冊登記，報酬是新公司14%的乾股（價值330萬元
人民幣）[45]。在2001年破產的廣州羊城集團的案例中，董事長羅
鴻把公司資產以低價賣給一家私人企業。羊城集團在1997年投
資1.78億港幣和一個生意人合作成立木材處理廠，羊城集團占股
55%。但當工廠開始營運而且市價上升到10億港幣後，羅鴻居
然把羊城集團55%的股權都以原來1.78億港幣的價格賣給這名
生意人。羅鴻的好處是250萬港幣和20萬元人民幣的賄款。這名
生意人也給了副董事長和總經理104萬元人民幣和10萬港幣，副
總理也受賄482萬港幣和20萬元人民幣[46]。

　　蘭州連城鋁廠一案則是反向操作，先讓國企和生意人合資成
立公司，但國企所出的價格和遠高於市價。蘭州連城鋁廠廠長魏
光前和廣東商人潘志雄交好。魏光前除了從潘志雄的土地交易中
拿回扣之外，還讓連城鋁廠和潘志雄合資成立聯營公司。潘志雄
賄賂三名會計師把他公司的資產由實際2000萬高估為9190萬元
人民幣與連城鋁廠達成聯營協議，騙取連城鋁廠3173萬元聯營
投資款，再行賄一名關鍵中間人連城鋁廠幹部500萬元[47]。

最複雜的手法是國企幹部自己先設立公司，再把國企資產以低價或免費轉移到自己的公司。在江蘇泰州一家不知名的國有企業中，就有五名幹部使用這種手法。他們先非法以公款40萬人民幣在2000年3月設立一家公司，再用好幾種非法手段系統性的把國企的獲利轉到這家公司[48]。在重慶海康實業的案例中，董事長向道成先夥同一名生意人設立公司來收購重慶一家破產國企的房地產，再以職權強迫海康實業貸款給這家公司700萬元。這些房地產在三年後大漲，然後他和同夥再以3900萬元的價格把土地賣回給重慶市政府[49]。上海電氣集團董事長王成明夥同兩名幹部和地方黨委書記，先把上海電氣在1999年以2億元購入的一塊地皮過戶到集團旗下一間子公司，再把這家子公司的持股以原投資價格賣給了王成明一名同夥的公司，把這家子公司變成完全私有的公司。這名同夥把這家公司50%的乾股給了王成明。到了2003年，該地皮的價值漲到5億人民幣，王成明及其同夥賺到差價3億元[50]。

廣州白雲農工商聯合公司的勾結貪腐案也是用同樣手法。總經理張新華先成立廣田置業有限公司，名義上該公司由白雲農工商聯合公司監管，實則由張新華控制。隨後，張新華等人通過虛設債務、低估資產、隱瞞債權等手段，將白雲公司及其子公司的廠房、果園和土地轉至廣田公司名下。張新華在2006年又設立一家新公司，將原白雲公司的部分高幹也拉入新公司，讓這些人在新公司占有相應股份。然後這家新公司再以原價12萬人民幣

買下白雲公司在廣田公司的股份，廣田公司名下原屬白雲公司的國有土地和房產就全部變成私人所有，價值高達2.84億元。而張新華擁有這家新公司25%的股權（價值7500萬元）[51]。

溫州菜籃子集團公司董事長應國權也是用幾乎相同的手法，在2003年到2006年間竊取了價值超過1億的國有資產（主要是土地）。應國權和幾名幹部合謀，先成立一家公私合營的「菜籃子發展公司」，幾乎和「菜籃子集團公司」同名。他們先買通溫州市政府把國有土地以低價劃撥給「菜籃子集團公司」，再偷梁換柱，買通兩名市府官員把相關文件由「菜籃子集團公司」篡改為「菜籃子發展公司」，使後者成為國有劃撥土地的用地主體和建設業主，使應國權及其同夥得以非法侵占價值1.1億的土地[52]。

國企改制是國企幹部謀奪資產的最佳時機[53]。「改制」的意思是「所有權的轉變」，其實就是私有化。透過改制，原來國有的企業可以變成「混合所有」（國家—集體共有或集體—私人共有）或私人所有。改制由兩種官員主導。第一種是地方政府官員（黨委書記、市長、發改委），第二種是國企高幹。只要國企高幹買通地方官員，就可以用低價取得國企資產。浙江黃岩房地產開發總公司董事長陳熙也是黃岩區的國土局副局長，他買通了區長、常務副區長和三名地方官員來幫他執行計畫。陳熙自己請來會計師，評估黃岩房地產的淨值為3340萬元人民幣。2002年12月，黃岩區政府發文同意以此價格將黃岩房地產改制為新公司。

而陳熙和他兒子擁有這家新公司85%的股權。由於黃岩房地產的資產價值被嚴重低估，陳熙和他兒子獲得巨大利益。光是在2003年，這家新公司就賺了6000萬元，資產超過10億[54]。

就算沒有買通地方官員，國企幹部還是可以在改制時把資產隱匿起來。重慶彭水飲食公司在1998年進行私有化時，就有4名高幹把3處房產隱匿起來，然後賣掉賺了185萬人民幣[55]。但這4人和大型國企的高幹比起來只是小巫見大巫。蘭州萬廈實業公司在2007年進行私有化時，總經理王永春隱匿公司資產8500萬，方法是在鑑價過程中把萬廈公司旗下三家子公司歸為「集體企業」而非「國有企業」。根據規定，集體企業的資產在改制後還是可以由新公司保有。王永春隨後擔任改制後的萬廈公司董事長，並占有2.4%的公司股份，價值數百萬元[56]。上海公欣工程建設監理公司總經理吳小莉取得公司資產的手法略有不同。當公司在2010年進行改制時，吳小莉匿報公司房產約4200萬元，並非法取得改制後公欣公司49%的股份[57]。

以表面合法的財產交易巧取豪奪

偷取國企資產的第三種手法是用表面合法的方式和特定生意人買賣資產。在這些案例中，典型的作法是讓國企用浮報的價格去買私人資產，或者以低估的價格把國企的資產賣給私人。中國石油集團的大醜聞案就披露了生意人可以從政客和國企高幹手上

獲得多大的暴利。中石油董事長蔣潔敏是周永康的親信,他被控受賄1400萬元,還有1400萬人民幣財產來源不明,以及在周永康指使下幫助他人獲得油氣田區塊合作開採權[58]。根據《財新》記者調查,在2007至2008年,周永康的長子周濱以一兩千萬元的低價獲得與中石油長慶油田合作開發的長印、長海區塊,然後再以5.5億元價格轉手,從中獲得暴利。周永康的算命師曹永正也和中石油合作開發,每年從中石油的油田中賺得幾億元。《財新》記者發現,曹永正的公司在2012年末的未分配利潤高達11億元[59]。

安徽軍工集團董事長黃小虎專以低價收購國有煤礦謀取暴利。他向山東大型國企新汶礦業集團買下兩座煤礦,並送給新汶集團董事長郎慶田1133.9萬元港幣做為答謝,足見其利益巨大(郎慶田後來因其他案件被判死緩)。此外,黃小虎在2006年為收購淮北市洪楊煤礦60%股權,也向蚌埠市副市長行賄450萬元人民幣[60]。華潤集團一件有十多名幹部被捕的案件也是因為國企和生意人買賣資產。華潤是巨型國有企業,2014年的淨利高達660億美元。根據媒體報導,華潤前董事長宋林涉嫌在2010年以高出市價幾十億的天價向負債累累的山西煤礦大亨張新明買下兩座煤礦。宋林在2014年被捕後,與他關係密切的幾名高幹也紛紛被捕,包括華潤的監事主席、董事會主席和旗下子公司的執行長等人[61]。

勾結的機制

要成功盜取國企資產，國企幹部就要利益結盟，評估犯罪的利益和風險。根據對這些樣本的分析，我們發現這些幹部是透過三個機制在國企內勾結犯罪。

第一個機制是買官賣官。買官賣官是縱向勾結的主要紐帶，在國有企業和在地方政府一樣普遍，因為國企高幹對人事任用有很大的決定權。買官賣官對於國企幹部的利益結盟具有關鍵功能。大型國企的中高級職位不但地位高、薪水高，油水也多，自然會吸引人去買官。相較之下，小型國企的組織比較扁平，中高級職位油水不多，買官動機也就不強。在大型國企中，買官賣官加深了上司與部屬的個人關係，利益和風險都綁在一起，自然有助於互相勾結。上司明顯會比較信任那些曾向自己買官的部屬，而靠行賄升官的人也會想回收其投資。

在50個案例中，有9個案例的國企高幹從事買官賣官，而且都是大型國企。2015年，中國石油集團董事長蔣潔敏被控受賄幫人升官。中國農業發展銀行的財務部部長也在1999年行賄副行長以求升官（後來他被升為副行長）[62]。中國儲備糧管理公司河南分公司總經理李長軒向25個人收賄超過300萬人民幣，這些人都是中儲糧河南分公司旗下各市、縣直屬糧庫的負責人[63]。甘肅窯街煤電集團董事長李人志在2007年到2009年間，收受15名中級幹部共80萬元的賄賂。這些人之後都升了官，包括電力部

主管、供貨部主管、會計部副主管、保全部主管和旗下三個煤礦公司的經理[64]。

第二個機制是一起分享非法所得，這是橫向勾結的普遍作法。在多數案例中，非法所得來自於受賄、貪污和挪用公款。三明市物資集團公司是典型案例。在2005年到2007年間，該公司總經理、副總經理和黨組紀委書記合謀，以公司公款借貸給一家公司，貸款利息均分[65]。有些案例是在私人公司插乾股獲利。例如在1997年，福建南靖縣長塔煤礦公司有4名高幹開會決定要把一座煤礦承包給一名生意人，他們則以入乾股的方式從中抽成[66]。最後，國企幹部也希望在公司私有化後能取得新公司的股權。由於侵占國企資產（通常是土地）需要很複雜的過程，唯有以新公司股權為誘因，重要的國企幹部才會入夥。在廣州白雲公司和溫州菜籃子公司等案件中，涉案的國企幹部都拿到了新公司的股權[67]。

第三個機制是知悉其他同事的貪腐行為。在這種案例中，被捕的貪腐幹部並沒有直接勾結在一起，但他們都對別人的惡行劣跡相當清楚。正如我們所假設，光是這種心知肚明就足以讓中共黨國體制內的官員群起貪賄，因為在一個領導人本身就在搞腐敗的組織中，不只風氣敗壞，被抓到的風險也很低（貪賄的領導一定會掩護貪賄的部屬，因為他不想讓中央注意到）。這種心知肚明也讓犯人在接受調查時有一些戴罪立功的空間。從法院判決書和媒體報導中，我們經常可以看到犯案的官員和國企幹部因為

「檢舉他人犯罪」而有「重大立功」。媒體報導有時也會披露官員和國企幹部如何舉發其他同事的犯行。樣本中就有6個人因為提供調查人員其他人的犯罪線索而獲得減刑。安徽軍工集團董事長黃小虎就是典型。他在2013年被捕後，立刻檢舉前任董事長和另一名高幹的貪賄行為。黃小虎因此只被判19年。北京首都發展集團董事長畢玉璽會落馬，也是由公司內一名高幹在被調查時所舉發[68]。

勾結腐敗的原因

　　國有企業中這種大規模且持續性的偷盜行為並不是偶然的。我們必須把這種行為放在中國政經體制尤其是國有企業的特殊環境下來理解。這裡簡單討論國有企業中勾結腐敗盛行且獲利巨大的三個制度性原因。

政治性高，公司治理差

　　在50個案例中，有44個都涉及到董事長、總經理或黨組書記等國企最高層。這很容易理解，因為重要的企業決策都是由這些國企高層決定的。沒有這些人支持和參與，貪腐不可能發生。這些高層也很容易和部屬勾結，因為部屬都是他們提拔起來的（有些人還是靠賄賂升官的）。位高權重加上和部屬的私人關係，勾結起來就很容易。

　　此外，大多數中國國企的公司治理是很粗陋的。正如樣本中的案例所顯示，原來應該監督這些國企董事長或總經理的單位，例如董事會、地方政府或地方國有資產監督管理委員會，對於這些人的重大決策都沒有控制權。這些單位對國企的運作知之甚微，只會偶爾檢查一下。中儲糧河南分公司原總經理李長軒用複雜的手法詐騙國家糧食補助資金高達7億元人民幣，根據他的說法，中儲糧總公司根本很少管河南分公司的經營。就算偶爾派人來看，只要把他們帶去看營運正常的糧倉就好了。事實上，中儲糧北京總部在2008年收到檢舉後是有派會計人員來檢查，但只發現有幾千噸可疑的交易，根本沒查到什麼東西[69]。

　　地方國企的公司治理更是一團糟。其中一個重要原因是負責人任期過長。大型國企是由中央國有資產監督管理委員監管的，對負責人的年齡和任期規定得比較嚴格（儘管這些規定並防止不了大案發生），但地方國企並沒有這些規定[70]。蘭州炭素集團的總經理從1987年當到2002年。安徽古井集團董事長王效金當董事長超過20年。詐騙7億元的中儲糧河南分公司李長軒任總經理達12年。廣州白雲集團的張新華侵吞公司資產2.84億人民幣，他當總經理長達15年。同樣侵吞公司資產的溫州菜籃子董事長應國權領導公司12年。中國的國企領導就像「土皇帝」一樣在他的王國內為所欲為。把如此大的經營權集中在缺乏監督的負責人身上，這就是中國國企勾結腐敗叢生的背後原因。而「土皇帝」也需要縱向勾結一批手下來執行偷盜國家資產的複雜計畫。

缺乏有效的財務控管

中國國有企業的財務控管太鬆，這是容易被國企高幹上下其手的另一個原因。在我們50個案例中，國企高幹都有辦法侵吞大筆公款、非法挪用公司資金去炒股套利、設立不入帳的小金庫以從事非法活動（包括賄賂），這都是因為中國國企內部的財務控管實在太鬆，幹部才能把大筆公款挪為私用。前面說過國企幹部犯第二多的是貪污罪。樣本中的案例顯示，除了盜取公款之外，這些人還經常會以「貸款」或設立小金庫的方式來掩飾。假貸款看來合法，可以貸而不還。浙江橫山鐵合金廠的一名廠長在1998年就向公司「貸款」60萬元人民幣，從來沒還。破產的山東輕騎集團董事長張家嶺向公司貸款650萬元，也是沒還[71]。河南鶴壁煤業董事長李永新也在2003年非法貨款6450萬元給自己的朋友[72]。

設立小金庫是更普遍的手法，也就是把國企的錢放到隱密的戶頭，不出現在公司帳上。小金庫由高幹完全掌控。在橫山鐵合金廠於2003年破產之前，廠內就有一個超過300萬元人民幣的小金庫是用來給幹部發紅包和吃喝玩樂用的（通常是不合規定的高消費娛樂和旅遊）。在2007年安徽省徽商集團一案中，調查人員發現公司高幹以公司業外投資所得超過200萬元設立小金庫，放在一名期貨商的戶頭內[73]。在2002年，山東輕騎集團的三名高幹隱匿公司土地收益3520萬餘元去投資股票[74]。

　　國有企業最大的財務漏洞是現金控制不嚴。「挪用公款」在中國是重大犯罪，但在國有企業很普遍。它通常是指用國企的公款去做未經授權或被明確禁止的事情。在這些案例中，犯人並沒有真的侵吞這些錢，而是拿錢為自己賺取利益（例如去炒股獲利）。幾乎每個「挪用公款」的案例都是國企幹部違反公司或政府規定拿公款去投資股票。蘭州連城鋁業就有一名高幹在1994年拿公款去炒股[75]。挪用公款最多的是安徽徽商集團，其董事長蔡文龍在任超過十年，在公司高層塞滿了家鄉親友。蔡文龍挪用公款炒股造成公司巨大損失。2001年，他在未經董事會同意之下挪用公款投資股市，讓公司損失1.55億元人民幣（但蔡文龍個人從股票經紀商拿到80萬元賄款）。他又未經主管單位批准進行銅、大豆、豆粕等期貨交易，讓公司損失1.8億元。徽商集團很多部屬也有樣學樣。有3名高幹用公款1200萬元投資股票，幸好有賺到錢（賺的錢被他們分掉了），但其他兩人就沒那麼幸運。徽商集團基金處副處長挪用公款1880餘萬元炒作期貨，賠了1650萬元；另外一人挪用公款1500萬元炒作期貨，全部賠掉[76]。最大的挪用公款案發生在中國農業發展銀行。根據調查人員的說法，在1996到1999年間，銀行高幹們總共挪用8.1億的公款去炒股，賺來的錢全進了自己口袋[77]。

所有權不明確

　　我們對國有企業勾結腐敗的分析顯示，當國有資產的所有權

轉變時，正是國企幹部奪取國家資產的大好時機。國有資產的控制權逐漸下放但所有權不明確的結果，讓有控制權的人實質擁有國有資產，並從中為自己和權貴同夥取得利益。控制權的下放讓三種人獲利。最大的獲利者是國企幹部，因為他們直接控制資產，能用各種手法上下其手中飽私囊。地方和中央的政治菁英也能從這種體制中獲得暴利。他們雖然沒有直接控制國有企業，但他們掌控了國企幹部的任用，國企幹部就得以賄賂或奉上國有資產來討好這些政治上的老大。第三種獲利者是能買通國企幹部和官員的生意人。被菁英勾結掠奪所害的則是這些資產的名義所有人，也就是全體中國人民，他們對國家的官員和財產毫無置喙的餘地。

小結

證據顯示，正是由於經營權下放再加上所有制的部份改革，使國企幹部能以國家資產圖利自己、家人和朋友。這裡有三個發現特別值得注意。

第一，雖然各級國有企業都被偷盜掠奪，但又以中央直接控制的大型國企最為嚴重。中國石油是中國最大的能源公司，2013年爆發的醜聞顯示最高領導層的家人如何輕易地就能撈到幾十億人民幣。層級較低的菁英當然也能撈到很多錢，但要有很大的努力和聰明才智才行，因為他們沒有足夠的政治權力，拿不到最有

價值的國家資產。

第二，在中國的混合經濟體制中，國企幹部偷盜國家資產的手法日新月異。各種收賄或貪污手法說穿了都是在偷，但隨著幹部們對國企財務和運作的控制權越來越大，他們也越來越會運用權力撈到更多錢。他們尤其會透過「內部人私有化」的技倆，把國企資產以低價或免費轉給他們和同夥設立的私人公司或合資公司。

第三，雖然國企高幹及其家人的貪污案件最受媒體關注，但中國國企內的中層幹部也一樣有辦法累積大筆財富。這表示中國式的權貴主義不同於俄國及前蘇聯各共和國那種寡頭式的權貴主義。能搞權貴資本主義的人在社會上雖然有限，但由於中層官員和國企幹部為數甚多，這個權貴集團的規模就很大，對中國社會經濟的危害也比一小圈寡頭更大。這些人深植在中國經濟的各個領域和角落，很難被清除。

第六章

與黑道共枕
——執法人員與黑社會的勾結

　　除了傳統犯罪之外，關係良好的黑幫得以擴展到更有利可圖的新領域。這些黑幫通常會開設大型集團以掌控中國主要的經濟活動，把觸角伸進房地產、運輸和礦業。地方官員還會利用黑社會去搞當前中國最惡名昭彰的強迫拆遷。中國媒體通常稱這些強迫居民和農民搬離的人為「打手」。

從前些年和最近揭露出來的一些涉及領導幹部的大案要
案看，其犯罪情節之惡劣、涉案金額之巨大，都是觸目驚心
的，搞權錢交易、權色交易簡直到了利令智昏、膽大包天的
地步！

　　　　　　　　　　　　　　　——習近平，2013 年 4 月 19 日

　　中國領導人像習近平這樣對幹部道德淪喪大發雷霆，現在已
經司空見慣了。然而，黨國幹部會如此貪婪和無法無天一點也不
令人驚訝，因為他們太容易以權換錢。既然和政府官員拉關係有
這麼大的好處，黑社會當然也會來摻一腳。在權貴主義盛行的社
會，犯罪組織受到政治保護是很普遍的。也就是說，犯罪組織勾
結政府官員（尤其是執法人員）正是權貴主義的特徵之一。

　　在後天安門時代的中國，快速的經濟發展和所有制的改變給
了地下犯罪組織大好良機[1]。隨著經濟發展，不但黑社會的傳統
行業如賭博、賣淫和販毒生意興隆，他們也把觸角伸向高利潤且
能快速致富的產業，例如房地產、採礦、工程和運輸。但不管幹
哪一行，地方官員尤其是執法人員的包庇是不可或缺的。中國的
黑幫老大們要從執法人員找到同夥並不難，因為這些人也都想發
財致富、貪污腐敗。本章要分析被媒體高度報導的黑社會受官員
包庇的案例，檢視犯罪組織和執法人員的勾結情況。我們要試著
了解中國權貴資本主義最黑暗的角落，想知道黨國體制中關鍵的
執法機關到底衰敗到什麼程度。我們要進一步證明，權貴資本主

義已經把政府機關弄得積重難返，中國政府雖然在外表上強而有力，實則已衰弱不堪。

執法機關的腐敗與黑道滲透

中國執法機關的腐敗已是公開的事實。腐敗的程度只要看有多少警務高層因為貪腐和其他犯行（包括殺人和包庇犯罪組織）被逮捕和判刑就一目了然。根據一份不完整的資料，光是到2011年11月份就有197個高層執法人員被捕、起訴和判刑[2]。其中包括1名公安部副部長、1名公安部部長助理、1名公安部的局長、7名省公安廳廳長、9名省公安廳副廳長、99名市和縣公安局局長、76名市和縣公安局副局長。主要城市和省會的公安首長也有多人落馬，例如天津、瀋陽、青島、太原、南昌、福州等等。從判刑長短可以看出他們犯罪的嚴重程度。在已經宣告其刑的案例中，有14人被判死刑，9人被判死緩，10人被判無期徒刑，5人自殺。而在這197名落馬的警界高層中，有39人（占20%）明確涉及黑社會。

執法人員和黑社會勾結不難理解。黑幫老大雖然好用暴力犯罪，但正如生意人想勾結政府官員，黑社會一樣想勾結警察。好處之一是能降低不確定性。生意人若能成功買通政府官員，就確定能拿到政府合同。黑幫老人若能買通警方，就不用擔心賭博和賣淫等勾當會被查抄。另一個好處是減少競爭對手。生意人（尤

其是想低價買到國有資產的生意人）買通政府官員就可以在標售過程中先排除對手。同樣的，只要黑幫老大能買通地方治安首長，就可以靠他把其他黑社會趕出自己的地盤。

黑幫老大和政治人物搞好關係還有第三個好處，就是能得到政治地位和社會地位，例如當上地方人大代表或政協委員。這種地位不但能藉合法掩飾非法，還能建立政治人脈擴展犯罪活動。在樣本的50個案例中，有13個黑幫老大（約1/4）是地方人大代表或政協委員。其中4人是人大代表（茂名的李振剛、湘潭的歐建、橫峰的蘭林炎、衡陽的謝文生），5人是政協委員（齊齊哈爾的張執新、福州的陳凱、撫州的熊新興、武宣的廖福東、東安的蔣齊心），2人是政協常委（邵陽的姚志宏、溫嶺的張畏），1人同時兼任人大代表和政協委員（瀋陽的劉湧）。這些人不論在生意規模和個人財富上都比其他黑幫高出一截。他們經營房地產、採礦、放高利貸和賣淫，有錢賄賂地方政府官員幫他們當上人大代表和政協委員，而這兩種職位又為他們龐大的黑道生意提供額外的政治保險。

黑社會從執法人員的包庇中能得到的最大好處，就是用超低價格拿到土地和探礦權以謀取暴利。但和一般只會行賄的生意人不同，黑社會不只會行賄，還會用恐嚇和暴力。根據中國媒體的報導，黑社會在買通官員後，會用暴力和謀殺等方式把競爭對手趕走拿到土地和探礦權。他們拿到這些資產以後還會繼續行賄執法人員，等於是雇用了他們。

　　然而黑幫老大和生意人有一點很不同。生意人必須買通許多政府單位的官員，因為各單位在審批國有資產和執行法令上有許多重疊交錯的權力。而黑幫老大通常只需要買通一個單位（公安部門）就夠了。除非其犯罪版圖已經擴張到金融、運輸和房地產，否則並不需要買通很多單位。在樣本案例中，只有少數黑幫老大能建立複雜的犯罪帝國，大多數人的犯罪利潤都不大，因為傳統的非法行業如賭博、賣淫等缺乏規模經濟，遠比不上生意人和政府官員搞的房地產、採礦和建築工程。如表A.4所顯示，這個經濟現實迫使黑幫老大只求有效賄賂一些人就好了，行賄金額也比生意人小得多。

　　但光是小額賄賂就足以讓警察充當黑社會保護傘，因為只有黑社會才需要他們包庇，所以他們手上的權力沒有別的市場需求。生意人不必賄賂警察，因為他們的生意在正常情況下並不需要警察協助，所以警察只能接受單一買家出的價格。但除了這點不同之外，黑社會與警方的勾結和生意人與政府官員的勾結有很多相似之處，兩者也都深植在中國社會中。

　　黑白兩道勾結之所以越來越普遍，顯然是因為黑社會組織自1990年代以來如雨後春筍般出現。在1980年代，組織犯罪還不算是一個社會現象。如果在集合所有中文報刊的「中國知識資源總庫」（CNKI.net）搜尋「黑社會」一詞，它第一次出現是在1990年，此後數量急劇增加（2010年有1000個條目）。學界對這種發展有許多研究，主要是關注中國黑社會和國際人口販賣及販

毒的關係。國外學界對中國黑社會的發展和影響則少有研究[3]，更少有學者關注黑白兩道勾結這種1989年後才出現的現象[4]。

　　表A.4所搜集的媒體報導和資料顯示，黑白兩道勾結的現象不但在地理上分布廣泛，而且政府打黑一點效果也沒有。樣本顯示中國大多數省分都有這種現象。樣本中的50個案例遍及18個省分。湖南9件最多；遼寧有5件；吉林和廣西有4件；福建、江西、陝西、山西各3件；河南和浙江各2件；貴州、黑龍江、湖北、江蘇、山東、四川和雲南各1件。由於樣本數不足，無法看出哪一省黑白兩道勾結最嚴重，但中國半數以上省分都有這種現象，顯然相當普遍。值得注意的是，不論各省的社會經濟發展程度如何，都會出現黑白兩道勾結。不管是較發達的沿海省分如廣東、浙江和福建，還是貧窮但天然資源較多的農業省分如陝西、山西、湖南、河南、廣西、雲南和貴州。也不管是國有企業占多數的遼寧、黑龍江和吉林，還是私人企業和外國企業較發達的廣東、江蘇、浙江和福建。

　　然而，由於黑社會總是會鑽往有利可圖之處，可以看出他們有兩種生存模式。在貧窮但天然資源較多的省分，黑社會比較會去搞礦業。陝西潼關的黑幫老大馮永強就是開金礦的，湖南新化的黑幫老大劉俊勇也開金礦，江西鉛山的祝氏家族也是。錦州黑幫老大董保軍經營鉬礦，遼寧凌源的張秀武強占了地方的鐵礦。江西橫峰的蘭林炎、湖南禾陽的謝文生和山西高平的宋魁祥都經營煤礦[5]。

相較之下，富裕都會區的黑社會比較喜歡開房產公司、運輸公司、倉儲物流公司或者綜合企業集團，暴力恐嚇讓他們在這些產業中很有競爭力。瀋陽黑幫老大郝萬春（犯罪期間2000至2006年）及其好友瀋陽市公安局副局長張建明合開房地產公司。黑龍江齊齊哈爾的張執新兄弟（犯罪期間1993至2003）既經營色情業，也開了許多計程車行。被青島市公安局副局長包庇的聶磊（犯罪期間2000至2010年）也多角化經營房產公司、非法賭場和妓院。廣島茂名的黑幫老大李振剛（犯罪期間2001至2010）經營地下賭場和高利貸。另一名瀋陽黑幫老大宋鵬飛（犯罪期間1995至2006）經營倉儲物流業，在浙江、瀋陽、長春、哈爾濱的託運業界舉足輕重。福州黑幫老大陳凱的經營手法最複雜（犯罪期間1991至2003）。他的福建凱旋集團不但有妓院和賭場，還洗錢和販毒。除此之外，他還是擁有好幾家酒店的地產商，以酒店為賭博和賣淫的大本營。長春黑幫老大郝偉成縱橫長春20年（犯罪時間1990至2010），從事暴力討債、房地產、建築工程和暴力拆遷。他在2010年被判刑20年，法院沒收其個人資產達4000萬元人民幣。浙江義烏黑幫老大賈建軍（犯罪期間1993至2001）壟斷了地方託運業，其公司資產近一億。湖南湘潭的歐建（犯罪期間1989至2010）經營賭場、放高利貸和倉儲物流業，媒體報導其非法獲利上億[6]。

與黑道勾結的社會學及經濟學

黑社會雖然使用暴力，但本質上也是一門生意。中國黑社會的經濟邏輯和合法生意人是一樣的。合法生意人是靠較佳的產品、管理和效率來賺錢，黑社會也是靠自己的比較利益來賺錢，也就是用暴力趕走競爭者或者奪取資產。我們可以從官方文件看出中國黑社會的涉足領域和經濟邏輯。中國執法部門經常會針對黑社會發動「打黑除惡」的打黑行動。在發動打黑時，公安通常會指定一些領域為重點掃蕩對象。例如在2008年6月，遼寧省公安廳為了在北京奧運前的打黑行動先列出打擊對象和配額。公安廳規定每一個市的公安機關要打掉1個黑幫組織，每一個縣和區的公安機關要打掉5個黑幫組織，還特別列出5個重點打擊類型：

1. 重點打擊暴力壟斷、非法開採礦山、油田、沿海灘塗（意指海灘、河灘等水岸）等領域，瘋狂掠奪國家資源的黑惡勢力；
2. 重點打擊強行壟斷運輸、物流、批發、建築等行業以及暴力拆遷、擾亂市場、行業管理，干擾和破壞市場經濟秩序的黑惡勢力；
3. 重點打擊操縱選舉，爭奪、把持基層政權，或插手人民內部矛盾，製造事端，損害黨和政府執政形象的黑惡勢力；

4. 重點打擊為黑惡勢力通風報信、掩蓋罪行、阻礙依法辦案，甚至串通一氣、狼狽為奸、充當「保護傘」的國家工作人員；

5. 重點打擊蟄伏在賓館等休閒娛樂場所，開設賭場，吸毒、販毒以及放高利貸等黑惡勢力[7]。

　　值得注意的是，在遼寧省公安廳這5個重點打擊對象中（其他省分也差不多），有3個屬於經濟性質，顯示黑社會已經廣泛滲入政經活動。政府還特別擔心黑社會危害執法機關紀律、掌握基層政權和天然資源、建築、運輸及物流業等重要經濟部門。

　　樣本中的案例也證實政府的憂慮不是沒道理。在50個黑社會案例中，16個搞礦業、6個搞房地產、12個搞物流、建築、運輸、海鮮批發、暴力討債等等[8]。總計起來，在50個黑社會組織中，有34個除了傳統的勒索、賭博、賣淫和販毒之外還搞其他生意。所以黑社會需要地方政府官員和執法人員兩方面的保護傘。傳統犯罪勾當要有保護傘，但更有利可圖的生意也需要保護傘，因為這些生意有固定資產（尤其是酒店和礦山）和固定收入，合法企業會來競爭，其他黑社會也虎視眈眈，更別說會被警方掃蕩。

勾結的社會學

　　要獲得公安保護，黑社會就得和他們長期建立關係，這有很

多方式。就像生意人會利用中國人的送禮文化來引誘官員，黑社
會也會給公安送些小禮。這在技術上並不困難，因為多數黑幫老
大都會偽裝成合法的生意人。浙江溫嶺市的公安局局長楊衛中就
是這樣上鉤的。他在1996年住進一間黑社會「集團」所經營的
溫嶺賓館，一名黑社會老大王秀方以「集團經理」的身分來和他
拉關係。他先送一籃水果感謝局長的關照和支援，幾天後送了一
套高級西裝和鞋子。六個月後，王秀方拿了5萬元人民幣紅包來
到楊衛中的房間，說這是公司給楊衛中入股的股利分紅。楊衛中
雖然一開始不太想拿，最後還是收下了，此後就開始為王秀方提
供保護[9]。瀋陽黑幫老大郝萬春先想辦法和市公安局明日之星的
張建明交好。2002年，郝萬春聽說張建明快要升官了，就送了
他兩支名牌浪琴手錶。郝萬春也稱自己和市領導關係很好，可以
幫張建明升官[10]。

　　除了送禮之外，黑幫老大也很會利用中國的吃飯文化和公安
拉關係。江西撫州黑幫老大熊新興和江西省公安廳廳長許曉剛最
初搭上線，就是從熊新興在2002年邀他到省會南昌的五星級酒店
吃飯開始。熊新興既是成功的生意人，又是地方政協委員[11]。浙
江義烏市公安局長柳至多和黑社會來往，也是從1995年他被一名
女性黑社會份子請吃飯開始，這名女性後來成了他的情婦[12]。山
西高平黑幫老大宋魁祥和市委書記張喜來交好，兩人的關係也是
從宋魁祥在1995年請張喜來在自家酒店吃飯開始的。張喜來承諾
要幫宋魁祥搓掉因毆鬥案件被送「勞動教育」的判決[13]。

對黑幫老大們來說，和官員與公安維持長久關係的最有效方法是提供性招待。例如黑龍江黑幫老大張執新（犯罪期間1993至2003）就發了「金卡」給齊齊哈爾市公安局副局長兼紀委書記王瑞，讓他免費出入其經營的酒店和三溫暖，並提供免費性招待。張執新也用這種手法和許多執法人員及地方官員交朋友，然後把性交易的行為錄下來[14]。江蘇淮安市淮陰區公安局副局長李揚也經常光顧黑幫老大司傳海（犯罪期間1992至2001）的妓院。還有幾名公安也經常到妓院免費嫖妓，其中有一人去了10次[15]。在福建順昌縣為惡十年的黑幫老大徐捷（犯罪期間1991至2001）不僅送了一位情婦給公安局副局長，還兩次招待負責執法的黨委副書記與一群公安在福州一家豪華旅館中嫖妓[16]。湖南湘潭的黑道大哥歐建（犯罪期間1989至2010）靠提供妓女與毒品建立與他的主要保護人公安局副局長的關係[17]。河南邵陽黑幫老大姚志宏（犯罪期間1994至2002）經營大型桑拿中心，他也提供性招待給政府官員和公安以尋求保護傘[18]。

另一種維持長久關係的方法是讓公安從犯罪勾當中分紅。在陝西潼關經營金礦的黑幫老大馮永強（犯罪期間1998至2007）給公安局人員插乾股。潼關縣公安局副局長田平利在兩個金礦都有股份。潼關縣紀委書記熊金祥的弟弟也是馮永祥金礦公司的合夥人[19]。湖南新化黑幫老大劉俊勇（犯罪期間1995至2005）經營金礦和建築公司，讓地方派出所所長胡同喜入股8萬元人民幣[20]。福州黑幫老大陳凱從1990年代初就積極拉攏原福州公安局

局長徐聰榮的兒子徐力，後來他自己也成為徐聰榮的乾兒子。徐力後來成為陳凱集團的副董事長[21]。按時送錢給地方官員也是獲得長期保護傘的方法之一。福州公安局副局長王振忠主管娛樂業，他按月向陳凱收費，讓陳凱可以在酒店和夜總會經營毒品、賭博和嫖妓[22]。最奇怪的案例是邵陽黑幫老大姚志宏和市府單位合資經營的色情場所。1997年，在邵陽市人民檢察院瀆偵局局長李勇和邵陽市經委副主任譚亞雄的幫助下，姚志宏居然和市公安局下旗下的保全公司合資開起桑拿中心[23]。類似的案例也發生在1999年的湖南汝城縣。當地黑幫老大歐濤和公安局副局長鄧曉輝、政法委書記朱凱、三江口管委會主任譚志成等人合開娛樂城，並商定娛樂城每月向公安局上繳3至5萬元不等的「保護費」[24]。河南駐馬店市市委書記劉國慶入股河南省會鄭州最大的色情場所皇家一號（2013年關門）[25]。1998年，郴州市政法委原副書記謝孔彬也在黑幫經營的礦場插乾股[26]。

　　如果黑幫老大本身是公安、地方政治人物的家人或地方官員，要取得保護傘就更容易了。當過公安的黑幫老大有老同事包庇，搞起犯罪相當容易。他們很了解執法部門的偵查手法，很容易掩蓋案情，不容易被抓到。和一般黑幫份子不同，身兼公安的黑幫份子可以把犯罪活動偽裝成警方在執法。他們以公安部門內部和高層的人脈為保護傘，又有辦法得到生死攸關的資訊。這種案例有三個。關建軍原來是山西陽泉市的巡警，他在1999年自組黑幫，霸占了當地好幾座媒礦。他的父親曾是公安局副

局長²⁷。2009年被捕的王禹帆是吉林通化市原公安局副局長，同時是一名黑幫老大。他在公安局的司機就是他最親密的犯罪同夥²⁸。公安兼黑幫老大龍傑鋒在1999年到2005間橫行廣東肇慶四會市，直到他被敵對幫派射殺²⁹。

樣本中有幾個黑幫老大是地方政治人物的家人，或者本身就是地方官員。他們的背景及在政府機關的人脈讓他們有受官方保護的政治和社會資本。瀋陽黑幫老大劉湧的父親是瀋陽市中級人民法院的庭長。劉湧最重要的保護傘是瀋陽市中級人民法院的院長和副院長³⁰。湖南綏寧黑幫老大湯宏（犯罪期間1993至2000）的保護傘是他父親綏寧縣人大常委會主任湯定中。湯宏本身也是綏寧縣國稅局幹部。他的哥哥湯寧也是黑幫老大，原來也是綏寧縣工商局幹部³¹。吉林梅河口黑幫老大田波（犯罪期間1995至1999）的父親當過副市長，他所提拔的官員都成為田波的保護傘³²。在1989到2001年間橫行江西鉛山的祝家幫幫主祝海權，他本身是鉛山縣五銅鄉黨委書記³³。江西橫峰黑幫老大蘭林炎是村黨支部書記，也是江西省人大代表。他幫裡另一個老大則是縣人大代表，還有兩人是縣政協委員³⁴。2001年被捕的湖南漣源市黑幫老大譚和平是漣源市農村信用聯社副主任³⁵。四川富順縣曾少林（犯罪期間1997至2001）的黑幫組織有30多名幫眾，他本身是富順縣房管局副局長³⁶。

一個有趣的社會學問題是，仕和黑社會勾結時，地方官員和執法人員之間又是怎麼合作和建立互信的？中國政府的官方資料

很少提及地方官員和執法人員如何互相勾結，而較多著墨於他們如何被黑幫老大引誘和腐化。但媒體有時候會透露一些訊息讓我們一窺奧妙。地方官員和執法人員建立互信和合作的機制之一是透過買官賣官。我們已經看到，買官賣官對於地方官員和生意人勾結以及國企幹部之間的勾結是很關鍵的機制。在地方執法機關內，買官賣官也扮演了讓公安一起貪污的功能。向部屬賣官的治安首長本身就貪污腐敗，當然容易被黑社會引誘入夥，而向他買過官的公安就為成為黑社會的保護傘。同樣的道理，靠賄賂升官的公安也比較會收黑社會的錢，因為他們總要把投資的錢賺回來。

樣本中有好幾名公安高層被控向部屬賣官。廣東茂名茂港區公安局長楊強，在2004到2009年間向36名警官收賄345萬元人民幣[37]。義烏市公安局長柳至多在1996到2001年間也向多名部屬賣官，其中一人是副局長吳新華，他和柳至多包庇同一個黑幫老大[38]。河南鄭州公安局副局長周廷新在2014年因為包庇黑幫妓院被捕，他也賣官[39]。福建順昌縣政法委書記李建向多名部屬賣官，買官者中有十幾人參與包庇黑幫老大徐捷（犯罪期間1991至2001）[40]。包庇湖南湘潭市黑幫老大的公安局原副局長蔡亞斌行賄局長黃桂生7萬元以求升官，而黃桂生後來也被控在2002到2009年間向部屬收賄和包庇毒販[41]。

官員一起犯罪也可以建立互信。福建順昌縣黑幫老大徐捷曾兩次安排政法委書記李建和一批公安到福州某高級酒店集體

嫖娼。江蘇淮陰公安局副局長李揚包庇黑幫大哥司傳海，並在2000到2001年間多次夥同數名公安在司傳海開設的桑拿中心舉行性派對[42]。還有兩個案例是政府官員、執法人員和黑社會共同商議如何收保護費。湖南邵陽市人民檢察院反貪局副局長李勇及邵陽市經委副主任譚亞雄就和黑幫老大姚志宏共同商議，由邵陽市公安局旗下的保安公司與姚志宏開設的桑拿中心簽定聯營協議，盈利各占50%[43]。湖南汝城公安局副局長鄧曉輝、政法委書記朱凱等人也和黑幫老大歐濤的代表開會，共同商定每月應繳給公安局多少保護費[44]。

勾結的經濟學

建立長期關係後，執法人員可以給黑幫老大許多好處。最基本的好處就是包庇傳統黑社會的營生，例如賭博、賣淫和販毒等。這對警察來說只要睜隻眼閉隻眼，不用什麼成本。相較之下，要包庇暴力犯罪或殺人案就比較複雜，而且可能留下證據。然而與黑幫勾結的執法人員還是有辦法讓他們逃脫法網。在陝西潼關，紀委書記熊金祥為了幫黑幫老大馮永強掩飾犯行，指使數名公安造假，導致民工黃豐收死亡案拖8年無法偵破[45]。浙江溫嶺公安局副局長楊衛中在1998年命令部屬縱放涉及三起暴力案件的黑幫份子，還私自釋放被控窩藏殺人犯的嫌犯[46]。公安也經常通風報信給黑幫人士，使其逃過搜查和逮捕。2006年，瀋陽市公安局副局長張建明得知省公安廳將加強打黑除惡，便向黑幫

老大郝萬春透露訊息，要他出去躲躲避風頭，之後郝萬春幾次出國[47]。湖南黑道之一的耒陽謝氏兄弟謝冬根在2006年9月企圖逃亡時，也是因為一名公安向他通風報信。[48]。

　　與執法無關的地方官員可以幫黑社會取得銀行貸款、政府合同和土地。許多黑幫都有開公司，地方官員對待這些公司就和對待一般生意人一樣。從媒體報導來看，這種現象在房地產業特別嚴重。廣西武宣縣黑幫老大廖福東在2006年行賄縣委書記李啟亮4萬人民幣，並在李啟亮的幫助下拿到中國農民銀行地方分行的600萬元貸款。他也行賄國土資源局局長5萬元以低價拿到採礦許可[49]。湖南東安縣委副書記胡純棟將國道改線工程發包給沒有資格證明、沒有承建工程條件的黑幫份子蔣齊心，致使該工程無法驗收[50]。與黑社會有關係的遼寧凌源礦商汪長任在市委書記宋久林的幫助下，在2006年只以2000萬元的價格就買到凌源大部份礦區[51]。福州黑幫老大陳凱行賄區委書記方長明港幣10萬元，以低於市價600萬元的價格取得一塊土地[52]。而從1990年代末縱橫瀋陽的黑幫老大劉湧的判決書中，我們可以看到黑幫是如何勾結地方官員謀取暴利的。劉湧被控行賄多名地方官員取得政府合同和國有土地。劉湧通過瀋陽市和平區勞動局副局長高明賢、局長e凌德秀的幫助，承包了該局旗下的商場，後來又在另一位勞動局局長姜新本的幫助下，把承包的商場轉為私有企業，並獲得了該商場企業產權。瀋陽市原副市長馬向東批准劉湧興建的購物商場免交綜合配套費和國有土地出讓金等費用。中國農業

銀行遼寧省分行營業部副總經理楊禮維也挪用公款2000萬元給劉湧購買房產[53]。

　　警方還可以利用職權幫黑社會在商業爭端占上風，或乾脆幫忙當打手。廣東茂名的案例就是典型。2005年，廣東茂名市茂港區公安分局局長楊強幫黑幫老大李振剛綁架一名欠他2048萬人民幣高利貸的生意人。楊強派出手下公安，開著李振剛的賓士休旅車從廣東到江蘇去把人抓回茂名。李振剛給了楊強43萬元做為謝禮[54]。2005年，瀋陽市公安局副局長張建明因為一名生意人檢舉他的黑社會朋友，就對這名生意人立案調查，誣指他詐欺[55]。法官也會受賄做出有利黑社會的判決。廣東茂名黑幫老大李振剛偽造高利貸被害人的借據向法院提告。受賄的法官枉法裁判，要求被害人變賣所持有的大廈來還債，李振剛獲利2800萬元[56]。1999年，瀋陽黑幫老大劉湧行賄瀋陽市中級人民法院副院長焦玫瑰20萬元，駁回對劉湧不利的告訴案[57]。

　　表A.4中的涉黑執法人員人數不算很多，但他們通常是公安局長或有足夠權力包庇黑社會的高官。在50個案例的黑社會主要保護傘中，有16人是公安局局長、17人是副局長、5人是其他執法人員（法官、檢察官和公安局政委）、12人是地方黨政領導（其中5人是黨委書記，4人是政法委書記或副書記）。以級別來說，省級幹部有2人、市級幹部有15人、縣級幹部有22人。大部份與黑社會勾結的都是中級執法人員（50人中有38人），這是出於經濟計算。由於傳統犯罪事業的利潤不高，黑幫老大的行

賄能力有限，無力賄賂要價較高的省級高官。但他們只要在地方
上買通少數幾個執法人員就可以獲得足夠的保護。執法機關的上
下階層結構讓縱向勾結很容易形成，黑幫老大只要買通幾個關鍵
人物就夠了，所以樣本中各案的涉黑執法人員平均只有5人（而
各種官員的平均涉案人數是10人）。這些人幾乎都是公安局局
長、副局長之類的高官，他們提供的保護傘相當可靠。

　　樣本中有三個案例就是如此。湖南新化黑幫老大劉俊勇（犯
罪期間1995至2005）搞的是賭博、謀殺和煤礦。有四名警官當
他的保護傘。一人是縣公安局副局長、二人是縣公安局刑偵大隊
長與副大隊長、還有一人是劉俊勇鄉裡的派出所所長[58]。2010年
被捕的青島黑幫老大聶磊的保護傘更是驚人。在八名涉案警官
中，一人是市公安局副局長兼政法委常務副書記、三人是區公安
局局長、一人是市公安局團委書記、一人是公安局特警支隊副大
隊長、二人是區刑警大隊大隊長[59]。浙江溫嶺黑幫老大張畏（犯
罪期間1995至2000）有66名官員當他的保護傘（包括市長、公
安局長和13名執法人員）。他請這麼多人是出於生意所需。張畏
的犯罪帝國不斷擴展，金融詐欺、稅務詐欺、勒索、綁架、房地
產無所不做。張畏擔任浙江東海集團董事長，以東海集團為其非
法事業作掩護。由於他的事業太大，不得不尋求政府各部門的保
護，而他賺的錢也夠多（被沒入資產5億元），支付賄款綽綽有
餘。張畏曾多次行賄溫嶺市公安局局長共47萬人民幣，也行賄
市長35萬元[60]。

福州黑幫老大陳凱（犯罪期間1991至2003年）的集團事業做得更大，他的生意利潤很高，讓他在打點官員時出手闊綽。根據媒體報導，陳凱的行賄總金額約有1000萬人民幣。他的頭號保護傘是福州市公安局局長，共向他收賄600萬元。福建省文化廳副處長收了他47萬元，福州中國銀行行長也收了70萬讓他拿到銀行貸款。更罕見的是，陳凱也曾行賄福建省國安廳（等於是中國的KGB）副廳長智渡江10多萬元[61]。相較之下，非法生意規模較小的黑幫行賄起來就不那麼大方。陝西渭南的董天運掌控了高速公路的休息站，強行收取過往運送原油的不法商販和土煉油戶之間的「仲介費」。他在1995到2001年間總計獲取非法所得400萬元，而他賄賂5名公安的金額只有132800元。縣公安局局長丁叔亮雖然只收了3萬元，卻因此案被判7年[62]。雲南西雙版納自治州公安局副局長段開林包庇黑幫搞香菸走私和賭場。他收的錢比較多，但拿了四次也只有12萬元[63]。

　　案例中這些黑社會主要保護傘的貪賄金額並不大。在已知其貪賄金額的31人中，平均貪賄金額是215萬元人民幣，中位數是66萬元，遠比不上搞官商勾結的地方官員（表3.1和A.2），和國企幹部更不能比（表A.3）。這主要是因為執法人員沒有經濟大權，而且大部份執法人員在黨國體制中的地位很低。縣公安局局長通常只是副處級幹部，比黨委書記低了一級。在貪賄金額低於中位數的15人中，有8人是縣公安局局長或副局長，4人是市公安局局長或副局長，他們除了向黑社會和部屬收賄之外，很少有

別的財源。

　　相較之下，貪賄金額在中位數以上者的財源就比較多樣化。有5個縣委書記同時向黑社會和一般生意人收賄，其中4人的貪賄金額在108萬到180萬之間。兩名貪賄金額最大的警官算是特例。表A.4中貪賄金額最大的是吉林通化市公安局副局長王禹帆（1810萬人民幣），他本身就是黑幫老大，開煤礦場、販毒、賣淫樣樣來。但他的貪賄金額有一半是來自兩個案子：2009年和一名生意人合謀貪污240萬元，以及從公安局建設工程中向開發商拿回扣700萬元[64]。廣東茂名市茂港區公安分局長楊強的貪賄金額是1419萬元。其中345萬元是向部屬賣官受賄，900多萬屬於「財產來源不明」，118萬來自一名在楊強轄區內經營40個賭場的黑幫老大。假如楊強的不明財產不是來自黑社會，那麼楊強就有1245萬元來自其他財源，和黑社會無關[65]。

犯罪持續期間和刑期

　　在執法高層的庇護之下，黑幫組織的犯罪期間幾乎可以長達10年（平均是8年，中位數是9年）。如果中國的黑幫組織都可以運作長達10年，那對社會的危害是難以估算的。如同樣本中的案例所示，這些黑幫無所不為，早已不侷限於傳統黑社會營生。他們不僅破壞法治，也會危害到一般老百姓。

　　幸運的是，雖然基層執法人員的腐敗已到極點，但中央領導

還是有辦法對付這些人。由於執法人員是維持黨國體制的重要工具，中央政府當然要想辦法清除黑白兩道勾結的現象。中國政府經常發動打黑，這種週期性的打黑也許無法完全清除黑幫，也無法改變讓黑幫得以蓬勃發展的政經環境，但至少有發揮一些效果，能打掉一些特別強大和特別囂張的組織。

　　除了在「打黑」期間被捕之外，中國的黑幫老大也會因下列原因被捕。第一，老百姓和受害者家屬的舉報可能會讓上級單位啟動調查。在浙江溫嶺黑幫老大張畏的案子中，就有一位普通市民在1990年代末不斷向上級單位舉報。他在幾位退休公安的幫助下直接告到北京的公安部，讓與當地公安無關的執法人員注意到了張畏。然後中央政府直接命令浙江省公安廳立案調查[66]。受害者家屬也會提供線索。2003年，湖南新化黑幫老大劉俊勇的打手殺害一位農民，家屬上告到北京的公安部才發動調查，破獲了劉俊勇的犯罪組織[67]。

　　第二，黑幫成員也會招出別的成員。當執法人員抓到黑幫的小兄弟後，小兄弟可能就會把老大和保護傘都給招出來。湖南耒陽市公安局局長蕭強就是這樣落馬的。蕭強包庇的黑幫有一名成員被抓到，提供了很多線索，然後警方再循線抓到兩名老大和蕭強本人[68]。有些案例則是由黑幫老大本人供出保護傘以求減刑。山西太原黑幫老大李滿林一審被判死刑後，就供出原公安局副局長邵建偉多年來對他提供保護，邵建偉隨之被捕。為求減刑，邵建偉也供出他曾經行賄10萬元人民幣向山西省政法委書記侯伍

傑買官。侯伍傑隨後也被捕[69]。

第三，在調查黑幫公司的詐騙案件時，也會偶然發現線索。江西撫州黑幫老大熊新興就是這樣倒台的。剛開始是中央紀委在2004年調查一件大型金融詐騙案件。熊新興的公司被捲入，然後觸發一系列特別調查，最終導致熊新興在2005年被捕[70]。

第四，黑幫的暴力犯罪行為如果特別囂張而被媒體關注和引起公憤，也會迫使高層領導人採取打擊犯罪的行動。2010年，青島黑幫老大聶磊的手下在青島皇冠假日酒店砍殺一名酒店經理。案發當晚，青島市領導高層正在酒店內宴請來自國內外的跳水運動員。這個事件被地方媒體大幅報導，三個月後聶磊就就被簽發拘捕令[71]。

第五，高層執法部門也可能針對自己的消息來源發動調查。在這種情況下，通常黑幫老大及其保護傘都是調查對象。在廣東茂名李振剛的案子中，廣東省人民檢察院命令廣州市人民檢察院對李振剛犯罪組織立案調查。廣州市人民檢察院派人到茂名專案調查了六個月，掀開了李振剛的保護傘[72]。福州陳凱的案子更特殊，2003年，中央公安部和美國緝毒局罕見的在聯合調查毒品非法交易中，發現販毒集團利用陳凱的公司洗錢而陳因此落網[73]。

和一般認知相反，與黑幫勾結的執法人員被判的刑度都不高，但黑幫老大卻會被求處重刑（表A.4）。在50個被定罪的黑幫老大中，其中21人被判死刑且立刻執行，3人被判死緩，7人被判無期徒刑，14人被判20年徒刑。這明顯是中國政府想嚇阻

黑社會。黑社會被視為對社會穩定和公共安全的重大威脅，所以用重刑嚇阻。當然，黑幫老大的犯行確實也很嚴重，謀殺和販毒都是重罪。

相較之下，為黑社會提供保護傘的執法人員都被寬大處理。在36個刑期已知的黑社會包庇者中，判最重的是由公安局副局長轉行為黑幫老大的王禹帆，他被判死緩。有4人被判無期徒刑。其中之一是江西省公安廳原副廳長許曉剛。他是由於層級較高所以被判得較重，因為中國政府特別關切黑社會滲透執法高層的問題。廣東茂名縣茂港區公安分局長楊強也是無期徒刑，可能是因其貪賄金額特別大（1419萬元人民幣）[74]。在31名被判有期徒刑的官員中，平均刑期是8.5年，中位數是8年。政府對這些包庇黑社會的人如此寬大是頗令人驚訝的。這也許是因為他們主要是被判瀆職罪和受賄罪。瀆職罪通常判比較輕，而如果收賄金額小的話，受賄罪也判得不重。在大部份案件中，執法人員向黑幫收賄的金額都沒大到要判重刑。

影響評估

樣本中的案例證明，黑白兩道勾結已在大部份地區嚴重侵害到中國政府維持法治的能力。在勾結肆虐的地區，地方政府的效能嚴重弱化，不僅賭博、賣淫、勒索和販毒等犯罪頻生，黑社會還滲透到重要的社經活動領域。雖然我們還沒有足夠資料判斷黑

社會滲入中國地方政治的程度，但依現有證據可以提出一些暫時性的結論。

黑社會觸角的廣泛性和長期性

執法人員的包庇讓黑社會得以進行各種犯罪活動。除了傳統犯罪之外，關係良好的黑幫得以擴展到更有利可圖的新領域。這些黑幫通常會開設大型集團以掌控中國主要的經濟活動，把觸角伸進房地產、運輸和礦業。樣本中最成功的犯罪組織都是那些有多種財源並有能力買通許多地方官員的黑幫。福州的陳凱、齊齊哈爾的張執新和溫嶺的張畏，其大型犯罪組織都控制了許多高利潤的行業，資產驚人。有些黑幫老大也學生意人以行賄進入地方政治機構。張執新、張畏、陳凱和江西撫州的熊新興在捕時都是地方政協委員，和地方上的政治和商業菁英混在一起。地方官員還會利用黑社會去搞當前中國最惡名昭彰的強迫拆遷。中國媒體通常稱這些強迫居民和農民搬離的人為「打手」。樣本中就有兩個黑幫涉及「暴力拆遷」[75]。雖然相關報導沒有講出細節，但我們合理推測，這一定是地方政府和開發商（兩者是強迫拆遷服務的唯二顧客）雇用黑幫來對付不肯搬走的居民。

樣本中的案例也顯示黑社會活躍於小型礦業、房地產業、地方運輸業（包括計程車）、批發業和倉儲物流業。雖然黑社會滲入這些行業的程度很難估計，對這些行業的影響可能也不大，但顯然威脅到公共秩序和一般百姓的經濟生活。更令人擔心的是，

這些黑幫在執法人員的包庇之下可以長期運作，能以其犯罪所得輕易買通地方官員，滲透進地方政府。

對國家統治效能的影響

黑社會對地方政府的危害很大。長期來說，黑白兩道勾結對中國國家統治效能的危害更大。這種勾結已經明顯危害到國家的執法和行政能力。黑社會不斷擴張，再加上黑幫老大願意買通任何有助其犯罪事業的官員，現在就連一些關鍵部門也有涉黑現象，包括中國的秘密警察部門——國家安全部——也有幾名高官涉入黑社會案件[76]。而黑白兩道勾結對地方政府最微妙的影響是國家權力的非法私有化。充當黑社會保護傘的執法人員為了私利挪用公權力，其本質就和黨委書記為了私利「出售」人事任用權一樣。

「國家權力私有化」（privatization of state power）這個概念包含了官員之間勾結和官員與黑社會勾結這兩種勾結型態。中國黨國體制內的買官賣官文化讓黑社會得以擴展其政治影響力。樣本中有好幾個案例的執法人員就是靠著向黑幫老大收賄來買官。雖然我們無法判斷黑社會對人事任用的影響力有多大，但中國地方執法部門中爭相買官的現象特別令人擔憂，因為這些人通常只有兩個財源——向部屬收賄或者向黑社會收賄。如果他們向黑社會收賄，他們以後不但要還人情，就連長官也曾被捲入，容易被黑社會勒索。

第七章

腐敗的擴散
──衰敗中的黨國體制

　　這些案子的涉案官員數之多，讓中國領導人稱其為「塌方式腐敗」。塌方式腐敗通常都涉及地方黨委書記或市長，他們和生意人、部屬甚至黑社會勾結。這些案例都是先後好幾任黨委書記、市長和重要官員都貪污腐敗。當地方菁英勾結在一起控制地方黨國之後，地方黨國就變成地方黑道治國。顛覆中共權威的塌方式腐敗是不可避免的現象。

　　從執法監管部門和窗口單位、服務行業看……有的濫
用職權、搞權力尋租，利益輸送、借權營生；有的執法不
公，搞選擇性執法、隨意性執法，辦關係案、人情案、金錢
案等等。

——習近平，2014 年 1 月 20 日

　　在中國的司法和監管機關，如環保、工安和食藥管理單位，
權貴資本主義必然造成勾結腐敗叢生。正如習近平所言，官員看
關係選擇性執法是很普遍的現象。雖然權貴資本主義的根本特徵
是官員及其親朋好友可以用低價竊取國有資產，但讓某些人可以
無法無天也是權貴資本主義的一部份。

　　司法和監管機關如法院和環保單位等，是保護中國人民權利
福祉及執行國家政策的關鍵機構。這些機構一旦被菁英勾結把
持，就會變成私人尋租的工具而無法執行其公共功能。在本章
中，我們除了要呈現和分析在法院及三種監管機關中的勾結腐敗
之外，也要檢視幾個在省市級政府發生的大案。這些案例證明，
在極端情況下，菁英勾結可以把一大片地區都變成黑道治國。本
章也將探索勾結腐敗是如何侵蝕列寧主義黨國體制的組織完整
性。我們的研究證明，正是權貴資本主義的內在機制讓勾結成為
可能和有利可圖，而政權衰敗的根本原因在於列寧主義黨國體制
的制度缺陷，而不是黨員的道德腐化。

法院中的勾結腐敗

在後毛澤東時代，中國共產黨花了很大的努力建立司法體系。然而司法改革的成果是有限的，因為中共堅持共產黨領導，這就不可能出現真正有效而獨立的司法，中共控制下的司法體系也就註定會高度政治化和腐敗叢生[1]。就像中國黨國體制的其他部門一樣，權貴資本主義也盤據在龐大的司法體系之中（共有31個省高級人民法院、409個中級人民法院、3117個縣或區級基層人民法院，法官人數有19萬人）[2]。根據最高人民法院的資料，中國司法的腐敗案件從1990年代以來快速增加。從1982到1992年間，包括法官在內的司法官員被起訴的案件每年平均有39件，而從1993到2001年幾乎增加了一倍。在2003到2013年間，每年平均件數達到95件[3]。學界和媒體都高度關注司法腐敗的問題，但對法官勾結這種持續而普遍的現象卻尚未有系統性的研究[4]。在本節中，我們要檢視從1994年到2013年間30件法官勾結的案例，每一個案例都是在同一個法院中有3名以上法官涉案。我們先簡述附錄中表A.5的數據，再分析法院中勾結腐敗的制度環境、市場機制和行為模式。

表A.5的資料顯示，儘管中共中央不斷打貪，法院中的勾結腐敗依舊不絕[5]。這些案件都有司法高層如法院院長、副院長、庭長、副庭長等人涉入，這正是「縱向勾結」的型態。在30個案例中，有28個案例是以這些人為主犯。法官勾結也很

難偵辦。案例中主犯的平均貪賄持續時間約為6年（中位數是5年）。中級和高級人民法院的法官貪賄持續時間更長，在13名貪賄時間超過中位數的法官中，就有10名屬於中級和高級人民法院的法官，顯示法官被抓到的風險很低。每案平均涉案法官數是7名（中位數是6名）。總的來說，大部份犯人的司法貪賄金額並不算高。樣本中主犯的貪賄金額中位數是76萬人民幣，但每個人的差異很大。有些法官只要一萬元就能買通，有些人則要幾百萬。仔細檢視貪賄金額最高的幾個案件，可以看出貪賄金額的差別在於犯行不同、級別不同和權責不同。

　　一般來說，生意人在基層法院不會花大錢行賄法官，因為基層法院的案件較簡單，爭訟金額也比較小。較複雜和爭訟金額較大的案件一般都在中級或高級人民法院審理。樣本中那些貪賄金額很大的基層法院法官都有很多其他財源，並不是只向訴訟當事人收賄。北京西城區基層人民法院院長郭生貴，他在1999到2006年間介紹一些律師代理了西城法院的多起訴訟，並為其勝訴提供幫助，共收受「仲介費」367萬人民幣。他也介入西城法院大樓的資訊設備和裝修項目，向承包商收賄300萬元[6]。在貪風極盛的廣東茂名市，茂港區基層人民法院院長嚴得在2012年被判貪污、挪用公款和受賄。他的全部貪賄金額超過2000萬元。其中750萬是貪污，910萬是挪用公款。相較之下，他向地方黑幫老大收賄、向下屬賣官、向訴訟當事人收賄的金額總共只有380萬元，還不到他全部貪賄金額的兩成[7]。

　　相較之下，負責執行程序的中級和高級人民法院的資深法官，收賄的金額就比較大。因為在法院執行程序中，會有很多拍賣公司要以行賄來拿到法院所扣押財產的拍賣代理權。*這些公司通常會把利潤分成給負責執行的法官。由於在中級和高級人民法院執行的財產標的價值都以億計，拍賣公司只要分出一點利潤，法官就可以獲利幾百萬。在湖南省高級人民法院院長吳振漢的案件中，於1999年至2000年間，一家拍賣公司想拿到湖南高院一個標的金額達4億多元的商城拍賣代理權，拍賣公司至少可以得到4%的佣金。這家公司提出分一半佣金給吳振漢的兒子，吳振漢就把拍賣代理權給了這家公司[8]。深圳市中級人民法院副院長裴洪泉在1990年代後期多次給予一家公司拍賣代理權，並向這家公司收賄共人民幣150萬元、港幣20萬元[9]。廣東省高級人民法院執行局法官范幸收受一家律師事務所140萬元使其取得一件拍賣代理權，使該事務所非法獲得310萬元佣金。這件案子還牽涉到廣東省高級人民法院執行局局長楊賢才，以及最高人民法院副院長黃松有[10]。重慶市高級人民法院副院長張弢分管執行局，他在1999到2002年間多次受取一名生意人的賄賂共217萬元，讓這名生意人以相當大的折扣標到法院拍賣的房產[11]。

---

* 譯註：台灣法院的拍賣程序是由法院的行政執行處自行舉辦，在中國法院則是由法院的執行局委任拍賣公司舉辦。拍賣公司可向買方抽取拍賣成交價格最高5%的費用，也就是佣金。

各類司法、監管人員貪賄案件比較				
	法官	公安	地方官員	監管機關
收賄金額中位數	76萬	66萬	240萬	51萬
刑期中位數	10	8年	13年	10年

　　貪賄法官被判的刑度算是比較重的（註A.5）。貪賄金額達數百萬元的法官一般會被判死緩或無期徒刑。貪賄金額較少的法官也被判得不輕。在已知其判決刑度的案件，平均刑度是9.7年（中位數是10年）。和貪賄的地方官員及公安相比，法官被判的刑度約高出25%（包庇黑社會的公安和地方官員，被判刑度的中位數是8年）。這可能是因為法官的貪賄金額要比涉黑員警來得多。後者的平均貪賄金額是215萬元人民幣，中位數是66萬元，兩者都比法官為低（表A.4及A.5）。但就算去掉貪賄金額這個主要因素，貪賄法官的刑度還是比地方官員賣官為高。地方官員的貪賄金額中位數是240萬，超過貪賄法官的三倍，但地方官員的刑度中位數是13年，只比法官多了3年（表3.2）。

勾結的制度環境

　　中國司法的勾結腐敗叢生並不是偶然的。中國司法的審判程序和行政官僚結構是促使法官勾結的兩大制度因素。一份在2004年由湖北省人民檢察院兩名檢察官所做的研究指出，有

40%的法官職務犯罪案件屬於共同犯罪或相互牽連的串案[12]。在中國的司法制度中，造成腐敗的必要條件有兩個結構性因素為「合議庭」和「審判委員會」的角色，以及權力過度集中於法院高層的官僚結構。在中國法院，合議庭由三名法官組成，如果三個人對判決沒有共識就採多數決。這個制度在理論上能減少個別法官濫權腐敗的問題，事實上給了訴訟當事人去行賄法官的誘因。實際上，大多數簡易案件是由一名法官組成的獨任庭審理的，然後再由庭長或分管民事庭或刑事庭的副院長審查。這樣一來，訴訟當事人就必須同時買通承審法官及其上司，這又造成了勾結的必要。中國法院還有一種獨特的「審判委員會」制度容易促成法官間的勾結。審判委員會是由院長、副院長、庭長和資深法官所組成的，主要任務是總結審判經驗，討論重大或疑難的案件和其他有關審判工作的問題。*這樣一來，當事人就得買通委員會中的數名法官才行。正如2003年發生在武漢市中級人民院的醜聞，有一名法官劉菊平向當事人收賄23次，其中有12次是和其他同事一起收賄，其中有一名副院長、3名副庭長和2名法官。而在另外7次，她是和自己那一庭的庭長共同收賄。她還不算特例。武漢中級人民法院有很多法官都是和其他法官、庭長和

---

* 譯註：審判委員會是中國法院獨有的制度。中國法院的院長都身兼黨組書記，由院長主持、庭長及資深法官組成的這一組織即可實現中共對審判工作的直接控制。重大案件實際上都是由審判委員會而不是由實際審理案件的法官決定的。

副庭長一起收賄[13]。

　　和一般法院不同，中國法院是中國共產黨的統治工具，法院中有嚴格的行政管理階層結構，上級對審判進行程序和判決有很大的影響力。根據《財經》在2013年對司法腐敗的長篇報導，在不少法院內案件的立案、審理都需向庭長匯報，重大疑難案件要報院長審批[14]。這些被賦予領導職務的資深法官權力很大，所以他們是中國法院最常被行賄的對象。根據湖北省的研究，有半數貪賄法官在犯罪時的身分是院長、副院長、庭長和副庭長。雖然他們不直接審理案件，卻對法院的判決和執行有絕大影響力[15]。在《財經》所搜集的200個司法腐敗案例中，84人是院長或副院長，72人是民刑事庭的庭長、副庭長，或是執行局的局長、副局長[16]。而在本章的30個樣本案例中，除了2人之外，其他主犯都是院長、副院長、庭長、副庭長或執行局的正副局長。這證明在中國，法院的腐敗主要發生在領導階層。

司法腐敗的市場

　　司法腐敗的快速成長反映了以賄賂尋求有利判決的市場需求。這種市場有三類參與者：在需求面是訴訟當事人及中間人（律師和拍賣公司老闆），在供給面則是法官。在本節中，我們要探討這些人在行賄法官時會用哪些策略和手法。

　　在後天安門時代，商業訴訟案件的標的金額快速成長，不論是房地產、土地、採礦權還是其他資產。訴訟標的金額越大，當

事人就越想讓法官做出對自己有利的判決。對於做生意的當事人來說，賄賂法官就和賄賂其他政府官員是同一回事。只要他們相信行賄是有用的，他們就會去嘗試。當然，要影響法院審判程序是很難的，而且訴訟標的金額大的案件都會告到中級法院，參與的法官很多，但生意人還是可以運用人脈關係、中國傳統文化和社會儀式等去影響法官。生意人還可以個別買通法官，讓法官們不必互相接觸就能進行勾串。在2003年，武漢中級人民法院有13名法官被捕，此案是有一名生意人透過律師分別行賄三名副庭長和其他法官、執行員和書記員。這13名法官判這名生意人告贏其合夥人[17]。在廣東佛山中級人民法院的案例中，一名房地產商人因為股權糾紛爭訟而分別買通三名法官，其中有一名是副院長[18]。在福州台江區法院4名法官貪賄案中，其中一名林姓法官在2008年審理一起房地產開發公司合同糾紛案件期間，私下多次與原告委託律師接觸討論案情，應請求在案件審理中允許原告變更和增加訴訟請求，並給予適當照顧。林姓法官收禮約3萬元人民幣[19]。

　　在一件最早的法院窩串案件中，河北張家口橋西區生意人趙安全為求在一件合同訴訟案中勝訴，先是找到了橋西區副區長兼政法委副書記王某。王某又引介趙安全給橋西區法院院長程貴卿。程貴卿收禮之後，就幫趙安全想方設法，還把原來的承審法官調走，把案子交由自己親信的經濟庭副庭長來審埋。趙安全多次宴請程貴卿和經濟庭副庭長，並送了他們一些禮物。趙安全一

審勝訴後，對方上訴到二審。趙安全依然買通了省高院的一名法官，並請這位法官洗桑拿浴，提供性招待。這名法官判趙安全二審勝訴[20]。

生意人丁海玉總共行賄了石嘴山中級法院、銀川中級法院、寧夏高級法院的25名法官。丁海玉的生意是靠打官司賺錢。在他於2006年被捕之前，多數與他有過生意往來的商家都被他官司「打了個遍」，並在石嘴山中級法院、銀川中級法院和寧夏高級法院創下連贏超過十場官司的奇蹟。丁海玉還在一件官司中和石嘴山中級法院院長合謀作偽證。丁海玉打官司的程序是，首先接觸一下法官，了解一下這個案子勝訴的機會。立案後請法官出來吃飯，授意法官怎麼辦。如果法官為難，就直接跟院長打招呼要求院長下達指示，有時乾脆指定法官審理。為了和石嘴山中級法院的法官和法警交好，丁海玉的公司還充當他們的小金庫。法官、法警經常拿著餐費、手機費的發票到他公司報帳[21]。

還有一些司法腐敗案件涉及黑社會組織。樣本中就有三個案例。瀋陽黑幫老大劉湧（犯罪期間1995至2000）行賄瀋陽中級人民法院院長和副院長，但媒體並未報導劉湧得到什麼好處[22]。2008年，茂港區法院民事二庭原庭長何銘傑為黑幫老大李振剛偽造開庭筆錄、調解書等法律文書，再以法院執行程序幫李振剛索討高利貸[23]。2007年，吉林省高級人民法院四名法官（其中有刑事庭庭長及副庭長）因為向黑幫大老劉文義的律師收賄被捕。他們合謀把劉文義的刑期由15年減為5年[24]。

　　對生意人來說，能行賄法官獲得有利判決已算了不起，但法院的執行程序更重要。中國法院的執行程序很複雜，當事人有強烈的動機要法院執行對自己有利的判決，或不執行對自己不利的判決[25]。這時就要賄賂負責執行程序的法官。

　　曾任瀋陽市國安局局長的瀋陽市中級法院院長賈永祥就是這種法官（賈同時也是瀋陽市國安局長）。生意人陳敏在市法院有一起破產執行案件對他很不利，他通過關係找到了賈永祥。賈永祥打電話給法院執行庭庭長，指示說：「在不違反大的原則情況下，需要扶持一下。」庭長即刻聽出了弦外之音，暫時停止執行判決。陳敏後來給賈永祥2萬人民幣以示感謝[26]。類似的案件也發生在福州台江區法院。2009年，林姓法官收受案件當事人賄賂，讓同事柳姓法官到台江區法院執行局找關係，促使案件執行款儘快全部到位。林姓法官承諾會按執行款到位金額的比例給柳姓法官「辛苦費」。隨後柳姓法官找到執行該案的台江區法院執行局劉姓法官幫忙，並向劉姓法官承諾事後給予好處。劉姓法官迅速將執行款全部到位後，當事人就將「辛苦費」交給林姓法官，林姓法官便約柳姓和劉姓法官吃飯，席間將「辛苦費」交給柳姓法官，柳姓法官又將其中5萬元分給了劉姓法官[27]。在廣東湛江中級人民法院的醜聞案中，也有9名法官在2002年到2010年間向當事人收賄，加速審判並執行[28]。1994年到1995年間，阜陽市中級法院院長尚軍也收賄將當事人輸掉的官可暫緩執行[29]。

法官勾結的行為模式

在中國的司法系統，買官賣官幾乎無所不在，這也成為法官縱向勾結的主要方式。買官賣官除了破壞法官晉升的品質和公正性外，也促成法院中的勾結腐敗。靠行賄升職的法官一定想把投資的錢賺回來，所以就會向訴訟當事人索賄。而賣官的上級領導就可以靠這些子弟兵一起搞腐敗。

樣本中的茂名市茂港區人民法院院長嚴得就是具代表性的案例。在2009年被捕之前，嚴得除了包庇黑幫老大李振剛、向法院大樓承包商收回扣之外，也向下屬收賄賣官[30]。在2004年湖南省高級人民法院一件涉及十名庭長和法官的大案中，長沙市中級法院副院長唐吉凱行賄省高院院長吳振漢之妻10萬元以求由副轉正[31]。1997年，瀋陽中級法院院長劉實收受部屬陳長林約5萬元的買官賄賂。1998年，劉實提名梁福權調任瀋陽中院副院長，梁福權也安排陳長林送給劉實人民幣1萬元。2000年夏天，陳長林花費2萬元公款請名家畫了一幅牡丹圖，送給了時任遼寧高院院長田鳳岐。在1999年到2000年的瀋陽法院大醜聞案讓許多人落馬，但陳長林卻一路繼續高升。直到陳長林在2014年被捕時，他已經位居遼寧省高級人民法院的副院長，主管執行業務[32]。

阜陽中級法院的買官賣官案最令人震驚，連續三任院長先後被起訴。其中一名院長尚軍共計向部屬收賄90萬人民幣。1996年，她收受一名縣法院副院長賄賂，調升他為阜陽市區法院院

長。她也收賄把另一名部屬調升為縣法院院長。尚軍的繼任者劉家義在1997年到2004年間也收受12名部屬的買官賄賂共452000元。而劉家義的繼任者張自民之所以能當院長，也是透過尚軍幫他行賄主管政法系統的安徽省委副書記王昭耀10萬元[33]。

　　法官之間的橫向勾結則是透過一些社交活動和共同犯罪來建立互信。法官和行賄者最喜歡一起吃飯嫖妓，而且經常有多名法官參與。理由很簡單：法官參與這種活動是違反不得接受當事人招待和收禮的違紀行為，大家就會互相守密[34]。

　　福州台江區法院的案子就很典型。2009年，林姓法官幫訴訟當事人快速搞定法院執行程序後，他就約來兩名法官同事吃飯，其中一名就是發出強制執行令的法官。席間，林姓法官就把當事人給的「辛苦費」分給他們[35]。在2003年的湖北省十堰市中級法院腐敗案件中，有一家秦嘉典當行無恥地想要強占一批國企所有的1904噸鋼材。秦嘉典當行老闆拉攏中院法官的方法就是經常在一起吃吃喝喝，或藉打牌為名故意輸錢給法官[36]。在1990年代初的湖北橋西區法院腐敗案中，生意人也是經常招待區法院的法官和省高院的法官一起吃喝（他還在私人招待所招待好幾名法官參加有「三陪女郎」的晚宴）[37]。2013年的性招待醜聞爆發，上海高級人民法院四名法官因此落馬。他們被某國企負責人在酒店宴請晚餐及性招待，這些法官進出酒店的畫面都被人偷錄下來，影片上網後立刻激起公憤，這些法官也被開除黨籍和撤職[38]。

　　分享經濟利益也能加強關係和互信。生意人經常會讓官員（包括法官）在自己公司免費或低價入股。這種「乾股」可以分紅，但沒有投票權。在湖北省十堰市中級人民法院的腐敗案件中，好幾名法官在非法強占1904噸國有鋼材的秦嘉典當行裡插乾股，其中還包括分管執行業務的副院長李經學[39]。河南伊川縣法院院長張國慶及副院長、民事庭庭長和刑事庭庭長等人，都在礦場主王國政的公司插乾股。2009年，王國政的煤礦發生兩人死亡的礦災，院長張國慶等人輕判了王國政，讓王國政在緩刑期間依然可以違規經營煤礦（後來王國政另一個礦區發生爆炸，49人死亡）[40]。

　　還有一種更大膽的強化互信的方法，就是一起公開收賄分錢。這類案例在樣本中有好幾個。在2004年對武漢中級人民法院立案調查時，調查人員發現有一名法官劉菊平收賄23次，其中有12次是和一名副院長、三名副庭長和另外兩名法官一起收錢。她也不是唯一和同事一起收賄分錢的。該院好幾個庭長和副院長都經常和同事一起收錢，直到2004年被捕為止[41]。同樣的情況也發生在阜陽中級人民法院。該院法官向當事人收賄後都會分給其他法官，大家一起幫忙。該院民事庭副庭長薛懿就供稱，先後有8名法官為8個案子找到他，把裝錢的大信封往辦公桌上一扔，撂下一句「某某案子你關照一下」轉身就走。薛懿也說：「不少法官之間，吃請同去，受賄相互介紹，混到一塊了。」[42]

監督管理機關的勾結腐敗

環保、工安和食藥等監管機關的腐敗叢生也是黨國體制衰敗的另一個病徵。本節要分析三種機關內的窩串案件，分別是環境保護局、安全生產監督管理局（包括煤礦安全局）和食品藥物監督管理局。

表A.6的數據顯示，在環保局、安全生產監督管理局（簡稱安監局）和食品藥物監督管理局（簡稱藥監局）內的30個窩串案件中，主犯的犯罪持續時間要比法官多出六個月。平均數是6.3年，中位數是5年。每個案件的平均涉案人數約和法官相當，平均數是6人，但標準差是法官的兩倍。這可能是因為在這些機關中要搞勾結不需要太多人。從經濟上來講，由於這些機關能撈到的油水不多，就不需要太多同事參與。反過來說，向他們行賄的人生意人也不想去買通太多人。這些主犯的貪賄金額中位數是51萬元人民幣，比法官稍低。這可能是因為這些人的職級大部份都比較低，權力比較小。其中有一半的人屬於鄉科級幹部，比縣處級要低一級。行賄這些人的回報也不太值錢。這些人只能提供一些「服務」（例如在環保案件搞包庇），價值當然比不上政府官位或低價出售的國有資產。

不過，雖然監管機關幹部的貪賄金額不多，被判的刑卻很重。樣本案例的平均刑期是9.6年，中位數是10年，與法官大致相當。監管機關的幹部與法官一樣，貪賄不多，刑期卻比地方黨

委書記要長，這可能有兩個原因。我們已經說過，雖然中共一再宣示要嚴懲貪腐的高官，實際上卻相當寬大。此外，由於中國刑法對於貪賄罪在量刑時沒有累加制度，而且相當含糊，所以貪賄金額大的未必判刑就長。比方說，受賄罪的刑度在刑法中就定得很模糊[43]。

　　雖然貪賄金額不多，但像環保局和安監局這類單位在審批核可和裁罰違規企業時確實有很大的權力，這些官員就可以向生意人索賄，讓他們違規和不受裁罰。監管機關在監管上包庇，生意人則回報以賄賂。像環保局和工安局這類監管機關的腐敗問題已受到中國媒體高度報導，但學術界的研究則闕如。本節要簡短分析其貪賄模式，希望能揭示這些行為的進行方式。

發照和執法中的腐敗

　　監管機關的發照權是很容易用來索賄的工具。這種行為在樣本中俯拾皆是。在2008年溫州安監局18名官員收賄人民幣187萬元的醜聞案中，局長陳彩興幫忙他人取得安全評價資格和取得煙花爆竹批發銷售許可證，共收賄97000元[44]。溫州市環保局原局長葉鋼煉在2006年到2008年間受賄為某環保工程公司提供審批和驗收上的照顧，也幫某化工廠通過環評審批和驗收[45]。在2004年廣州市環保局的腐敗案件中，一家環評公司行賄環保局中包括局長李維宇在內的五名高官，幫忙為許多委託廠商通過環保驗收[46]。2012年，陝西介休市環保局三名副局長落馬。其中一

位副局長高潤生先後向59家企業索賄，否則不批准其環境影響評估[47]。浙江慈溪市環保局先後三位局長涉貪被捕。其中一位局長徐紅軍在2002年至2008年任職期間，先後12次非法收受他人財物，共計折合人民幣61.3萬元。2003年，徐紅軍為某公司增加排污指標提供幫助，借機收受30萬元（徐洪軍的前任局長也涉入讓七名局內官員落馬的案件）。還有一名生意人為了工廠廢水處理的事情，分別賄賂了環保局的監理站站長和副局長[48]。

2006年，國家食品藥物監督管理總局發生一件讓9名官員落馬的勾串案。在本案中，吉林威威藥業董事長魏威買通許多吉林省藥監局官員，在不到3年的時間裡拿到了200多個產品文號（2002-2005）。他先是賄賂吉林省藥監局副局長于慶香及註冊處副處長陶立軍，通過了公司產品的審批。然後結識中國藥學會諮詢部主任劉玉輝，由劉玉輝幫他在國家藥監局活動。劉玉輝幫魏威向藥監局藥品註冊司司長曹文莊行賄。曹文莊是藥監局局長鄭筱萸的親信（鄭筱萸後因收賄數百萬元被判刑）。劉玉輝也幫魏威買通了在國監局中負責編排藥品文號的資淺小官馬騰（藥廠的產品必須先領到藥監局發給的文號，而文號的順序會決定何時被排入審批）。馬騰收賄30萬元幫魏威的藥快速拿到文號。馬騰這樣做也是因為知道魏威是他頂頭上司曹文莊的好友，可以幫他調升職務[49]。

魏威的另一個案子能讓我們更深入理解行賄勾結的過程。2004年，魏威有三種藥品需要國家藥監局審批。他先是打著劉

玉輝和曹文莊的名號去找國家藥典委員會業務綜合處副處長李智勇，先讓藥品得以進入評估程序後，然後再找有最後審批權的藥典會秘書長王國榮。王國榮一開始拒絕，但魏威再接再勵，先行賄王國榮心腹李智勇15萬港幣，再將另一袋10萬港幣送給了王國榮。但王國榮還是拒絕協助。李智勇向魏威說：「上次你送給王秘書長的錢少了點，你得再表示表示吧，不然不好辦啊。」魏威就從銀行提出6萬美元，給李智勇1萬，給王國榮5萬。但這樣也沒有保證過關。在審批的最後關頭，李智勇又告訴魏威「需要再給王國榮表示一下」。魏威雖然心裡不高興，但一咬牙又從帳戶中提取了8萬美元，給了李智勇3萬，王國榮5萬。五天之後，魏威的藥就通過審批[50]。

國家藥監局局長鄭筱萸在2006年被捕前，共向8家公司收賄640萬元人民幣協助藥品審批。其中一家雙鴿集團公司有一批醫療器材需要註冊審批行賄他290萬元。鄭筱萸的太太是雙鴿集團的顧問，他的兒子也被贈送股份。鄭筱萸就指示部屬帶雙鴿的老闆去找國家藥監局醫療器械司司長郝和平多予指導，抓緊辦理，然後很快就得到批准（郝和平也涉案被捕）。鄭筱萸也向一家康裕公司收賄100萬元協助其通過藥品審批。鄭筱萸沒有按照自下而上逐級審批的正常程序，直接要求時任國家藥監局安全監督管理司司長白慧良和特藥處副處長高峰加緊處理，不久即獲批准[51]。鄭筱萸能幹這些事不只是因為他身居局長高位，還因為他在國家藥監局有一堆心腹。他一出任局長就到處安插自己人。他

指派心腹曹文莊出任藥監局人事司司長，另一名心腹郝和平出任醫療器械司司長[52]。

　　官員受賄而對違規睜一隻眼閉一隻眼是相當普遍的現象。2007年，安徽省蚌埠市一家公司發生事故造成三名工人死亡。安監局局長武書田及副局長各向這家公司收賄5萬元人民幣，把對該公司的罰款從20萬元降為7萬元，把本該對公司代表人趙某處以上一年度收入40%的罰款降為2000元[53]。在陝西介休市先後落馬的三名環保局副局長中，其中一名副局長任建國分管企業排污檢查工作。他指示下屬對排污超標但有來行賄的廠商只先開出罰單但實際並不執行處罰[54]。吉林省煤礦安全監察局副局長王國君在1997到2007年間收受賄賂超過200萬元。他的搭檔是省煤炭局主管安全生產和安全監察的副局長李詳。這兩人經常帶領省調查組去調查礦災事故。但只要礦老闆願意行賄，他們就會減少罰款，讓他們繼續保有採礦許可證[55]。在2012年江蘇南通市環保局30多名官員落馬的大案中，環保局局長陸伯新、副局長胡炳榮向多家無照處理有毒廢棄物的廠商收賄[56]。浙江海鹽環保局局長朱曉芳、副局長殳乃峰及其他兩名官員在2003到2013年間都在環保工程設備驗收等過程中收賄並核准廠商超標處理有毒廢水[57]。在2007年到2010年間，湖南省藥監局原副局長劉桂生及四名官員集體包庇，對廠商被查獲的劣質藥品予以從輕處罰，並批准其藥品進入省府優先採購名單。他們總共負賄186萬元的財物[58]。

和中介人勾結

　　根據中國的監管法規，廠商的資格和環境影響必須要委外給獨立機構做評估。然而樣本中的案例顯示，這種規定反而成為官員勒索收賄的主要來源。這些中介機構和官員之間的勾結在環保單位特別普遍。而這些機構有許多是掛靠在環保單位或其他政府機關。根據中國環保部2011年的統計，在當時1162家環評機構中，掛靠在各級環保單位的有333家，243家屬於「非營利政府機構」[59]。而營利性質的環評公司通常是由前環保局人員開設。這不但對地方環保局造成利益衝突的問題，也讓地方環保官員和這些中介人勾結甚深。

　　2007年，杭州市環保局爆發一件涉案人數超過90人的超大窩串案件。涉案者包括5名市環保局的處級幹部、6名區或縣的環保局長。帶頭者潘駿原任杭州市濱江區環保處長，他在當上杭州市環境科學院院長之後，立刻向杭州市下轄各區和縣的環保局長們承諾，只要各環保局將需要做環評的企業引介到環境科學院的環評中心來做，他就將30%的費用給各環保局。環境科學院與環保局本為一家人，而環保局既是審批部門，又是介紹人，所以想要通過環評的企業就只能到環境科學院做環評。這項承諾讓環境科學院的盈餘在三年內成長十倍。環境科學院給各環保局的「環評協作費」有740萬元人民幣，而這些錢有些就被各環保局的官員私分了。杭州市桐廬縣環保局局長洪謝芳和兩位副局長就

私分了45.5萬元「協作費」。其他錢則放在局裡的小金庫，為同仁加薪分紅或報銷旅遊娛樂支出[60]。

在廣東江門市環保局的窩案中，有三名低層官員分別受到兩名生意人賄賂。2005年，這兩人不具承接環評業務的技術資格，資金也不足，卻開了一間環境影響評估公司。被買通的其中一名官員讓該公司製作的環評報告審核通過[61]。2004年，湖南瀏陽市環保局局長袁念收及該局紀檢組長等六名官員涉貪落馬。其中兩名官員被控推薦環評公司給需要做環評的企業，並從中收取回扣。檢方指出，這種勾結私分佣金的行為在瀏陽市環保局是公開的秘密。環評公司做一個環評，瀏陽市環保局可以抽35%的「協作費」，而這些錢就放進小金庫私分[62]。2005年，湖州市環保局局長王安健和兩名副局長等12名官員涉貪被捕。該案起於一家由環保局所屬研究單位轉制私有企業的環評公司，該公司行賄環保局官員拿到環評業務。局長王安健供稱，他會把需要做環評的企業介紹給這家公司，公司則回報佣金做為環保局局內同仁的獎金[63]。安監部門也很盛行透過中介人搞貪污。湖南e省安監局兼煤監局局長謝光祥也在某安全評估公司插乾股分紅。這種乾股是公司賄賂官員拉生意的一種方式[64]。

勾結的模式

監管機關內的勾結模式和中國黨國體制中的其他部門是一樣的。樣本中三種勾結模式都有，分別是透過買官賣官的縱向

勾結、透過共同參與犯罪的橫向勾結，以及透過大家心知肚明的內外勾結。買官賣官是促成官員勾結極重要的機制。雖然監管機關的官員不像地方黨委書記那樣有用人大權，但樣本中還是有一些案例搞買官賣官。2008年被捕的湖南省安監局兼煤監局局長謝光祥不但在1999年間保了一名心腹不被調查貪污，還收賄調升他為縣的安監局局長[65]。在廣州市環保局的腐敗案件中，局長李維宇也在1999年拿賄款去買官[66]。2007年被判死緩的國家藥監局藥品註冊司司長曹文莊也向部屬收賄40萬人民幣，幫他爭取當副司長[67]。廣州市藥監局局長楊衛東也在2000到2003年間於屬下幹部調動任職過程中收賄20萬元[68]。

買官賣官強化了上司和部屬的關係，一起分贓則促進了官員間的橫向勾結。大家直接參與貪腐行為能強化互信，這從2007年杭州市環保局的案子就可以看到，主犯潘駿是私下和幾個官員一起分贓。桐廬縣環保局局長洪謝芳也和兩位副局長私分45.5萬元人民幣「協作費」，其他錢就用做環保局的小金庫給同仁發獎金和吃喝玩樂。杭州市環保局污染控制處處長孫波、人事處處長嚴良還在市環保局形成了一個由七、八個人組成的固定小圈子，經常打麻將賭博[69]。這個案子還查出局裡官員居然以虛報專案手段，任意支取企業繳交的「環保補助資金」[70]。在浙江海寧市環保局的案子中，一名官員不斷收取紅包，然後分送給其他3人，包括他的上司副局長（71）。在2007年到2009年間，廣西梧州市藥監局也有7名官員以虛開發票報帳的方式，套取單位公款

分贓[72]。

　　向上司買官或一起分贓的行為容易留下紀錄，而透過心知肚明大家一起犯案的內外勾結卻不見諸文字。從表面上看，這種由個別人e員犯案，但各單位都有人一起行動的貪賄行為不能算是勾結。但這種主要由生意人居中串連的勾結其實是隱性的。樣本中有四個案例提供了有趣的證據。在2008年到2012年間，陝西介休市環保局的先後三任副局長都搞貪污。雖然他們都是個別犯罪，但他們在被捕之後都異口同聲為自己開脫說：「我看別人都是這麼幹的，所以也這麼幹。」[73]杭州上城區環保局局長任蔚彬被捕時丟下一句狠話：「要死大家一塊死麼！」然後他立刻向調查人員舉報污染控制處處長孫波向生意人收賄。2004年，廣州市環保局局長李維宇在得知有兩名同事已經被調查之後，立刻到司法部門自首坦白，再牽扯出環保局其餘10名幹部被捕。這些例子顯示，這些貪官雖然都是自己犯案，但他們都對同事的犯行心知肚明[74]。

地方黑道治國

　　本節要把焦點放在有大批官員涉入窩案和串案的省級和市級政府。這些官員並不是都直接互相勾結，但只要對某些官員展開調查，立刻就可以查出其他官員的犯行。這些案子的涉案官員數之多，讓中國領導人稱其為「塌方式腐敗」[75]。塌方式腐敗通常

都涉及地方黨委書記或市長，他們和生意人、部屬甚至黑社會勾結。這些案例都是先後好幾任黨委書記、市長和重要官員都貪污腐敗。從理論上來講，塌方式腐敗是地方菁英勾結的必然結果。當地方菁英勾結在一起控制地方黨國之後，地方黨國就變成地方黑道治國。顛覆中共權威的塌方式腐敗是不可避免的現象。

大型行政區的塌方式腐敗

我們根據媒體報導列出一份自1990年末以來省、市級政府大批官員陷入塌方式腐敗的清單。這份清單並不完整，也沒有列入像廣西、內蒙和開封這些也曾發生塌方式腐敗的地方[76]。

黑龍江

這個東北省分的大醜聞案是在2002年到2005年間陸續爆發的，涉案官員高達265人，包括7名省級幹部、30多名廳級幹部、6名市委書紀和2名市長。主要的省級官員有：省長田鳳山（1995至2000）、省委組織部部長韓桂芝（1996至1999）、2名省委組織部副部長、省委宣傳部部長、副省長、省高級法院院長、省檢察院檢察長、省委秘書長、省司法廳廳長、省委政法委副書記、省人事廳廳長、省交通廳廳長。他們大部份都買官賣官，並向生意人收賄[76]。

山西

　　山西省是原中共中央辦公廳主任令計劃（2007至2012）的大本營。令計劃在2014年被捕，山西省也在2013年到2014年被習近平的反腐運動打擊最力。有8名省級官員被雙規拘留。雖然之後到底有多少官員涉案還未知，但主要涉案的有2名現任副省長、2名前任副省長、前任省委宣傳部部長、省黨委副書記兼省紀委書記及副書記、省委秘書長、令計劃的二哥省發改委主任令政策、省會太原市先後三任黨委書記和公安局長、15名省政府的廳級幹部，包括國土資源廳廳長、交通廳廳長和環保廳廳長[78]。

江西

　　隨著前任黨委書記蘇榮在2014年被捕，江西省的貪腐情況開始受到關注。蘇榮被捕後，他在省政府內的多名親信也被捕，包括副省長、省委秘書長、省人大常委副主任、省稅務廳廳長、前後任省發改委主任及四十多名市級官員[79]。

雲南

　　原雲南省省委書記高嚴在2002年與情婦逃離中國。原省長李嘉廷受賄1800萬人民幣並和地方黑幫老大共用情婦，在2003年被判死緩。在2014到2015年間，省內領導紛紛被逮捕。原省委書記白恩培在2014年因貪污被捕。原省委副書記和前省長及

幾名省內高官也被捕。一位副省長自殺。省會昆明的先後三任市委書記也都被雙規拘留。在2014年，有34個市級和廳級幹部被捕，包括省交通廳廳長[80]。

福建福州

在這件撼動福建省省會福州市（人口720萬）的大案中，曾是福州首富也是黑幫老大的陳凱在1990年代中到2003年間向幾十名官員行賄約1000萬元人民幣。陳凱於2003年被捕後，有90多名官員涉入他的案件，其中有50人是縣處級以上幹部。包庇陳凱的主要官員有先後兩任分管政法的市委副書記、一名副市長、兩任市公安局局長、市文化局局長、市中級法院副院長、福州市委秘書長、福建省國安廳副廳長和中國銀行福州分行行長[81]。

遼寧瀋陽

這件案子發生在1999到2001年間，涉案人數122人，起訴62件。主要涉案官員有市長慕綏新、常務副市長、兩名副市長級官員、11名局級官員，包括財政局局長、發改委主任、國土資源局局長、菸草專賣局局長，以及7名副局級官員。此外，瀋陽市中級法院院長、兩名副院長和市檢察長也被捕。許多官員都向地方黑幫老大劉湧收賄[82]。

安徽阜陽

在2000年到2006年間，阜陽這個人口930萬的農業市接連發生多起貪腐醜聞案。2000年，市長蕭作新因貪污被捕，被判無期徒刑。該案涉及60多人。2002年，時任安徽副省長及原阜陽市委書記王懷忠被捕並被判死刑。此案涉及160多人。2005年，王懷忠的前任阜陽市委書記，時任安徽省政法委書記王昭耀也因貪污被捕。在這段期間因為貪污被捕的還有蕭作新的繼任市長李和中、副市長梁棟、市委組織部部長、阜陽中級法院先後3任院長和2名副院長、市國安局局長、先後3任公安局長、市委宣傳部部長、市委秘書長[83]。

湖南郴州

2006年，人口460萬的郴州市市委書記李大倫因受賄3200多萬人民幣被捕。這個案子導致110名官員被捕，其中有20名市級官員和60名縣級官員。前任市長也被捕，市紀委書記被處決。其他落馬的重要官員包括市委組織部和宣傳部的部長、常務副市長、國土資源局黨組書記、2名檢察官。他們的犯行是買官賣官、勒索、受賄和侵占公款[84]。

廣東茂名

在人口680萬的廣東省茂名市，從2009年到2015年間已有

超過200名官員落馬，其中有4名市級官員和218名縣級官員。
茂名市先後3任黨委書記、2位副市長、4位副市長、市紀委書
記、市公安局長等全部被捕。犯行包括買官賣官、受賄和充當黑
社會保護傘[85]。

地方黑道治國的明顯特性

　　雖然各行政區的規模、地理位置、所得水平不同，涉案官員
的人數、級別和類型也不一樣，但在塌方式腐敗的案例中，買官
賣官盛行、官員和生意人權錢交易、官員成為黑道保護傘是中國
地方黑道治國的共同特點。

　　買官賣官是縱向勾結的主要機制，也是地方腐敗網絡的根
本。根據「劣幣驅逐良幣」的邏輯，只要一個地區買官賣官盛
行，就很容易變質為地方黑道治國。在以上所列舉的代表性案例
中，買官賣官無所不在。安徽阜陽市原市委書記王昭耀（1989
至1993）在1991年到2005年間擔任安徽副省長、省委書記、政
協副主席時，向30名部屬收賄賣官。阜陽市長蕭作新（1998至
1999）向21人賣官。在王懷忠市委書記任內（1995至1999），
幾乎所有市內領導都涉入賣官，包括市長李和中（1996至
1998）、2名副市長和市委組織部部長。買官賣官在阜陽市下轄
的縣級政府也很普遍。潁上縣縣委書記張華琪就是賣官大王，向
他行賄的地方官員高達百人[86]。在涉案官員200多人的廣東茂名
特大貪腐案件中，賣官是賺錢和建立勾結網絡的主要手法。原

茂名市委書記周鎮宏（2002至2007）向23名官員收賄賣官，包括1名常務副市長、2名副市長、1名市委副書記。2007年接任茂名市委書記的羅蔭國也向64名官員和生意人收賄2300萬人民幣（他還有5000萬元來源不明的財產）。市公安局局長倪俊雄不只自己買官，也賣官給31個警官，包括轄下7個縣和區的公安局長。信宜市市委書記朱育英向羅蔭國行賄20萬港幣買官，自己也向57名部屬收賄1700萬元賣官[87]。有些案例的主犯其實還有其他財源，但他們也要用買官賣官來建立親信網絡。例如，原江西省委書記蘇榮（2002至2012）被控在任上收賄賣官。原郴州市委書記李大倫也大量收賄賣官。在陝西省的大案中，也至少有2名省級官員被控賣官，分別是原副省長杜善學和市委常委陳川平[88]。

地方官員大部份貪賄金額是來自生意人，在塌方式腐敗案例中，生意人居中促成勾結的作用至關重要。檢視這些官員和生意人的關係可以發現，生意人之所以願意大筆行賄，主要是為了以低價取得國有資產。原江西省委書記蘇榮幫大亨方威拿到江西和甘肅的採礦權和國企資產（蘇榮曾任甘肅省委書記）。蘇榮的太太也曾在2009年施壓一個地方市長暫停標售一塊土地，然後把這塊地以市價20%的價格給了她屬意的開發商[89]。在礦產豐富的雲南，原省委書記白恩培、副省長及原昆明市委書記全都收了賄把採礦權或國企的礦區給了自己的生意人朋友。據媒體報導，原昆明市委書記張田欣在2003年趁一家國企改制時，把一

個價值千億的國有錫礦以1900萬人民幣賣給一個地產商。張田欣的前任市委書記仇和也幫老友劉衛高在昆明拿到幾個地產開發項目[90]。王懷忠在阜陽市委書記任內幫朋友以超低折扣取得土地並逃漏稅費，還幫一個生意人買下市有酒店，收賄50萬元。總計使市政府的國有資產損失1.36億元[91]。郴州市委書記李大倫（1999至2006）的案子有20多名生意人涉案。其中一名生意人刑立新利用李大倫的關係積累了上億資產。刑立新把旗下一間公司10%的股份給了李大倫的太太做為回報[92]。

　　塌方式腐敗案件的第三個特點就是有黑社會涉入。黑社會滲入地方黨國的權力中樞也許令人不安，卻不意外。黑幫老大本質上就是以恐嚇和暴力為手段的企業家。只要和地方官員打好關係對賺錢有幫助，黑幫老大就會投資。在很多案例中，他們會偽裝成合法的生意人和地方高官來往。在瀋陽橫行一時的黑幫老大劉湧是瀋陽嘉陽集團董事長，旗下有餐廳、商場、連鎖商店和遊樂場。四川礦業大亨劉漢是周永康的親信，也是經營發電廠和採礦的四川漢龍集團董事局主席。曾經是福州首富的販毒首腦陳凱掌握著凱旋集團這個娛樂業王國。靠著政府裡的朋友幫忙，這些犯罪大亨還可以當上地方人大代和政協委員，進一步以合法掩飾非法。劉湧是瀋陽市人大代表，也曾獲頒「傑出私人企業家」和「扶貧楷模」。2015年被處決的劉漢則連續三屆擔任四川政協常委。

　　藉著合法掩護非法，這些犯罪首腦得以用錢色攏絡地方黨政

領導。劉湧大筆行賄許多高官，包括瀋陽市長慕綏新、常務副市長馬向東、瀋陽市檢察院檢察長劉實、原瀋陽市中級人民法院副院長焦玫塊等人[93]。陳凱行賄91名政府官員，金額超過1000萬元人民幣，其中包括先後兩任市委書記[94]。而根據《財經》雜誌的調查報導，劉漢在2003年行賄周永康之子周濱2000萬元，得以用不到600萬元的價格取得一個土地開發項目。後來他又結識雲南省委書記白恩培，不但送白恩培珠寶，還刻意和他打麻將，每次故意輸他10萬元[95]。這些黑幫老大不但得到了保護傘，還得以用低價或免費取得國有資產。例如，劉湧就靠著向副市長行賄4萬元，在瀋陽市中心免費取得24000平方公尺的土地使用權，而這塊地的市值據報導應該有3.5億元。白恩培也讓劉漢以1.53億元的價格收購蘭坪鉛鋅礦60%的股份，而該礦市值據報導約5000億元[96]。

地方黑道治國：原因及影響

有兩個因素讓黑幫團夥（亦即黑道份子）得以掌控地方政府，把政府變成掠奪工具和專制小王國（petty depotism）。最首要的因素是地方黨政領導的角色，尤其是手操人事和經濟大權的黨委書記。這種絕對權力讓黨委書記就像個黑社會老大，尤其是他長期在任的話。例如，李大倫在郴州市委書記任上幹了八年，他說的話沒人敢反對。根據他對反腐調查人員的供述，他的權力大到市委組織部部長一定要先問他的意見才敢提名任用人選。就

算是排名第二負責經濟事務的市長，在做重要決策前也要經過李大倫同意。正如李大倫所言：「在郴州，我李大倫說了算。」[97]

原江西省委書記蘇榮也把江西當成自己的封建王國。他用人唯親，不從者就趕走。有一次，一名地方官員向北京來的調查人員舉報蘇榮的妻子涉及一宗土地交易，蘇榮居然反控這名官員貪污，在2012年把他以貪污罪判處死緩[98]。王懷忠在阜陽市委書記任內也和蘇榮一樣手握大權。他會把自己親信的名單硬塞給負責人事的副書記和組織部長。也會直接插手自己並不經管的市有土地標售業務。在一段很長時期，阜陽市市中心土地要標給誰都是王懷忠說了算[99]。而根據中央紀委調查員的說法，瀋陽市原市長慕綏新根本是個土霸王。與慕綏新關係密切的人都叫他「大哥」（這個詞通常是在叫黑社會老大）。慕綏新專斷橫行，將市委書記排擠在外，很少市長能做到這一點。在市委常委會上決定幹部任免等一些重大問題時，沒有慕綏新的同意，市常委會無法進行重大幹部的任免作業[100]。

地方黨委書記可以當自己是黑幫老大，但真正的黑幫份子是沒辦法搞黑道治國的。只有少數特別會搞生意，手握重金能買通地方官員的人才能辦得到。這是造成地方黑道治國的第二個因素。雖然像瀋陽劉湧和福州陳凱所造成的塌方式腐敗受到媒體高度關注，但這種案例只是極少數，大多數案例其實是黨委書記自己當起地方上最大的黑幫老大。為了要維持和擴張其犯罪帝國，這種能在地方上搞黑道治國的黑幫老大必須要有利潤很高的事

業，要有合法的掩護，要有政治地位，還要有公安和政治老闆當保護傘。劉湧就是這種黑色企業家。他靠暴力犯罪累積了幾億身家，以一個合法生意人的身分當上瀋陽市人大代表，透過行賄和重要官員建立關係，包括市長、常務副市長和公安局局長[101]。陳凱也用相同手法晉升為福州市首富，把副市長、市委副書記、公安局局長、檢察長和法官都變成他的同夥[102]。

在這兩種地方黑道治國的類型中，真正黑幫老大的危害性反而不如專制的黨委書記。這些貪腐的黨委書記只會把重要職務給向自己行賄的人，再讓這些人去危害社會。黨委書記的腐敗行為還會造成許多外部效果，其中一個外部效果是降低地方官員貪污被抓到的風險。只要和黨委書記夠親近就不用擔心被抓，因為黨委書記會提供保護傘。而一個貪腐的黨委書記自然也不會認真取締手下官員的貪污腐敗，因為反腐敗調查可能會讓親信或自己的劣行曝光。另一個外部效果是讓大家有樣學樣。黨委書記腐敗，下屬就覺得自己也可以跟著貪污。腐敗會滋生腐敗，如果地方黨委書記沒有涉入勾結腐敗的話，地方黑道治國就很難存在。

結論

　　雖然很多人認為這種反腐敗運動對中共是有利的，實際結果可能正好相反。出於政治目的的反腐敗更可能在菁英之間製造不安全感和仇恨，這會危害獨裁政權的政治凝聚力，讓鬥爭更激烈。

如果管黨不力、治黨不嚴，人民群眾反映強烈的黨內突出問題得不到解決，那我們黨遲早會失去執政資格，不可避免被歷史淘汰。

——習近平，2013 年 6 月 28 日

習近平擔心貪污腐敗會讓中共覆滅是可以理解的。但中共領導人應該更深入理解中國在後天安門時代的腐敗根源，才會真正明白對抗腐敗和保衛共產黨統治的困難所在。本書對菁英勾結的分析顯示，權貴資本主義和勾結腐敗的根源非常深。腐敗只是權貴資本主義的外顯病症，而權貴資本主義又源於菁英能輕易竊取公共財產這一事實。在腐敗的醜陋外表下是一個又一個國有資產如何被菁英掠奪的故事，這些菁英不是有權決定國有資產的處分運用，就是以賄賂和暴力奪為己有。也就是說，如果沒有這些可以被掠奪的公共財產，這種取代毛主義的權貴資本主義就不可能出現。這並不是把權貴資本主義怪罪給中國的經濟改革，因為經濟改革本身並不必然導致權貴資本主義，波蘭、捷克和波羅的海三小國的例子都是明證[1]。問題的關鍵在於掌控國有資產如何處置的政權到底是什麼性質。當然，東歐國家的私有化過程也有很多缺陷，主要是因為缺少資本市場和監督管理系統等制度因素。過渡期的經濟衰退、貿易中斷、財政困難等問題也讓改革困難重重[2]。但儘管在過渡期充滿混亂和挫折，東歐國家還是沒有走上前蘇聯國家的道路，讓盜賊統治取代共產主義。

　　最好的解釋是這些後共產主義國家走的政治路徑不同。在最成功的東歐國家和波羅的海三小國，民主轉型和鞏固進展快速，這就制約了統治菁英的大舉掠奪[3]。東歐國家的經驗是有力的反證，有助於理解後共產主義國家的政權性質和權貴資本主義興起的關聯性。和東歐國家不同，除了在1980年代的短暫時期之外，後毛澤東時代的中國依然被一個絲毫無意讓政治體制自由化的列寧主義政權所統治，這個政權也完全不想放棄壟斷權力。但中國又和後蘇維埃的俄國不同。在俄國，舊政權的迅速崩解使得一小群寡頭得以攫取大量財富，但大多數菁英什麼都分不到。而中國的統治菁英依然牢牢掌控政權，有無限的機會把國家的財富慢慢據為己有。

　　所以我們必須從「掠奪型國家」（predatory state）*的角度來理解權貴資本主義在中國的興起[4]。如同道格拉斯.諾斯（Douglass North）所主張的，國家界定和執行財產權，而掠奪型國家在執行這個功能時，總是為了極大化自己的收入和特權[5]。從這個角度看來，中共在後天安門時代之所以下放對國有財產的控制權卻不明確界定其所有權，其背後動機昭然若揭。因為透過這種方式，統治菁英才能最大程度地從社會汲取財富。按照制度主義論者的邏輯，權貴資本主義可以說是列寧主義政權掌控下經

---

*　譯註：掠奪型國家（Predatory State）是指國家統治者掠奪或剝削被統治者的工具。國家存在的目的不是為了人民的福祉，而是為了剝削人民。

濟轉型的必然結果。

　　找到財產權和權貴資本主義的內在連繫，就為制度主義論者提供了一個菁英如何藉由重新定義財產權來掠奪的現代案例。而本研究提出的菁英勾結概念也使我們得以理解權貴資本主義的微觀機制。當公共財產的財產權歷經深刻但又漸進式的轉變時，菁英勾結就是微觀層次上可預期且理性的反應。財產權的制度變革與菁英的適應性反應，兩者互動的結果造成權貴資本主義的蓬勃發展。要全面理解中國的權貴資本主義，我們就必須追溯這些制度變革，把它們與菁英的行為反應聯繫起來，再探討其在現實生活中如何展現。

　　本研究的重要發現之一是，中國權貴資本主義的特色在於其分散性。由於行政權的分權下放、政治權力的多頭馬車和經濟部門的多元化，掠奪也必須分散進行，且必須透過勾結來達成，而這又使得低層菁英也能參與分贓。我們的研究顯示，中國的權貴資主義是一種獨特的「多層次寡頭制」（multilayered oligarchy），也就是各個行政區都有一小群和地方黨政領導依附在一起的菁英，他們在中國的黨國體制中不算什麼高官，卻擁有與其地位不相稱的大權和掠奪能力。然而，雖然地方政治菁英是權貴資本主義的得利者，私人企業家的角色也不可或缺。中國權貴資本主義另一個特色是，政治菁英或紅二代們並沒有辦法把所有財富都據為己有。雖然他們可以貪的很多，但許多財富似乎是被小老百姓出身的私人企業家拿走了，例如導言中提到的樓忠福

和王春成這些人，以及無數和地方官員共謀獲利的人。我們的研究顯示，至少在初期階段，中國的權貴資本主義是比較開放的，私人企業家可以靠賄賂進入權錢交織的小圈圈，而且私人企業家要比政治菁英更有能力發揮國有資產的效能，提升其價值。問題在於把無效能的國有資產轉變為有效能的私有資產時，這中間的好處只有少數有關係的生意人才能享有，一般中國老百姓是享受不到的，而老百姓才是這些資產的真正所有人。

　　不要天真的認為這些私人企業家在得到財富和政治權力之後就會從權貴資本主義轉向自由資本主義。雖然中國的私有企業部門自1990年代以來成長驚人，但仍處處受到政府管制，這也和一個個政治菁英的小圈圈有千絲萬縷的關係[6]。針對中國私人企業家的政治態度的研究也顯示，他們還是很傾向共產黨宣傳的那一套[7]。理由很簡單，凡是已經在小圈圈裡頭的人，自然想保有特權和原來的制度[8]。然而權貴資本主義的特權利益是以犧牲自由資本主義的社會利益為代價的。要和政府官員勾結，私人企業家不但要浪費許多原來可以拿去做更有效投資的資源，也要把精力和才智投入租金豐沛的產業，而這些產業不可能成為提升中國經濟的成長引擎。所以毫不令人意外的，中國的私人財富大多聚集在房地產業和礦業這些勾結腐敗叢生的產業。一項評估指出，在2015年身價超過十億美元的中國富豪中，其中有1/4是搞房地產的，資訊科技業是少數例外[9]。尋租的私人企業家和政治菁英的緊密結合使自由資本主義的前景黯淡。這種聯盟具有排他性，

因為這樣才能保障成員的租金並代代相傳。其結果不會是自由資本主義，而是寡頭的親貴主義。

勾結與政權衰敗

　　回顧這段歷史，權貴資本主義在中國的興起和深化可以說是鄧小平式威權主義經濟現代化模式的邏輯結果。只要菁英還大權在握，就不可能不去掠奪經濟成長所帶來的財富。在天安門鎮壓事件已過去1/4個世紀之後，這種現代化模式的限制已經非常明顯。經濟上，成長趨緩突顯了中國經濟體在結構和制度上的缺陷[10]。在政治上，根深柢固的腐敗也讓習近平等中國領導人憂慮中國共產黨會失去政權。權貴資本主義和勾結腐敗的邏輯完全讓黨的領導人有理由擔心。表面上，他們是害怕腐敗會傷害黨的合法性、破壞經濟成長和脫離群眾。這種傳統看法雖然未必有錯，但我們的研究證明，菁英勾結會在列寧主義政權內部產生自我摧毀的動力，幾乎必然會加速其衰敗。

　　雖然菁英勾結起源於一些控制權下放但所有權界定不明、誘人的公共建設合同讓官員和生意人如蠅逐臭的領域，這種行為現在已傳遍中國所有黨政部門。可以預期，勾結腐敗也一定會出現在中共用來約束黨員和維持國家安全的機關。例如，中共用來監督和約束黨員的紀委組織就有十幾人涉入窩串腐敗案件[11]。相當於蘇聯KGB的國家安全部也明顯腐敗叢生。原國家安全部副部

長馬建在2015年捲入一件大案。根據《財新》調查，馬建不但以國安部的力量和特務手段幫房地產大亨郭文貴服務，還累積了大量私財，有六個情婦（其中兩人是國安局官員）和兩個私生子[12]。在2004年到2014年任職西藏自治區國家安全廳廳長的樂大克也在2015年因為貪污被捕[13]。而在本研究的樣本案例中，有三名大城市（瀋陽、福州、阜陽）的國安局高官涉入窩串案件。北京和青島國安局局長也都因貪污被捕。

中國共產黨的終極保衛者人民解放軍內的勾結腐敗也同樣嚴重。自習近平發動反腐敗運動以來，已有36名將軍被捕。根據解放軍自己的說法，90%的職務犯罪發生在軍隊工程建設、醫療衛生、房地產開發租賃、裝備物資採購以及人事財物管理等領域，並以窩案串案居多為其特點[14]。腐敗也已傳染到中國軍隊的最高層。解放軍最高的兩名官員，原政治局委員兼中央軍委副主席郭伯雄及徐才厚都在2014年到2015年間因收受巨額賄款及賣官被捕。

勾結腐敗到處滋生的現象也許令人震驚，但從理論上不難解釋。中國政權之所以勾結腐敗叢生，是因為這種行為獲利既高，被抓到的風險又低。除此之外，勾結腐敗又會因為劣幣驅逐良幣的邏輯而進一步滋生勾結腐敗。由於搞勾結要比不搞勾結有利，買官的人一定會爬得比正直的同志要快。勾結腐敗還會讓黨國體制內的組織風氣日益敗壞。正如樣本中的案例所見，參與勾結的人會用一些共同犯罪或共同墮落的儀式來建立互信。而在一個勾

結泛濫的組織中，光是知道其他同事有在貪污就會讓人也想貪污。而如果一個組織的領導人自己貪污，他也一定會放縱屬下貪污。

勾結腐敗如何破壞中共黨國體制的完整性？

★吞噬黨國體制每一處的勾結網絡將政治權威轉化為私人工具，不惜犧牲政權利益以追求私利。

★各個勾結網絡之間的衝突危害了中共內部的團結，並導致高層洗牌。

★貪腐之風滲透進黨國賴以生存的安全部門，破壞效能與忠誠。

把這些政權衰敗的動能加總起來，就會透過三種機制破壞中共黨國體制的組織完整性。首先，當勾結網絡遍及黨國體制的每一個角落時，它們就顛覆了政治權威。這些網絡把政治權威轉化為私人權力的工具，追求私人利益而不是政權的利益。這些人雖然在表面上忠於黨國，實際上只忠於地方上的老大，不管是黨委書記還是有錢的生意人。其次，勾結網絡對權力和經濟租金你爭我奪，這會危害中共的內部團結並不時促成最高領導層的大清洗。習近平的反腐運動已讓幾百名官員落馬，其中有許多是習近平敵對派系的人。這種權力鬥爭是勾結網絡叢生的必然結果，也必然會危害到對中共存亡至關重要的黨內團結。第三，當勾結腐敗傳染到黨國體制的安全部門時，一定會損及這些部門的效能和忠誠，而這些部門正是黨國體制賴以生存的基石。

　　積重難返的腐敗也挑戰了所謂「威權主義韌性」（authoritarian resilience）的理論[15]*。一個機構的韌性最終要看政權菁英核心的政治忠誠度、凝聚力和能力。但本研究沒有看到這些，只看到種種機構衰敗（institutional decay）的病狀——風氣敗壞、對政權不忠、腐敗網絡的私人利益高於政權集體利益等等。人事任用權是維持中國共產黨凝聚性和完整性的最重要工具，現在卻被地方黨政領導用買官賣官取而代之。恩庇網絡已嚴重傷害黨員對黨的忠誠。機構衰敗的現象也遍及黨國體制的經濟支柱，也就是國有企業之中。我們對國有企業勾結腐敗的研究顯示，當黨所指派來管理這些公司的人系統性的貪污發財，黨對這個關鍵部門的控制力也日益下滑。勾結貪腐之風也遍及黨國體制的其他重要部門，例如各地的紀委、公安、法院和監督管理單位。

　　這些重要部門的衰敗不只損害了黨國體制的統治效能，還導致菁英的不團結和權力鬥爭。菁英的不團結起於對權力和經濟利益的你爭我奪。每一個勾結的聯盟都在和其他聯盟爭權奪利。輸家會覺得不公平，只因為贏家會拿到更大的權力。輸家的憤恨不平正是菁英不團結的主要來源。另一個對中共更為致命的政治結

---

* 譯註：威權主義韌性（authoritarian resilience）的概念是黎安友（Andrew Nanthan）首先提出來的。黎安友認為中共政權在後天安門時代已從四個方面自我調適和改善，分別是1、日益規範化的繼承政治；2、在晉升政治菁英的時候越來越以績效制來做為考量而不是以派系思維來考量；3、體制內部制度的分殊化和功能專業化；和4．設置政治參與制度，加強中共在公眾整體心目中的合法性。黎安友認為中共政權因此是有韌性的，不會輕易崩潰。

果是，政權衰敗會讓機會主義式的強人有機會用反腐敗的名義摧毀所有政治對手。由於腐敗太過普遍，又多是勾串性質，強人就可以藉機把對手集團連根拔起。要指控對手貪污並不難，而且由於對手下面的支持者和親信都勾串在一起，一人倒就全部都倒。由於貪腐所激起的民怨太深，採用這種策略的強人一開始的政治聲望會很高。原重慶市委書記薄熙來當初就是用這種策略來打造聲望，最後卻諷刺的自己被以貪污罪清算。薄熙來最大的對手習近平一上台就猛烈展開反腐敗運動，短短時間就把對手的親信網絡一網打盡。雖然很多人認為這種反腐敗運動對中共是有利的，實際結果可能正好相反。出於政治目的的反腐敗更可能在菁英之間製造不安全感和仇恨，這會危害獨裁政權的政治凝聚力，讓鬥爭更激烈。

政治及經濟影響

依照達榮·阿斯莫格勒（Daron Acemoglu）和詹姆斯·羅賓森（James Robinson）對「榨取性體制」（extractive institutions）和經濟發展關係的看法，決定財產權分配和財富創造機會的社會、經濟和政治體制是決定國家繁榮與否的關鍵因素。如果權利和機會被一小群菁英壟斷，繁榮就不可能持久[16]。雖然這個理論預言了中國的專制發展模式很可能以失敗收場，卻未能指出菁英到底是如何榨取財富。畢竟榨取財富的不是體制本身，而是控制

體制的人。根據本研究所搜集的經驗證據，我們揭示了在幕後創造、操控和運用這些體制的政治聯盟，也就是政、商、黑的勾結網絡，從而對「榨取性體制」的理論做出了貢獻。這些排他性和寡頭性質的聯盟是專制統治下的經濟現代化所不可避免的產物。當然，民主社會中也有類似的聯盟，也會危害民主和妨礙經濟發展。光是民主並不足以確立「包容性體制」（inclusive institutions）的存在，然而專制政體就連建立「包容性體制」的必要條件都沒有。掌握國家強制力的專制統治菁英天生就敵視包容性的政治聯盟，因為這會危及專制統治本身。專制統治下的包容性體制在理論上是根本不可能的，因為專制統治的本質就是少數菁英以恐懼和暴力為統治手段而排除絕大多數人。*

　　如果權貴資本主義在長期會造成經濟衰退並危及中國共產黨的生存，那麼中共是否會採取必要的改革來治療權貴資本主義這個痼疾呢？從習近平表現出來的危機感和反腐敗運動來看，他和他的支持者們顯然認為應該要改革。但這種搞運動式的糾正措施

---

* 譯註：2012年，由美國麻省理工學院經濟學教授達榮·阿斯莫格勒（Daron Acemoglu）和哈佛大學政治經濟學教授詹姆斯·羅賓森（James A. Robinson）合著的《國家為何失敗》（*Why Nations Fail*）一書提出了「包容性體制」（inclusive institutions）與「榨取性體制」（extractive institutions）這對概念。前者意味著私人產權得到尊重，市場運行良好並向社會開放，人們享受法律對私有財產權的保護，公民可以通過各種管道參與到政治決策過程中，建立有制度性問責的政府。「榨取性體制」則是由統治菁英壟斷政治權力，權力染指與控制經濟，統治者不僅不願與大眾分享經濟成果，而且會採用政治制度來與民爭利。

和列寧主義政權的自我修正能力是不同的。這種糾正措施只能在狹窄的、技術性的和短暫的意義上有效。被反腐敗打擊的個人落馬了，也被處罰了，掠奪被暫時遏止了。但如果一個政權真的有自我修正的能力，就不只是要摧毀個別的勾結網絡，還要從根本上改變這些勾結網絡得以滋生繁榮的環境。本研究的證據顯示，中國共產黨根本無法改變權貴資本主義所依附的政治和經濟體制，因為這些體制正是中共得以壟斷權力的基礎。

由於菁英勾結必然會讓少數人致富並擴大貧富差距，即使腐敗的專制政權倒塌了，社經條件還是不利於鞏固民主或建立自由民主體制。如果這些勾結網絡在專制統治崩解後還能生存下去，他們就能在後威權時代的政治秩序中取得相當有利的位置，危害新生的民主。俄國和烏克蘭在過去二十年民主鞏固的失敗經驗可能會在中國重複上演[17]。

一個持平的結論是，中國民主化的道路絕不會是平順的直線發展。如果說自由資本主義的興起有助於民主化，那麼權貴資本主義在中國的深化會讓民主轉型更加困難和混亂。在權貴資本主義之下，期待由統治菁英來啟動政權轉型是很不可能的。資產階級分裂成親貴集團和被排斥在外的人。統治菁英害怕危及其經濟利益而不願進行政治改革，黨國體制的脆弱性也讓人害怕即使是溫和的改革也會導致革命。要進行完全市場導向的經濟改革也是前景黯淡，因為這會消滅專制統治菁英的尋租來源。如果政權轉型真的會發生，最有可能是專制政權的突然崩解，原因也許

是黨國體制菁英集團的內部分裂、巨大的經濟動盪、阿拉伯之春式的群眾起義讓當局無法快速鎮壓、對外軍事行動失敗等等。但不幸的是，即使舊政權被革命式的推翻了，也不會立刻迎來自由民主。權貴資本主義的餘緒——高度的貧富差異、地方黑道治國、權勢大亨的盤據——會讓那些在舊政權時代獲得巨大非法財富的人在搖搖欲墜的新民主體制中享有極大的政治影響力。

附錄

表A.1　五十個買官賣官案例的主要特點

名字	犯罪者職位	賣官數	貪賄期間	貪賄期間是否升遷	總貪賄金額（萬元人民幣）	受賄於私人企業與否	刑期
鄭元盛	江西廣豐縣縣委書記（縣級）	40	1992-1995	否	13	否	13
劉秀田	河北平山縣縣委書記（縣級）	14	1996-2000	否	17	否	11
張樹俊	河南南召縣國土資源局局長（縣級）	10	2005-2008	否	21	是	12
葉東雄	海南萬甯市工商局局長（縣級）	31	1995-2002	是	22	否	16
周寶法	浙江富陽市市委書記（縣級）	7	1987-1996	是	26	是	無期徒刑
張桂義	安徽五河縣縣委書記（縣級）	11	1999-2004	是	28	是	8
齊青年	河南方城縣博望鎮黨委書記（鄉級）	30	2003-2010	是	36	是	12
胡建學	山東泰安市市委書記（市級）	42	1990-1995	否	61	是	死緩

名字	犯罪者職位	賣官數	貪賄期間	貪賄期間是否升遷	總貪賄金額（萬元人民幣）	受賄於私人企業與否	刑期
盧效玉	山東東明縣縣委書記（縣級）	70	1993-1998	是	67	否	無期徒刑
張二江	湖北丹江口市市委書記（市級）	8	1992-2001	是	80	是	18
馬招德	海南省工商行政管理局局長（市級）	11	1998-2002	是	92	是	11
丁偉斌	廣東普寧市市委書記（縣級）	16	1996-2000	是	100	是	6
張改萍	陝西商洛市商州區區委書記（縣級）	28	2000-2005	是	110	是	13
張汝華	江蘇淮安市環保局局長（縣級）	17	2003-2013	否	120	是	7.5
周銀校	遼寧撫順市市委書記（市級）	5	1997-2005	是	120	是	14
李玉麟	遼寧葫蘆島市連山區區委書記（縣級）	33	不明-2005	不明	130	是	13
李鐵成	吉林靖宇縣縣委書記（縣級）	162	1991-2000	是	140	是	15
吳苗	海南東方市委組織部部長（市級）	9	2004-2009	否	210	是	13
李剛	黑龍江綏稜縣縣委書記（縣級）	131	1996-2002	是	220	否	無期徒刑
劉德新	廣西東興市市委書記（縣級）	33	1996-2001	是	260	是	無期徒刑

名字	犯罪者職位	賣官數	貪賄期間	貪賄期間是否升遷	總貪賄金額（萬元人民幣）	受賄於私人企業與否	刑期
曹永葆	四川涼山州委副書記（市級）	32	1994-2004	是	270	是	13
梁必志	廣東湛江霞山區區委書記（縣級）	13	2003-2012	是	297	是	13
徐社新	安徽五河縣縣委書記（縣級）	59	2002-2008	是	320	是	14
張治安	安徽阜陽市潁泉區區委書記（縣級）	14	1994-2007	是	360	是	無期徒刑
楊建國	安徽和縣縣委書記（縣級）	87	1998-2004	是	380	是	無期徒刑
俞芳林	廣西欽州市市委書記（市級）	10	1989-1998	是	383	是	無期徒刑
邵建偉	山西臨汾市公安局局長（市級）	41	1995-2004	是	480	是	9
王興豹	江西上饒市地委書記（市級）	5	1994-1999	否	490	是	無期徒刑
龍國華	湖南省株洲縣委書記（縣級）	35	1998-2007	是	502	是	無期徒刑
倪俊雄	廣東省茂名市公安局局長（市級）	41	2001-2010	是	510	是	15
張華琪	安徽潁上縣委書記（縣級）	90	1997-2001	是	530	否	無期徒刑
楊松泉	河南上蔡縣委書記（縣級）	20	2000-2005	否	550	是	16

名字	犯罪者職位	賣官數	貪賄期間	貪賄期間是否升遷	總貪賄金額（萬元人民幣）	受賄於私人企業與否	刑期
李國蔚	江西省贛州市公路局局長（市級）	23	1999-2004	是	573	是	無期徒刑
楊毓培	四川南充市高坪區區委書記（縣級）	60	1999-2003	否	580	是	17
馬德	黑龍江綏化市市委書記（市級）	12	1992-2002	是	600	是	死緩
韓桂芝	黑龍江省委組織部部長（省級）	63	1993-2003	是	700	否	死緩
李天福	廣東茂名市公安局副局長（市級）	13	2002-2009	是	795	是	16
陳少勇	福建省委常委（省級）	9	1992-2008	是	820	是	無期徒刑
劉卓志	內蒙古自治區政府副主席（省級）	15	2002-2010	是	820	是	無期徒刑
陳兆豐	安徽省定遠縣縣委書記（縣級）	110	1990-2003	是	830	是	無期徒刑
何閩旭	安徽省副省長（省級）	10	1991-2006	是	841	是	死緩
劉貞堅	山東巨野縣縣委書記（縣級）	41	2007-2012	是	858	是	無期徒刑
李乘龍	廣西玉林市市委書記（縣級）	11	1991-1996	是	1040	是	死刑
王國華	河南許昌市市委組織部部長（市級）	38	1995-2008	是	1260	是	15

名字	犯罪者職位	賣官數	貪賄期間	貪賄期間是否升遷	總貪賄金額（萬元人民幣）	受賄於私人企業與否	刑期
任增祿	甘肅省華亭縣縣委書記（縣級）	129	2005-2012	是	1302	是	無期徒刑
王昭耀	安徽省委副書記（省級）	26	1991-2005	是	1350	是	死緩
李森林	河南開封市委組織部部長（市級）	238	2001-2011	是	1546	是	無期徒刑
毋保良	安徽省蕭縣縣委書記（縣級）	65	2003-2012	是	2070	是	無期徒刑
田忠	吉林省長春市市委副書記（市級）	12	1996-2006	是	2300	是	無期徒刑
羅蔭國	廣東茂名市市委書記（市級）	15	1998-2011	是	7000	是	死緩

註1：這些官員賣的官位以他們的下一層級最多。

表A.2　五十個官商勾結貪賄案例的主要特點

名字	省份與級別	涉案官員數	犯罪持續期間與是否升遷	賣官與否	主要貪賄領域	總貪賄金額（萬元人民幣）	刑期
向宏祖	湖北秭歸縣郭家壩鎮委書記（鄉級）	11	2007-2012；否	否	公共建設	10	3
馮順橋	浙江紹興市市委書記（市級）	14	1993-2006；是	是	房地產；銀行貸款	80	12
張玉舜	甘肅蘭州市市長（市級）	7	2000-2002；否	否	房地產	83	10
張森興	福建福州倉山區委書記（鄉級）	6	2003-2006；是	否	房地產	94	13
葉金印	江西星子縣國土資源局局長（市級）	13	2003-2011；否	否	房地產、公共建設	105	12.5
李啟亮	廣西來賓市副市長（市級）	5	2001-2009；是	是	礦業、土地、公共建設	108	11
裴木春	江西九江市水利局局長（縣級）	125	1998-2013；是	否	公共建設	151	12.5
姜振華	安徽省肥東縣縣委副書記（縣級）	21	2001-2006；否	是	房地產	156	8
祝均一	上海市社會保障局局長（市級）	23	1999-2006；否	否	貸款；公共建設	160	18
雷亞星	陝西榆林市政府副秘書長（市級）	5	2007-2009；是	否	國有企業資產	180	12.5

名字	省份與級別	涉案官員數	犯罪持續期間與是否升遷	賣官與否	主要貪賄領域	總貪賄金額（萬元人民幣）	刑期
申慶華	湖南婁底市政府秘書長（市級）	10	2000-2007；是	否	公共建設	221	14
湯福錦	四川雅安市副市長（縣級）	10	1998-2004；是	是	礦業；國有企業資產；發電廠	248	無期徒刑
李中傑	浙江嘉興平湖市乍浦鎮鎮委書記（鄉級）	56	1996-2009；是	否	土地、房地產；國有企業資產；公共建設	278	13.5
李斌	四川南充市順慶區區委書記（縣級）	21	1997-2003；是	否	房地產	289	11
萬瑞忠	廣西南丹縣縣委書記（縣級）	7	1999-2001；否	否	礦業	321	死刑
范雪坎	浙江紹興市委副書記（縣級）	6	1992-2005；是	是	房地產；國有企業資產	339	無期徒刑
權俊良	安徽六安市副市長（縣級）	24	2004-2012；是	是	礦業、土地	360	14.5
艾山江	新疆庫爾勒市市長（縣級）	8	2004-2013；是	否	土地和房地產	417	15
謝連章	河南漯河市政府副市長（市級）	41	2001-2013；是	是	土地和房地產	454	12
王雁	山東青島市市長助理（市級）	3	1999-2003；是	是	土地和房地產	496	死緩

名字	省份與級別	涉案官員數	犯罪持續期間與是否升遷	賣官與否	主要貪賄領域	總貪賄金額（萬元人民幣）	刑期
傅春榮	江西會昌縣縣委書記（縣級）	16	2000-2014；是	否	土地和房地產；公共建設	516	13
鄺光華	江西安遠縣縣委書記（縣級）	20	2005-2013；是	否	礦業	697	17
單增德	山東農業廳副廳長（省級）	6	2003-2012；是	是	土地和房地產；公共建設	737	15
劉卓志	內蒙古自治區政府副主席（省級）	14	2002-2010；是	是	礦業；土地	817	無期徒刑
周以忠	河南開封市市長（市級）	13	2003-2011；是	是	土地和房地產	951	無期徒刑
黃瑤	貴州省委副書（省級）	5	1993-2009	是	銀行貸款；礦業；土地和房地產	954	死緩
王懷忠	安徽省副省長（省級）	160	1994-2001；是	是	土地和房地產；公共建設；國企資產	997	死刑
宋勇	遼寧朝陽市市委書記（市級）	59	2000-2009；是	是	礦業；土地	1022	死緩
王素毅	內蒙古自治區統戰部部長（省級）	6	2005-2013；是	是	房地產；礦業	1073	死緩
毛紹烈	廣西賀州市副市長（市級）	7	1996-2012:是	是	土地；公共建設	1138	17

名字	省份與級別	涉案官員數	犯罪持續期間與是否升遷	賣官與否	主要貪賄領域	總貪賄金額（萬元人民幣）	刑期
譚燈耀	海南東方市市長（縣級）	37	2006-2009；是	是	土地；公共建設	1250	18
王先民	甘肅隴南市宕昌縣縣委書記（縣級）	9	2006-2010；是	是	公共建設	1402	死緩
馬向東	遼寧瀋陽市常務副市長（市級）	35	1986-1999；是	是	土地和房地產；公共建設	1670	死刑
王敏	山東省委常委（省級）	4	1992-2015；是	是	土地和房地產	2000	未宣判
朱渭平	江蘇無錫市濱湖區委書記（市級）	15	1998-2012；是	是	公共建設；國有企業資產	2054	15
楊躍國	雲南盈江縣縣委書記（縣）	10	2003-2013；是	是	土地和房地產；公共建設	2120	無期徒刑
王華元	浙江紀委書記（省級）	6	1998-2009；否	是	國有企業資產；公共建設；包庇犯罪	2652	死緩
謝明中	海南文昌市市委書記（市級）	3	1992-2007；是	是	房地產；公共建設	2664	死緩
劉家坤	安徽太和縣縣委書記（縣級）	4	2007-2012；是	否	房地產；公共建設	2929	無期徒刑
田玉飛	四川樂山市犍為縣縣委書記（縣級）	18	1999-2004；是	是	國有企業資產；公共建設；銀行貸款	3043	死緩

名字	省份與級別	涉案官員數	犯罪持續期間與是否升遷	賣官與否	主要貪賄領域	總貪賄金額（萬元人民幣）	刑期
李大倫	湖南郴州市市委書記（市級）	110	1999-2006；否	是	礦業；土地；房地產；銀行貸款；公共建設	3164	死緩
許宗衡	廣東深圳市市長（市級）	3	2001-2009；是	是	土地；公共建設	3318	死緩
馮偉林	湖南省高速公路管理局局長（市級）	27	2000-2014；是	是	公共建設；國有企業資產；合同發包	3405	無期徒刑
葉樹養	廣東韶關公安局長（市級）	超過100	2001-2008；是	是	礦業；公共建設；包庇犯罪	3453	死緩
李雲忠	雲南曲靖市組織部部長（市級）	10	2009-2004；是	是	公共建設	4000	未宣判
胡星	雲南昆明市副市長（市級）	5	1995-2004；是	是	房地產；公共建設	4030	無期徒刑
曾錦春	湖南州郴州市紀委書記（市級）	11	1997-2006；是	是	礦業；公共建設；勒索	4071	死刑
楊光亮	廣東茂名市常務副市長（市級）	超過100	1992-2009；是	是	土地和房地產；公共建設	4533	19
周鎮宏	廣東省省委統戰部部長（省級）	23	2002-2011；是	是	土地和房地產；國有企業資產	6160	死緩

名字	省份與級別	涉案官員數	犯罪持續期間與是否升遷	賣官與否	主要貪賄領域	總貪賄金額（萬元人民幣）	刑期
洪金洲	貴州省黔東南州副州長（市級）	5	1997-2013；是	否	土地和房地產；公共建設	7190	未宣判
平均數		25	9.1			15.7	13
中位數		11	8.0			9.5	13
標準差		34	4.6			16.8	3.5

註1：這裡的職位指的是犯官被捕時所在職務。為了避免當時犯官被晉升或調升到榮譽職引起的混淆（例如地方政協），我們使用該員的前一任職務，也就是其進行貪賄時的職務。在大部份的案例中，犯官都是在層級較低的黨職領導或市長任內進行貪腐。

註2：在少數牽涉到龐大人數的案例中，我們懷疑媒體和官方報告沒有將官員和商人分開來計算。

註3：貪腐總收入包含侵占公款、收賄以及將公共基金的納入口袋的不當處置。

表A.3　五十個國企內勾結腐敗案例的主要特點

公司名稱	主犯貪賄持續期間	主犯職位	涉案人數	總貪賄金額（萬人民幣）	主犯貪賄金額（萬人民幣）	刑期（年）
福建省龍鋼企業集團（福建）	1994-2003	總裁	21	170	8.6	5.5
新網科技（上海）	2005-2010	董事長	3	72	8.6	5
青海能源發展集團（青海）	2005-2013	總裁	17	12700	9	解僱
泰州市無名國有企業（江蘇）	2000-2008	經理	6	700	15	4
溫州虹豐糧油集團（浙江）	2007-2011	董事長	4	800	20	13
甘肅蘭阿煤業（甘肅）	2007-2010	總經理	16	600	25	6
中國遠洋運輸集團	2007-2011	資深副總裁	7	不明	30.8	10
華中電力集團（湖北）	1998-2002	總裁	35	不明	37	13
彭水飲食服務公司（重慶）	1998-2009	總經理	4	185	40.3	10
南靖長塔煤礦公司（福建）	1992-2001	總經理	10	100	42	20
蘭州萬廈實業公司（甘肅）	1999-2008	總經理	4	8500	53	20
三明市物資集團（福建）	1998-2010	總經理	3	181	79.7	15
渝水電力公司（江西）	2007-2013	總經理	3	不明	82	6.6

公司名稱	主犯貪賄持續期間	主犯職位	涉案人數	總貪賄金額（萬人民幣）	主犯貪賄金額（萬人民幣）	刑期（年）
蘭州炭素集團公司（甘肅）	1999-2006	董事長	31	超過5000	93	10
平湖市廣播電視台（浙江）	2003-2011	副經理	4	350	130	16
蘭州連城鋁廠連海綜合開發公司（甘肅）	1992-1996	總經理	11	27000	140	死刑
橫山鐵合金廠（浙江）	1994-2003	廠長	19	1500	160	未宣判
中山市華僑房屋建築有限公司（廣東）	1999-2000	總經理	5	615	215	無期徒刑
廣州羊城集團（廣東）	1995-2000	董事長	15	1600	270	死緩
浙江巨化（浙江）	2002-2009	董事長	18	1000	300	15
北京北重汽輪電機公司（北京）	2004-2009	採購部主管	7	400	357	13
陝西延長石油集團（陝西）	2006-2012	副總工程師	4	660	530	15
山東黃金集團（山東）	1992-2002	董事長	11	不明	606	死緩
中國農業發展銀行	1996-2003	副總裁	7	2500	635	無期徒刑
齊魯石油化工（中國石化）	1998-2002	董事長	20	不明	650	未宣判
南平市礦業開發總公司（福建）	2004-2011	總經理	4	905	700	9
中國輕騎集團（山東）	1994-2006	董事長	48	5720	1070	無期徒刑

公司名稱	主犯貪賄持續期間	主犯職位	涉案人數	總貪賄金額（萬人民幣）	主犯貪賄金額（萬人民幣）	刑期（年）
陝西省地方電力集團（陝西）	1998-2004	總裁	54	4000	710	無期徒刑
中國移動通信集團公司	1994-2009	黨組書記和副總裁	15	超過20000	750	死緩
重慶海康集團（重慶）	2000-2005	董事長	10	18500	984	18
古井集團（安徽）	1991-2007	董事長	11	8000	1000	無期徒刑
首都公路發展公司（北京）	1997-2004	董事長	19	不明	1004	死緩
安徽軍工集團控股公司（安徽）	1999-2012	董事長	9	不明	1166	19
伊利乳業（內蒙古）	不明-2004	董事長	5	3150	1650	6
雲南銅業集團（雲南）	2003-2007	董事長	70	200000	1900	無期徒刑
窯煤集團（甘肅）	2003-2009	董事長	16	不明	2030	死緩
中國儲備糧管理公司（河南分公司）	2002-2012	總裁	81	70000	2300	無期徒刑
中國郵政儲蓄銀行	2002-2015	總裁	4	44000	2470	未宣判
中國石油天然氣集團公司	2004-2013	董事長	45	不明	2880	未宣判
徽商集團（安徽）	2001-2007	董事長	34	8800	3400	死緩
公欣工程建設監理中心有限公司（上海）	2004-2010	總經理	6	4600	4200	無期徒刑
柳州鋼鐵集團（廣西）	2006-2013	董事長	7	11883	6236	未宣判

公司名稱	主犯貪賄持續期間	主犯職位	涉案人數	總貪賄金額（萬人民幣）	主犯貪賄金額（萬人民幣）	刑期（年）
鶴壁煤業集團（河南）	2003-2013	董事長	12	不明	7620	無期徒刑
廣州市白雲農工商聯合公司（廣東）	1998-2013	總裁	19	38400	10000	死刑
黃岩房地產開發總公司（浙江）	2001-2004	總裁	6	超過50000	超過100	19
溫州菜籃子集團（浙江）	2003-2010	董事長	47	40000	21600	死緩
新廣國際集團（廣東）	2006-2010	董事長	27	不明	24700	無期徒刑
上海電氣集團（上海）	2001-2006	董事長	5	不明	30600	死緩
上海鳳凰集團（上海）	1994-2000	董事長	14	500	不明	不明
華潤集團	2009-2014	董事長	8	不明	不明	未宣判
平均數	7.4	17	15600	2990	12.5	
中位數	7.0	11	2800	640	13	
標準差	3.4	17.5	34500	6370	5	

註1：貪腐總收入包含收賄、侵占公款，對國有資產不當處置或非法私有化中產生的市場價值和利潤，以及不當取得的收入。

註2：本表依國企主事者貪腐總收入排序。

A.4 五十個黑白兩道勾結案例的特點

黑幫老大姓名（地點）	犯罪期間	主要犯罪活動	刑期	主要保護傘級別、姓名貪賄金額（萬元）	涉案官員數（涉案執法人員數）	刑期
唐宗虎（安徽懷遠縣）	1997-2001	賣淫	無期徒刑	公安局副局長呂學法（縣級）；4	8（3）	3.5
王義強（安徽滁州市）	1997-2006	賭博	死刑	公安分局副局長王洪軍（縣級）；0	3（3）	2
徐捷（福建順昌縣）	1991-2001	賭博、高利貸、其他生意	死刑	政法委書記李建（縣級）；67	8（8）	無期徒刑
陳凱（福建福州市）	1991-2003	賭博、賣淫、房地產、販賣人口	死刑	公安局局長徐聰榮（市級）；不明	35（8）	逃亡海外
林秋文（福建閩侯縣）	1996-2001	賭博、綁架、殺人、其他生意	死刑	縣長鄒國真（縣級）；200	12（6）	15
龍傑鋒（福建四會市）	1999-2005	勒索、賭博、綁架、殺人	被仇家殺害	公安局副局長陳國陽（縣級）；200	3（3）	8.5
李振剛（廣東茂名市）	2001-2010	勒索、賭博、綁架、高利貸	20	公安分局局長楊強（縣級）；1419	5（5）	無期徒刑
廖福東（廣西武宣縣）	1997-2010	傷害、賭博、其他生意、礦業	20	縣委書記李啟亮（縣級）；108	5（1）	11
周壽南（廣西百色市）	1995-1999	傷害、賭博、殺人、賣淫	無期徒刑	公安局局長李紅專（市級）；15	22（8）	13
李昌裕（廣西北海市）	1993-1999	傷害、販毒、勒索、賭博、殺人、搶劫	死刑	公安分局局長何家泰（縣級）；27	5（5）	6
程學德（廣西岑溪市）	1992-2002	勒索、賭博、高利貸、礦業	20	副市長蘇柱顯（縣級）；不明	13（5）	未宣判

黑幫老大姓名（地點）	犯罪期間	主要犯罪活動	刑期	主要保護傘級別、姓名貪賄金額（萬元）	涉案官員數（涉案執法人員數）	刑期
甘安義（貴州望謨縣）	2003-2008	賭博、礦業、賣淫	20	公安局局長何躍敏（縣級）；3	3（2）	5
張執新（黑龍江齊齊哈爾市）	1993-2003	傷害、賭博、賣淫、其他生意	死刑	紀委書記王瑞（市級）；90	11（11）	未宣判
陳加貴（河南鄭州市）	2012-2013	賣淫	無期徒刑	公安局副局長周廷欣（市級）；71	8（8）	6
楊新生（河南林州市）	1996-2005	傷害、殺人、礦業	不明	公安局局長翟蔭昌（縣級）；不明	6（3）	未宣判
余林（湖北老河口市）	1994-2006	傷害、勒索	死刑	公安局副局長雷新元（縣級）；不明	4（2）	15
蔣齊心（湖南東安縣）	1993-2001	傷害、其他生意	20	政法委書記胡純棟（縣級）；8	12（2）	8
譚和平（湖南漣源市）	1995-2001	傷害、詐騙銀行、勒索	無期徒刑	公安局副政委廖紅日（縣級）；不明	17（4）	2
湯宏（湖南綏寧縣）	1993-2000	勒索、賣淫、搶劫	無期徒刑	公安局局長侯萬虎（縣級）；不明	7（6）	未宣判
袁學明（湖南資興市）	1997-2001	殺人、礦業	不明	政法委副書記謝孔彬（市級）；不明	4（2）	未宣判
歐濤（湖南汝城縣）	1997-2002	賭博、其他生意	無期徒刑	公安局局長黃國雄（縣級）；不明	4（3）	未宣判
姚志宏（湖南邵陽市）	1994-2002	勒索、賭博、高利貸、賣淫	死刑	檢察院反貪局副局長李勇（市級）；不明	12（12）	未宣判

黑幫老大姓名（地點）	犯罪期間	主要犯罪活動	刑期	主要保護傘級別、姓名賣賄金額（萬元）	涉案官員數（涉案執法人員數）	刑期
歐建（湖南湘潭市）	1989-2010	傷害、販毒、賭博、高利貸、其他生意	20	公安局副局長蔡亞斌（市級）；844	4（4）	12
劉俊勇（湖南新化縣）	1995-2005	賭博、殺人、礦業	死刑	公安局副局長伍福全（縣級）；不明	4（4）	3
謝文生（湖南衡陽市）	1997-2006	勒索、賭博、礦業	20	公安局局長肖強（縣級）；23	6（4）	12
司傳海（江蘇淮安市）	1992-2001	勒索、販毒、賣淫	20	公安局副局長李揚（縣級）；4	13（不明）	3.5
陳述國（江西萍鄉市）	1990-2001	傷害、販毒、殺人、搶劫	死刑	公安局局長周新耕（縣級）；不明	5（5）	8
熊新興（江西撫州市）	1996-2004	傷害、賭博、詐騙銀行、房地產	死刑	公安廳副廳長許曉剛（省級）；500	6（6）	無期徒刑
蘭林炎（江西橫峰縣）	1998-2010	傷害、其他生意	20	縣委書記吳宣策（縣級）；180	10（1）	11
祝氏家族（江西鉛山縣）	1989-2001	傷害、賭博、殺人、礦業	死刑（其中一成員）	縣委書記塗福生（縣級）；14	23（5）	3
郝偉成（吉林長春市）	1990-2010	勒索、綁架、其他生意、房地產	20	紀委副書記王子桐（省級）；55	18（6）	未宣判
田波（吉林梅河口市）	1995-1999	礦業	死刑	副市長張德毅（縣級）；不明	14（不明）	未宣判
王禹帆（吉林通化市）	2002-2009	販毒、勒索、礦業	死緩	公安局副局長王禹帆（市級）；181	6（5）	死緩
王軍（吉林遼源市）	1998-2009	高利貸、其他生意	死刑	公安局局長劉長林（縣級）；25	5（3）	13

黑幫老大姓名（地點）	犯罪期間	主要犯罪活動	刑期	主要保護傘級別、姓名貪賄金額（萬元）	涉案官員數（涉案執法人員數）	刑期
劉湧（遼寧瀋陽市）	1995-2000	傷害、房地產	死刑	市檢察長劉實（市級）；69	10（不明）	20
郝萬春（遼寧瀋陽市）	2000-2006	傷害、高利貸、房地產	死緩	公安局副局長張建明（市級）；66	3（3）	未宣判
張秀武（遼寧凌源市）	2001-2008	搶劫、勒索、綁架、礦業	死緩	公安局局長張林（縣級）；156	6（5）	未宣判
宋鵬飛（遼寧瀋陽市）	1995-2006	販毒、殺人、其他生意	死刑	公安分局局長張保華（縣級）；156	13（13）	未宣判
董寶軍（遼寧錦州市）	1995-2006	傷害、礦業	20	公安局副局長朱良（市級）；180	6（6）	6
聶磊（山東青島市）	2000-2010	販毒、賭博、賣淫、房地產	死刑	公安局副局長王延球（市級）；198	8（8）	15
李二保（陝西黃陵縣）	1992-2001	勒索、綁架、礦業	死刑	公安分局局長劉發學（縣級）；不明	4（4）	3
董天運（陝西渭南市）	1995-2001	傷害、其他生意	20	公安局局長丁叔亮（縣級）；3	8（8）	7
馮永強（陝西潼關縣）	1998-2007	傷害、殺人、礦業	無期徒刑	公安局副局長田平利（縣級）；不明	6（6）	9
關建軍（山西陽泉市）	1990-2010	賭博、綁架、礦業	15	公安局副局長梁華奎（市級）；不明	3（3）	未宣判
宋魁祥（山西高平市）	1992-2001	傷害、勒索、綁架、礦業	20	市委書記張喜來（縣級）；135	6（3）	7
李滿林（山西太原市）	1991-2001	傷害、賭博、綁架	死刑	公安局局長邵建偉（市級）；480	4（4）	9

黑幫老大姓名（地點）	犯罪期間	主要犯罪活動	刑期	主要保護傘級別、姓名賣賄金額（萬元）	涉案官員數（涉案執法人員數）	刑期
曾少林（四川富順縣）	1997-2001	傷害、勒索、賭博	20	公安局刑警大隊長陳興良（縣級）；不明	5（3）	8
鄒久保（雲南西雙版納）	2002-2006	傷害、賭博、走私	18	公安局副局長段開林（市級）；12	4（3）	5
賈建軍（浙江義烏市）	1993-2001	傷害、綁架、其他生意	死刑	公安局長柳至多（縣級）；45	5（5）	無期徒刑
張畏（浙江溫嶺市）	1995-2000	勒索、詐騙銀行、殺人	死刑	公安局局長楊衛中（市級）；26	66（14）	14
平均數	8			215	10（5）	8.5
中位數	9			66	6（5）	8.0
標準差	2.8			411	10（3）	4.6

註：執法人員包含了黑社會保護者，其中涉及的範疇含括檢察官、法官、中共政法委書記。

表A.5 三十個多名法官涉貪案例的特點

名字／地點職位	貪腐期間	涉案法官人數	貪賄金額（萬元人民幣）	刑期
劉家義／安徽省阜陽市中級人民法院院長	1997-2004	12	90	13
王建民／安徽省阜陽市中級人民法院副院長	1993-2005	9	33	10
陶海光／安徽省蕪湖市中級人民法院民一庭庭長	2002-2008	6	18	10
龔東升／北京市順義區人民法院副院長	2008-2010	5	不明	3
郭生貴／北京市西城區人民法院院長	1999-2007	3	797	死緩
陳雪明／上海市高級人民法院民一庭庭長	不明-2013	4	共同招妓	開除黨籍
張弢／重慶市高級人民法院副院長	1999-2009	14	902	死緩
林法官／福建省台江區人民法院法官	2007-2012	4	19	3
嚴得／廣東省茂港區人民法院院長	2001-2009	3	2046	死緩
楊賢才／廣東省高級人民法院執行局原局長	1996-2008	14	1180	無期徒刑
曾有煥／廣東省佛山市中級人民法院副院長	2004-2007	3	37	未宣判
劉寬／廣東省湛江市中級人民法院執行一庭院副庭長	2003-2007	9	86	未宣判

名字／地點職位	貪腐期間	涉案法官人數	貪賄金額（萬元人民幣）	刑期
裴洪泉／廣東省深圳市中級人民法院副院長	1994-2006	5	1142	無期徒刑
黃愛泉／廣西省平南縣人民法院院長	1998-2005	8	9	6
程貴卿／河北省張家口市橋西區人民法院院長	1994-1997	9	1	3
張國慶／河南省伊川縣人民法院院長	2008-2010	7	53	10
李曉昱／河南省鄭州市中級人民法院民三庭原副庭長	2005-2011	5	20	10
李緒臘／湖北省武漢市中級人民法院執行庭副庭長	2005-2009	6	18	10
柯昌信／湖北省武漢市中級人民法院常務副院長	1994-2003	13	77	13
李敬學／湖北省十堰市中級人民法院原副院長	2000-2002	3	不明	不明
吳振漢／湖南省高級人民法院院長	1998-2003	10	607	死緩
宋翔／吉林省高級人民法院刑一庭庭長	2003-2007	4	不明	未宣判
蘇迎旭／吉林省高級人民法院民三庭副庭長	不明-2007	8	超過20[註1]	未宣判
張永義／遼寧省清原縣人民法院副院長	2009-2014	10	不明	未宣判
劉實／遼寧省瀋陽市中級人民法院院長	1993-2000	5	76	20

名字／地點職位	貪腐期間	涉案法官人數	貪賄金額（萬元人民幣）	刑期
李峰／寧夏銀川市中級人民法院執行局局長	2007	3	35	11
魏蘭芬／寧夏石嘴山市中級人民法院院長	2001-2006	12	不明	開除黨籍 (註2)
劉青峰／山東省青島市中級人民法院副院長	2000-2009	4	364	14
孫偉民／天津市高級人民法院民二庭副庭長	2006-2007	4	91	10
尹建楚／浙江省溫州市中級人民法院審判員	不明 -2008	8	14	未宣判
平均數	5.9	7	335	9.7
中位數	5	6	76	10
標準差	3.3	3.5	534	4.6

註1：含所有共犯。

註2：魏蘭芬的所有共犯皆被判刑入獄。

表A.6　三十個監督管理機關多人涉貪案例的特點

主犯的職位	主犯的貪賄持續期間	涉案官員人數（包括主犯	主犯的貪賄金額（萬元）	主犯的刑期
（1）環境保護局				
李龍斌／安徽省亳州市譙城區環保局長	2010-2012	21	23	未宣判
李維宇／廣東省廣州市環保局局長	不明-2004	11	68	7
袁紹東／廣東省東莞市環保局局長	2007-2012	3	870	14
歐陽傑／廣東省廣寧縣環境保護局局長	不明-2013	3	不明	未宣判
謝旭東／廣東省江門市環保局監察科副科長	2006-2009	3	85	10
鄭治貴／河北省石家莊市環保局局長	1998-2001	5	11	未宣判
袁念收／湖南省瀏陽市環保局局長	1995-2003	11	32	10
文八大／湖南省郴州市環保局局長	2000-2001	5	37（註1）	10
陸伯新／江蘇省南通市環保局局長	2008-2012	30	133	12
馬元坤／江蘇省豐縣環保局副局長	2007-2010	6	3	3
高潤生／山西省介休市環保局副局長	1993-2012	3	318	8
徐紅軍／浙江省慈溪市環保局局長	2002-2008	7	61	11

主犯的職位	主犯的貪賄持續期間	涉案官員人數（包括主犯）	主犯的貪賄金額（萬元）	主犯的刑期
潘駿／浙江省杭州市環境保護科學研究院院長（杭州市環保局直屬單位）	2002-2007	超過90	58	15
葉鋼煉／浙江省溫州市環境保護局局長	2005-2008	20	27	10.5
王安健／浙江省湖州市環保局局長	1999-2005	12	17	7
朱曉芳／浙江省海鹽縣環保局局長	2004-2014	6	40	未宣判
（2）安全生產監督管理局及煤礦安全監察局				
武書田／安徽省蚌埠市安全生產監督管理局局長	2002-2012	3	143	18
王西平／重慶市煤礦安全監察局副局長	2000-2009	7	890	無期徒刑
重慶市梁平縣安全生產監督管理局局長	2005-2009	3	7	3
廣東省東莞市安全生產監督管理局局長	不明-2012	3	40	13
謝光祥／湖南省安全生產監督管理局局長	1996-2008	3	200	14
王國君／吉林省煤礦安全監察局副局長	1997-2007	3	234	14
奧建榮／山西省太原市杏花嶺區安全生產監督管理局局長	2002-2006	9	40	7

主犯的職位	主犯的貪賄 持續期間	涉案官員人數 （包括主犯	主犯的貪賄 金額（萬元）	主犯的 刑期
陳彩興／浙江省溫州市安全生產監督管理局局長	2005-2008	23	10	5
盧朱平／浙江省海甯市安全生產監督管理局副局長	2010-2013	6	13	6.75
（3）食品藥品監督管理局				
楊衛東／廣東省廣州市食品藥品監督管理局局長	1998-2003	4	44	6.5
吳福／廣西省梧州市食品藥品監督管理局局長	2008-2013	7	8	5.5
劉桂生／湖南省食品藥品監督管理局副局長	2005-2011	5	82	未宣判
鄭筱英／國家食品藥品監督管理局局長	1998-2005	9	649	死刑
衛良／國家食品藥品監督管理局正處級調研員	2006-2010	6	147	未宣判
平均數	6.3	8	152	9.6
中位數	5.0	6	51	10
標準差	4.0	7	240	4

註1：此數字為涉案的所有五位官員貪腐所得。

註釋

導論

開場白：習近平關於黨風廉政建設和反腐敗鬥爭論述摘編（北京：中央文獻出版社，2015）：24。

1. 習近平整肅周永康，主要是因為周永康和薄熙來走得太近。薄熙來在2012年被整肅，在2013年被判刑。

2. 這些官員都在周永康退出政治局常委後立刻被捕，〈周永康系列落馬官員〉，財新網，http://china.caixin.com/2014-12-07/100760100.html；2015年7月，周永康的頭號心腹河北省委書記也被捕。

3. 〈周永康的紅與黑〉，財星網，2014年7月，http://chinadigitaltimes.net/chinese/2014/07/周永康的紅與黑/.

4. 因為周永康當時尚未被捕，這篇報導只隱晦的提到他。〈劉漢兄弟涉黑斂財記〉，新京報，2014年2月21日。

5. 〈周永康一審被判處無期徒刑〉，新華網，2015年6月11日，http://news.xinhuanet.com/legal/2015-06/11/c_1115590 304.htm；〈周永康的紅與黑〉。

6. 〈令氏兄弟〉，財新（2014年12月26日）。

7. 〈樓忠福廣夏往事〉，時代在線，2015年1月6日，http://www.time-weekly.com/html/20150106/27939_1.html；〈樓忠福政治獻金被查〉，無界新聞，2015年7月14日，http://finance.sina.com.cn/chanjing/sdbd/20150714/203822684481.shtml.

8. 〈起底鐵路大亨王春成〉，中國經營報，2014年8月12日；〈王春成沉浮〉，財經（2014年7月28日）；〈中共中央決定給予徐才厚開除黨籍處分〉，新華網，2014年6月30日，http://news.xinhuanet.com/politics/2014-06/30/c_1111388235.htm；〈國賊徐才厚查抄內幕〉，鳳凰週刊，http://chinadigitaltimes.net/chinese/2014/11/鳳凰週刊I/國賊徐才厚查抄內幕。

9. "The new age of crony capitalism," The Economist（2014年3月15日）。

10. Karen Dawisha, Putin's Kleptocracy: Who Owns Russia? (New York: Simon and Schuster, 2014).

11. 窩案的官方定義是在一個政府單位內短時間內查到三件以上貪腐案件。串案則是由一個主犯犯了三件以上貪腐案件。根據上海上人民檢察院的資料，窩案和串案是分開計算的。當一個單位中發生多起案件，這些案件就歸為一「組」，但每個犯人都是分開起訴，稱為一「件」。串案的分類方式也是如此。在2000年，共有9組串案，34件，窩案則有20組，88件（每組平均4件）。由於參與勾結的犯人是分別起訴的，所以中國人民檢察院的年度起訴統計找不到串窩案的數字。深圳市人民檢察院在2013年的報告也是如此分類。〈上海貪污受賄串窩案近八成在國企〉，解放日報，2000年10月20日；〈深圳檢察院：窩案串案占70%以上〉，第一財經日報，2013年1月23日。

12. 關於中國貪腐的調查，參見Yan Sun, Corruption and Market in Contemporary China (Ithaca: Cornell University Press, 2004).

13. 搜集這時期貪腐案件最具代表性的，是《當前經濟領域違法違紀典型案例評析》（北京：中國工商聯合出版社，1996）。《中國法律年鑑》也會搜集年度重大貪腐案件。這時期唯一的例外是1980年代初由黑龍江低層幹部王守信為首的貪腐集團。調查記者劉賓雁的長文〈人妖之間〉中揭發了這個集團。但和1990年代以來被揭露的勾結網絡相比，王守信的案子不管在範圍和規模上都小巫見大巫。

14. 窩案這個詞在1992年之前都沒有出現；而1992年之前出現的四則串案條目，都和官員的貪腐無關。這個資料庫在www.cnki.net.

15. 有兩位學者已經研究過中國的勾結式腐敗，參見Ting Gong, "Dangerous collusion: Corruption as a collective venture in contemporary China," Communist and Post-Communist Studies 35 (2002): 85–103; Shawn Shieh, "The rise of collective corruption in China: The Xiamen smug- gling case," Journal of Contemporary China 14 (2005): 67–91.

16. 〈我在中紀委24年〉，新民週刊（2003年3月9日）。

17. 參見何清漣對地方黑道治國的開創性研究，〈中國政府行為的黑社會化〉，http://heqinglian.net/3782-2/.

18. Bruce Dickson, Red Capitalists in China: The Party, Private Entrepreneurs, and Prospects for Political Change (Cambridge, UK: Cambridge University Press, 2003).

19. Sun, Corruption and Market in Contemporary China; Andrew Wedeman, Double Paradox: Rapid Growth and Rising Corruption in China (Ithaca, NY: Cornell University Press, 2012); Tak-Wing Ngo and Yongping Wu, eds., Rent-Seeking in China (London: Routledge, 2009); Melanie Manion, Corruption by Design: Building Clean Government in Mainland China and Hong Kong (Cambridge, MA: Harvard University Press, 2009); Yongshun Cai, State and Agents in China: Disciplining Government Officials (Stanford, CA: Stanford University Press, 2015).

20. Shawn Shieh, "The rise of collective corruption in China"; Jiangnan Zhu, "Why are offices for sale in China?" Asian Survey 48 (2008): 558–579; Ko-lin Chin and Roy Godson, "Organized crime and the political-criminal nexus in China," Trends in Organized Crime 9 (2006): 5–44.

21. Ting Gong, "Dangerous collusion"; Minxin Pei also briefly discusses collusive corruption in China's Trapped Transition: The Limits of Developmental Autocracy (Cambridge, MA: Harvard University Press, 2006): 159–166.

22. "Planet plutocrat," Economist（2014年3月15日）。

23. Thane Gustafson, Capitalism Russian-Style (Cambridge, UK: Cam- bridge University Press, 1999); Louise Shelley, "Crime and corruption," in Stephen White, Alex Pravda, and Zvi Gitelman, eds., Developments in Russian Politics (Durham, NC: Duke University Press, 2001): 239–253; Rasma Karklins, "Typology of post-communist corruption," Problems of Post-Communism 49 (2002): 22–32; Federico Varese, "The transition to the market and corruption in post-socialist Russia," Political Studies 45 (1997): 579–596.

24. Lawrence King, "Postcommunist divergence: A comparative analysis of the transition to capitalism in Poland and Russia," Studies in Comparative International Development 37 (2002): 3–34; Roman Frydman, Andrzej Rapaczynski, and Joel Turkewitz, "Transition to a private property regime in the Czech Republic and Hungary," in Wing Thye Woo, Stephen Parker, and Jeffrey D. Sachs, eds., Economies in Transition: Comparing Asia and Europe (Cambridge, MA: MIT Press, 1997): 41–102; David Lane, "What kind of capitalism for Russia? A comparative analysis," Communist and Post-Communist Studies 33 (2000): 485–504.

25. Sergei Guriev and Andrei Rachinsky, "The role of oligarchs in Russian capitalism," Journal of Economic Perspectives 19 (2005): 131–150; Michael McFaul, "State

power, institutional change, and the politics of privatization in Russia," World Politics 47 (1995): 210–243; Joseph Blasi et al., Kremlin Capitalism: The Privatization of the Russian Economy (Ithaca, NY: Cornell University Press, 1997); Andrew Barnes, Owning Russia: The Struggle over Factories, Farms, and Power (Ithaca, NY: Cornell University Press, 2006)

26. Andrei Shleifer and Robert Vishny, "Corruption," Quarterly Journal of Economics 108 (August 1993): 599–617.

27. J. S. Hellman, G. Jones, and D. Kaufmann, "Seize the state, seize the day: State capture and influence in transition economies," Journal of Comparative Economics 31 (2003): 751–773.

28. Kathryn Stoner-Weiss, "Central weakness and provincial autonomy: Observations on the devolution process in Russia," Post-Soviet Affairs 15 (1999): 87–106.

29. Odd-Helge Fjeldstad, "Decentralization and corruption: A review of the literature" (University of Bergen, mimeo, 2003); Paul Seabright, "Accountability and decentralisation in government: An incomplete contracts model," European Economic Review 40 (1996): 61–75. 他主張權力下放可以控制制貪腐，但必須要有公民社會和獨立的司法強力監督才行。Prateek Goorha的觀點亦同。參見 "Corruption: Theory and evidence through economies in transition," International Journal of Social Economies 27 (2000): 1180–1204.

30. Ichiro Iwasaki and Taku Suzuki, "Transition strategy, corporate exploitation, and state capture: An empirical analysis of the former Soviet states," Communist and Post-Communist Studies 40 (2007): 393–422.

31. Andras Sajo, "From corruption to extortion: Conceptualization of post-communist corruption," Crime, Law & Social Change 40 (2003): 171–194.

32. Tanya Frisby, "The rise of organised crime in Russia: Its roots and social significance," Europe-Asia Studies 50 (1998): 27–49.

33. Steven Solnick, Stealing the State: Control and Collapse in Soviet Institutions (Cambridge, MA: Harvard University Press, 1998); Gustafson, Capitalism Russian-Style.

34. Kathleen Collins, "The logic of clan politics: Evidence from the Central Asian trajectories," World Politics 56 (January): 224–261.

35. Federico Varese, The Russian Mafia: Private Protection in a New Market Economy

(Oxford: Oxford University Press, 2001); Vadim Volkov, Violent Entrepreneurs: The Use of Force in the Making of Russian Capitalism (Ithaca, NY: Cornell University Press, 2002); Leslie Holmes, "Corruption and organised crime in Putin's Russia," Europe-Asia Studies 60 (2008): 1011–1031;

36. Maria Los, "Crime in transition: The post-communist state, markets and crime," Crime, Law & Social Change 40 (2003): 145–169.

37. Stephen Haber, Crony Capitalism and Economic Growth in Latin America: Theory and Evidence (Stanford: Hoover Press, 2002).

38. Raymond Fisman, "Estimating the value of political connections,"American Economic Review 91 (2001): 1095–1102.

39. Mara Faccio, "Politically connected firms," American Economic Review 96 (2006): 369–386.

40. Paul Hutchcroft, "Oligarchs and cronies in the Philippine state: The politics of patrimonial plunder," World Politics 43 (1991): 414–450.

41. Oliver Schlumberger, "Structural reform, economic order, and development: Patrimonial capitalism," Review of International Political Economy 15 (2008): 622–649; David C. Kang, Crony Capitalism: Corruption and Development in South Korea and the Philippines (New York: Cambridge University Press, 2002); Gulnaz Sharafutdinova, Political Consequences of Crony Capitalism Inside Russia (Notre Dame, IN: University of Notre Dame Press, 2010).

42. Marshall Goldman, The Piratization of Russia: Russian Reform Goes Awry (New York: Routledge, 2003).

43. 普丁把這個過程扭轉過來了，特別是在能源和媒體產業。

44.〈中國國家帳本出爐〉，財經網，http://economy.caijing.com.cn/20150727/3934030. shtml.

第一章　權貴資本主義的起源

開場白：《習近平關於黨風廉政建設和反腐敗鬥爭論述摘編》（北京：中央文獻出版社，2015）：112。

1. Peter Murrell and Mancur Olson, "The devolution of centrally planned economies," Journal of Comparative Economics 15 (1991): 239–265.

2. 參見Robert Masson and Joseph Shaanan, "Social costs of oligopoly and the value of competition," Economic Journal 94 (1984): 520–535.

3. George Stigler, "A theory of oligopoly," Journal of Political Economy 72 (1964): 44–61; Susan Rose-Ackerman, Corruption and Government: Causes, Consequences, and Reform (New York: Cambridge University Press, 1999): 66; Margaret Levenstein and Valerie Y. Suslow, "What determines cartel success?" Journal of Economic Literature 44 (2006): 43–95.

4. Jean Tirole, "Hierarchies and bureaucracies: On the role of collusion in organizations," Journal of Law, Economics, and Organization 2 (1986): 181–214; Jean-Jacques Laffont and Jean-Charles Rochet, "Collusion in organizations," Scandinavian Journal of Economics 99 (1997): 485–495; Fred Kofman and Jacques Lawarree, "Collusion in hierarchical agency," Econometrica: Journal of the Econometric Society 61 (1993): 629–656.

5. Jean-Jacques Laffont, "Collusion and delegation," RAND Journal of Economics 29 (1998): 280–305; Nahum Melumad, Dilip Mookherjee, and Stefan Reichelstein, "Hierarchical decentralization of incentive contracts," RAND Journal of Economics 26 (1995): 654–672.

6. Xueguang Zhou, "The institutional logic of collusion among local governments in China," Modern China 36 (2010): 47–78.

7. Ting Gong, "Dangerous collusion: Corruption as a collective venture in contemporary China," Communist and Post-Communist Studies 35 (2002): 85–103.

8. Federico Varese, "Pervasive corruption," in A. Ledeneva and M. Kurk- chiyan, eds., Economic Crime in Russia (London: Kluwer Law International, 2000): 99–111; Francis Lui, "A dynamic model of corruption deterrence," Journal of Public Economics 31 (1986): 215–236.

9. 一份針對1978到2004年間發生的526件縣處級貪腐案件的研究顯示，在1980年到1988年間，平均貪腐持續時間是2.19年；在1989到1992年間是2.13年；在1993到1997年間是2.67年；在1998到2004年間是5年。貪賄金額也在1992年後大幅提升。在1990年代之前，沒有任何大案超過100萬元人民幣。而在1991到2000年間，有31%的賄賂金額超過100萬；在2001年到2004年間，79%的賄賂金額超過100萬元。Yong Guo, "Corruption in

transitional China: An empirical analysis," China Quarterly 194 (2008): 349–364.

10. Andrei Shleifer and Robert Vishny, "Corruption," Quarterly Journal of Economics 108 (1993): 599–617.

11. 中國權貴資本主義的另一個起源，也可能是因為中國以投資為導向的發展策略，為巧取豪奪提供了大好機會。然而，從公共建設項目和其他固定資本投資中能得到的利益雖大，卻仍然比不上以低價或免費倒賣國有資產。證據之一就是中國的富豪榜上大部份都是房地產開發商。雖然我們並不排除投資導向的發展策略可能也促成了權貴資本主義，但我們相信勾結式貪腐的理論一樣適用，因為在固定資本投資的部門中，權力下放、產權不清和競奪贓物等因素都一樣存在。

12. See George Tsebelis, Veto Players: How Political Institutions Work (Princeton, NJ: Princeton University Press, 2002).

13. 正如前面所說，地方黨委書記對人事任命有壟斷權，可以強迫下屬照辦。

14. Kenneth Lieberthal and David Lampton, eds., Bureaucracy, Politics, and Decision Making in Post-Mao China (Berkeley: University of California Press, 1992); Tony Saich, Governance and Politics of China (London: Palgrave Macmillan, 2010).

15. John Burns, "China's administrative reforms for a market economy," Public Administration and Development 13 (1993): 345–360.

16. 幹部制度改革是在1984年宣布並隨後實施的，但中共中央一直到1995年2月才公布〈黨政領導幹部選拔任用工作暫行條例〉http://cpc.people.com.cn/GB/64162/71380/71387/71591/4855103.html。

17. 中央辦公廳，〈關於對違反黨政領導幹部選拔任用工作暫行條例行為的處理規定〉，1997年5月16日，http://cpc.people.com.cn/GB/64162/71380/71382/71384/4857746.html。

18. 中國學者和記者把黨委書記、市長和政府單位及國有企業的首長都稱為「一把手」。但事實上，雖然市長和黨委書記同級，但在政治上必須服從黨委書記。而大部份政府單位和國有企業的首長都同時身兼黨組書記。

19. Kyrgyzstan. Johan Engvall 也觀察到同樣的行為，參見 "Why are public offices sold in Kyrgyzstan?" Post-Soviet Affairs 30 (2014): 67–85.

20. 一份在2015年針對3671人的問卷調查顯示，其中有64%的人認為，縣黨委書記在用人時的最重要標準就是政治忠誠度。在這3671人中，有395人是縣黨委書記，511人是市廳級官員，912人是縣處級官員。馮志峰，〈縣委書記

的權力運行現狀〉，財新網，2015年3月3日，http://opinion.caixin.com/2015-03-25/100794533.html.

21. Ben Hillman的研究揭示了縣裡的派系如何爭權奪利。Hillman, "Factions and spoils: Examining political behavior within the local state in China," China Journal 64 (2010): 1–18.

22. 喬德福，〈改革開放以來市「一把手」腐敗案例研究報告〉，理論與改革5（2013）。

23. 縱向勾結也發生在國有企業，尤其是在大型國有企業，「一把手」掌握人事權，可以強迫部屬乖乖照辦。

24. Diego Gambetta, ed., Trust: Making and Breaking Cooperative Rela tions (Cambridge: Blackwell, 1988); Roderick Kramerk, "Trust and distrust in organizations: Emerging perspectives, enduring questions," Annual Review of Psychology 50 (1999): 569–598.

25. Arthur Frass, and Douglas Greer, "Market structure and price collusion: An empirical analysis," Journal of Industrial Economics 26 (1977): 21–44; Levenstein and Suslow, "What determines cartel success?"

26. Levenstein and Suslow, "What determines cartel success?" 44.

27. Stigler, "A theory of oligopoly."

28. 親族關係是縣級官員結成派系的基礎。Hillman, "Factions and spoils: Examining political behavior within the local state in China."

29. 這就是為什麼在習近平的反腐敗運動中，中共中央組織部要在2013年發出指示，禁止在幹部訓練課程中形成「小圈圈」。〈關於在幹部教育培訓中進一步加強學員管理的規定〉，人民日報，2013年3月19日。認為黨校會讓幹部們形成對黨有害的關係網，這和黨校的目的是讓幹部更加專業的傳統想法背道而馳。參見Shambaugh, "Training China's political elite: The party school system," China Quarterly 196 (2008): 827–844.

30. 其中一例發生在江西萍鄉市。〈江西萍鄉落馬書記陳安眾坦白罪行〉，中國經濟週刊（2014年12月23日）。參見Raub Werner and Gideon Keren, "Hostages as a commitment device: A game-theoretic model and an empirical test of some scenarios," Journal of Economic Behavior & Organization 21 (1993): 43–67.

31. 在西西里，新人入幫儀式之一是向基督像開槍來證明自己的忠誠。見Diego Gambetta, The Sicilian Mafia: The Business of Private Protection (Cambridge,

MA: Harvard University Press, 1993): 263; Paolo Campana and Federico Varese, "Cooperation in criminal organizations: Kinship and violence as credible commitments," Rationality and Society 25 (2013): 263–289; Klaus Von Lampe and Per Ole Johansen, "Organized crime and trust: On the conceptualization and empirical relevance of trust in the context of criminal networks," Global Crime 6 (2004): 159–184.

32. 一份研究顯示，在1983到2012年間，有142個市級一把手因為貪污被捕，在1989年前被捕的6人中，只有1人有「道德敗壞」，意即包養情婦等行為。但在1990到2002年間的47人，有11人「道德敗壞」；在2003到2012年間的89人中，有40人「道德敗壞」。喬德福，〈改革開放以來市「一把手」腐敗案例研究報告〉

33. 中央紀委研究室副主任劉春錦在一次演說中透露，落馬貪官中有90%包養情婦。〈中紀委研究室原副主任：九成落馬貪官包養情人〉，環球時報，2008年11月12日。人民大學針對2000年到2014年落馬的367個廳級或局級官員的研究則顯示，其中有47%包養情婦。人民大學國家發展與戰略研究院，《中國創新報告2014》（北京：人民大學出版社，2014）。

34. 有趣的是，除了一人之外，樣本中的260個貪官都有說到做到。

35. 在本研究中，我們有兩個黨委書記和市長激烈鬥爭的案例。一個是黑龍江綏化市的馬德和王慎義，一個是甘肅蘭州市的王軍和朱玉舜。馬德知道王慎義在貪污，但直到自己被捕以後才舉發王慎義。張王舜對馬德也如此。另一個案例是南京市原市委書記楊衛澤和市長季建軍，他們互相憎惡。在季建軍於2014年被捕之後，他的岳父立刻向紀委告發楊衛澤，楊衛澤隨後被捕。〈市長不服市委書記〉，新京報，2015年7月19日。

36. Albert Wohlstetter, The Delicate Balance of Terror (Santa Monica: RAND Corporation, 1958).

37. 中國刑法會獎勵那些提供他人犯案線索的人。〈中華人民共和國刑法〉，http://www.npc.gov.cn/wxzl/wxzl/2000-12/17/content_4680.htm.

38. 〈深挖窩案串案三法〉，人民檢察，2004年7月8日；〈職務犯罪窩案串案深挖若干策略〉，中國檢察官7（2009）。

39. 〈江蘇：反貪大案率連年全國第一〉，檢察日報，2015年6月1日。

第二章　權貴資本主義的土壤

開場白：《習近平關於黨風廉政建設和反腐敗鬥爭論述摘編》（北京：中央文獻出版社，2015）：17。

1. 關於1990年代早期所有權改革的研究，參見Gary Jefferson and Thomas Rawski, How Industrial Reform Worked in China: The Role of Innovation, Competition, and Property Rights (Washington, DC: World Bank, 1994); Jean C. Oi and Andrew G. Walder, eds., Property Rights and Economic Reform in China (Stanford, CA: Stanford University Press, 1999).
2. 龔婷，吳木鑾，〈我國2000-2009年腐敗案例研究報告〉，社會學研究，4 (2012): 204–220.
3. 張元瑞，〈我國房地產市場要放開〉，經濟參考研究73 (1992): 21.
4. 曹華，〈在當前條件下發展我國房地產業的對策〉，經濟參考研究148 (1993): 24.
5.《中國土地年鑑1994–1995》（北京：中國大地出版社，1996）：29。
6. 同上註
7. 黃燕芬等，〈走出土地財政難在哪裡？〉，改革內參5 (2007): 13.
8. 滿燕雲，〈土地財政求解〉，中國改革（2010年8月：17–18；財政部在2001年給全國人大的報告。http://www.mof.gov.cn/zhengwuxinxi/caizhengshuju/201207/t20120711_665583.html.
9. 地方土地收入的資料來自財政部在2009、2010、2011年給全國人大關於中央及地方預算的報告。
10. 在1993年，中央政府所收的稅收只占全國總稅收的22%。在1994年新的財政制度實施後，中央政府所收的稅收上升到55.7%。在1995和2009年間，中央政府的稅收平均占52.3%。計算自《中國統計年鑑2010》（北京：中國統計出版社2010）：288。
11. 溫鐵軍，〈三十年來的三次圈地運動〉，改革內參3 (2009): 5–7.
12. 景明，〈萬億土地出讓金〉，半月談10 (2008): 5.
13. 林炎，〈土地財政的形成〉，中國國土資源經濟2 (2010): 17.
14. Peter Ho, "Who owns China's land? Policies, property rights and deliberate institutional ambiguity," China Quarterly 166 (2001): 394–421.
15. 張琦，〈關於中國土地市場化的思考〉，經濟參考研究83 (2006): 33.

16. 滿燕雲，〈土地財政求解〉，16。

17. 財政部在2009、2010、2011年給全國人大關於中央及地方預算的報告。

18. 黃燕芬等，〈走出土地財政難在哪裡？〉，改革內參5 (2007): 13, 13.

19. 林雙林，〈赤字連年不止〉，改革內參30 (2010): 26.

20. 廖明，〈三架馬車拉動高房價〉，RIR 17 (2010): 5.

21. 這些單位包括徵地辦、拆遷辦、房改辦、國土資源局、房管局、規劃局、建設局、土地管理委員會、建設委員會、城市改造委員會。

22. 〈城市土地之秘〉，財經（2003年1月20日）：34。

23. Shen和Gunson認為「中國是全世界以最多小礦場開採最多樣礦物的國家」。參見Lei Shen and Aaron James Gunson, "The role of artisanal and small-scale mining in China's economy," Journal of Cleaner Production 14 (2006): 429.

24. 同上註，431。

25. Shen和Gunson提到，中國小礦場合法可採的已證實礦藏非常少。他們估計，在1995年，這些小礦場可採的已證實礦藏只占煤礦的9.2%、鐵礦的3.3%、非鐵類金屬礦的5%、金礦的5%。同上註。

26. 礦產資源資產化課題組，〈當前我國礦產資源的基本形勢〉，經濟參考研究38（1993年3月8日）31–35。

27. 王保喜，〈雲南省礦產資源資產化調研〉，經濟參考研究（1993年1月11日）44–45。

28. 村鎮煤礦是因為中國的能源短缺而興起的。中國政府從1970年代就加以鼓勵，但這些煤礦從來沒有法規可循。Philip Andrews-Speed et al., "A framework for policy formulation for small-scale mines: The case of coal in China," Natural Resources Forum 26 (2002): 45–54.

29. 劉永平，〈改革開放以來我國煤炭工業投資情況分析〉，煤炭經濟研究30（2010年7月）19。

30. Lei Shen and Philip Andrews-Speed, "Economic analysis of reform policies for small coal mines in China," Resources Policy 27 (2001): 250.

31. 國務院的規定明確禁止為了獲利出售採礦權。中國自然資源經濟（2010年8月）15。

32. 在1995年，許多村鎮煤礦實際上都是私人煤礦。山西有10%、河北有16%、四川有27%、雲南有80%、貴州有79%、江西有80%. Andrews-Speed et al., "A framework for policy formulation for small-scale mines," 46.

33. 2005年掃蕩山西非法礦場時，政府關掉了4876個礦區。共有952名政府官員和國企幹部投資這些煤礦，總投資金額1.56億元人民幣。改革內參7（2006）48。

34. Feng Chen, "Privatization and its discontents in Chinese factories,"China Quarterly 185（2006年3月）42–60。

35. 周玉，〈關於遼寧省國有企業股份制改的調研報告〉，經濟參考研究 126（1993）3；姚樹人，〈關於股份有限公司試點的有關問題〉，經濟參考研究 126（1993）13。

36. 中國企業家調查系統，〈股份制：改革中國企業體制的一條道路〉，經濟參考研究96（1994）7。

37. 吉林省在1995年3月發布出售中小型國有企業和重組經營階層的規定。湖南省在1997年7月發布小型國有企業改制的規定。

38. Yuanzheng Cao, Yingyi Qian, and Barry R. Weingast認為，是預算限制迫使地方政府搞私有化。參見Cao et al., "From federalism, Chinese style to privatization, Chinese style," Economics of Transition 7 (1999): 103–131.

39. W. K. Lau, "The 15th Congress of the Chinese Communist Party: Milestone in China's privatization," Capital and Class 22 (1999): 51–87.秦暉，〈有疑問的國資退出〉，改革內參28（2004）：3。

40. 秦暉，〈有疑問的國資退出〉，3。

41. Nicholas Lardy, Markets over Mao: The Rise of Private Business in China(Washington, DC: The Peterson Institute for International Economics, 2014).

42. 有關這個轉變的描述和分析，見Melanie Manion, "The cadre management system, post-Mao: The appointment, promotion, transfer and removal of party and state leaders," China Quarterly 102 (1985): 203–233; Xueguang Zhou, "Partial reform and the Chinese bureaucracy in the post-Mao era," Comparative Political Studies 28 (1995): 440–468; John P. Burns, "Strengthening central CCP control of leadership selection: The 1990s nomenklatura," China Quarterly 138 (1994): 458–491.

43. 這規定在〈黨政領導幹部選拔任用條例〉。這個條例自1995年以來已多次修改。2014年的版本刊登在人民日報，2014年1月16日。

44. 關於權力下放的最佳研究是Dwight Perkins, "Reforming China's economic system," Journal of Economic Literature 26 (1988): 601–645.

45. 關於國企經營管理權下放，可參見 Justin Yifu Lin, ed., State-Owned Enterprise Reform in China (Hong Kong: Chinese University Press, 2002).

46. 一份在2015年針對3671人的問卷調查（其中有395人是縣委書記，511人是地廳級官員，912人是縣處級官員）顯示，其中有62%的人認為縣委書記的人事權和預算權非常大。馮志峰，〈縣委書記的權力運行現狀〉，財新網，http://opinion.caixin.com/2015-03-25/100794533.html. 在涉貪官員中，一把手所占的比例非常高。人民大學的研究顯示，在2000年到2014年3月間落馬的367名市廳級官員中，有219人（60%）是一把手。在中央紀委網站於2014年8月公布的440名官員中，有166人是縣級以上的一把手。〈今年落馬官員三成是一把手〉中國新聞網，http://www.chinanews.com/gn/2014/08-19/6505124.shtml. 在2014年到2015年5月被捕的115名國企高幹中，有65人是一把手。〈一年半內至少115名國企高管落馬〉法制日報，2015年5月17日。

47. Yasheng Huang, "Managing Chinese bureaucrats: An institutional economics perspective," Political Studies 50 (2002): 61–79.

48. Pierre Landry詳細討論了中共如何解決這個兩難。見Decentralized Authoritarianism in China (New York: Cambridge University Press, 2008).

49. 關於改革開放初期貪腐的演變，參見Yan Sun, Corruption and Market in Contemporary China (Ithaca, NY: Cornell University Press, 2004).

50. 新制度是在1990年代中才真正落實的，因為中央在1995年才發布〈黨政領導幹部選拔任用工作暫行條例〉http://cpc.people.com.cn/GB/64162/71380/71387/71591/4855103.html

51. 從2003年起，中央紀委和中央組織部開始不定期派調查小組去省級國有企業巡視。但巡視的重點只在省級領導幹部，而且次數很少。

52. Melanie Manion, Corruption by Design: Building Clean Government in Mainland China and Hong Kong (Cambridge, MA: Harvard University Press, 2009): 119–154; Yongshun Cai, State and Agents in China: Disciplining Government Officials (Stanford, CA: Stanford University Press, 2015): 49–70; Ting Gong, "The party discipline inspection in China: Its evolving trajectory and embedded dilemmas," Crime, Law and Social Change 49 (2008): 139–152.

53. 福建省情資料庫，http://www.fjsq.gov.cn/ShowText.asp?ToBook=207&index=272&；〈紀委辦案人〉，廉政瞭望，2014年11月1日；〈中紀委增加百餘名辦案人員〉，東方早報，2014年3月20日。

54. 〈一把手腐敗是最大難題〉，南方週末，2013年11月14日。

55. 習近平關於黨風廉政建設和反腐敗鬥爭論述摘編：59。

56. 〈查辦反貪腐案件體制機制改革〉，新華網，2014年8月29日，http://news. xinhuanet.com/politics/2014-08/29/c_1112285898.htm.

第三章　買官賣官

開場白：《習近平關於黨風廉政建設和反腐敗鬥爭論述摘編》（北京：中央文獻出版社，2015）102。

1. 喬德福，〈改革開放以來市「一把手」腐敗案例研究報告〉，理論與改革5 (2013): 68.

2. 龔婷，吳木鑾，〈我國2000-2009年腐敗案例研究報告〉，社會學研究，4 (2012): 215.

3. 只有一份研究仔細分析了一件特別令人髮指的買官賣官案，參見Jiangnan Zhu, "Why are offices for sale in China? A case study of the office-selling chain in Heilongjiang province," Asian Survey 48 (2008): 558– 579; Yongshun Cai只短簡暫提到了這個現象的普遍性。見Cai, State and Agents in China (Stanford: Stanford University Press, 2015): 44–47.

4. 表A.1的資料是從官方媒體報導、公布的起訴書和判決書搜集而來。我們認為判決書是對貪官犯行的最權威描述。

5. 參見第二章對此轉變的討論。

6. 例如郭伯雄和徐才厚這兩位中央軍委副主席和政治局委員，兩人都收受大筆賄賂幫軍人升官。

7. 大部份省級官員都是在當市委書記的時候賣官的，但這裡不列入市委書記計算。

8. 關於縣委書記權力的調查，參見馮志峰，〈縣委書記的權力運行現狀〉，財新網，http://opinion.caixin.com/2015-03-25/100794533.html.

9. 省級官員和市級官員賣官次數的差距這麼小，主要是因為省級官員除了韓貴志之外，都是在當市委書記時賣官的。

10. 省、部高於地、廳、局，又高於縣、區、處，縣以下為科級。

11. 田忠為長春市委原副書記負責人事事務。

12. 張改萍涉及的38萬元顯然金額過高，所以排除。

13. 市委書紀賣官金額的差距比較大，也可能是因為一個市裡面各種官位油水的差異要比縣裡面來得大。

14. 這個樣本的貪腐持續時間要比Yong Guo的研究來得大。參見Yong Guo，"Corruption in transitional China: An empirical analysis," China Quarterly 194 (2008): 349–364；另外還有一份針對超過2000年代中3000名貪污公職人員的研究則顯示，有26%的市委書記貪腐持續時間超過5年。〈當前職務犯罪十大特點〉，檢察日報，2007年3月27日。

15. 即使在習近平最大力反腐的2014年，在被違紀懲處的23萬2000名黨的幹部中，也只有5.2%被正式起訴。〈十八屆中央紀委第五次會議工作報告〉，新華網，2015年1月29日，http://news.xinhuanet.com/politics/2015-01/29/c_1114183996.htm. Manion發現，在1987–1996期間，官員因為財產罪行而被起訴的機率要比平民百姓少八倍。Melanie Manion, Corruption by Design: Building Clean Government in Mainland China and Hong Kong (Cambridge, MA: Harvard University Press, 2009): 151.

16. 法院在量刑時還會考量其他因素。除了涉賄金額之外，還會考量犯人是否坦白認罪，是否提供有用的線索給檢察官，是否對犯行有悔意，是否有把貪污所得還給國家。

17. Cai, State and Agents in China, 75.

18. 典型的案例是山東泰安市原市委書記胡建學。他在1996年被判死緩，後來五次減刑，減到15年6個月。2006年，他被批准保外就醫。但後來在2014年因為政府嚴格規範貪官減刑，他又被送回了監獄。〈76名原廳官監外執行被建議收監〉，人民網，http://politics.people.com.cn/n/2014/0826/c1001-25539880.html.

19. 〈立功減刑誰打開縱惡之門〉，中國紀檢監察報，2014年2月28日；汪華，〈職務犯罪為何減免刑過半〉，南風窗4 (2006): 20.

20. 〈貧困縣富書記的生財之道〉，西安民報，2004年3月3日。

21. 〈原撫順書記受賄內幕〉，中國新聞網，2005年1月4日，http://www.chinanews.com.cn/gn/news/2007/01-04/848479.shtml#.

22. 〈綏化馬德賣官案偵查終結透視綏化畸官場生態〉，中國青年報，2004年8月25日。

23. 北京市高級人民法院刑事裁定書，〈馬德受賄案〉，（2005）·高刑復字第564號。

24.〈安徽省第一巨貪縣令陳兆豐110頂官帽賣出50萬〉,新華網,2006年10月 16日,news.xinhuanet.com/legal/2006-10/16/content_5206943.htm.

25.〈張治安、汪成受賄,報復陷害案〉,中華人民共和國最高人檢察院公報5 (2010)

26. 江西贛州中級人民法院刑事判決書,〈李國蔚受賄巨額財產來源不明罪〉 (2005):贛中刑初字第4號。

27.〈陳少勇受賄案〉,中華人民共和國最高人民檢察院公報2(2010)

28.〈原廣西欽州市委書記俞芳林受賄案偵破紀實〉,檢察日報,2000年12月1 日。

29.〈馬德受賄案〉

30.〈現行法律下認定賣官有四難點〉,中國新聞網,http://www.chinanews.com/ other/news/2006/10-01/799055.shtml.

31.〈揭開用人提名權黑幕〉,半月談內部版12(2006)。

32.〈浙江紀檢監察機關去年立案8915件處分8907人〉,中央紀委監察部網站, http://news.163.com/14/0215/06/9L3TDHIT00014JB5.html;《湖南省志》(北 京:五洲傳播出版社,2006):376。在2007年,中央紀委批露它有700名人 員(其中約有40%從事調查工作)。〈中紀委編制〉,新京報,2014年12月 11日。

33.〈九起實名舉報事件回顧〉,財新,2012年11月29日,http://economy.caixin. com/2012-11-29/100466286.html.

34.〈李鐵成受賄案偵破紀實〉,中國新聞網,2003年2月19日,http://www. chinanews.com/n/2003-02-19/26/274088.html.

35.〈黑色日曆:黑龍江近年官場腐敗編年史〉,財經(2005年5月2日):36。

36.〈安徽省第一巨貪縣令陳兆豐110頂官帽賣出50萬〉

37.〈白宮書記買官賣官被公訴買官者仍存在〉,大江網,2009年7月19日, http://news.163.com/09/0719/06/5EIJL0100001124J.html.

38.〈黑色日曆:黑龍江近年官場腐敗編年史〉,36–37。

39.〈李鐵成受賄案偵破紀實〉

40.〈90人向他行賄買官〉,中國新聞網,2004年5月22日,http://news.sina.com. cn/c/2004-05-22/10442598067s.shtml;〈貧困縣書記斂財〉,反腐敗導報2 (2005): 30–32。

41. 徐波接任張華琪為潁上縣委書記，但他不在本樣本案例中。〈安徽潁上縣兩任縣委書記腐敗之路〉，人民網，2006年2月20日，http://politics.people.com.cn/GB/1026/4122368.html.

42. 這種行為實在太普遍，中央紀委每逢過節就要發通知警告。〈中央紀委監察部通知要求兩節期間改進工作作風加強廉潔自律〉，新華網，2012年12月27日，http://news.xinhuanet.com/politics/2012-12/27/c_114184193.htm.

43. 〈陝西省商洛市賣官書記張改萍〉，人民網，2006年7月20日，http://politics.people.com.cn/GB/1026/4609043.html.

44. 〈一個市委副書記的斂財人生〉，檢察風雲4 (2011): 23–25.

45. 〈陳少勇受賄案〉

46. 〈拆解黑龍江賣官鏈〉，財經（2005年5月2日）：30。

47. 〈陝西省商洛市賣官書記張改萍〉

48. 〈拆解黑龍江賣官鏈〉，30。

49. 〈再探茂名窩案〉，財新網，http://china.caixin.com/2015-01-27/100779039_all.html.

50. 〈原茂名公安局長賄賂案一審宣判〉，廣州日報，2012年6月28日；〈茂港區原公安分局局長楊強大肆受賄〉，南方日報，2011年6月20日。

51. 〈90人向他行賄買官〉；〈貧困縣書記斂財〉

52. 〈安徽和縣原縣委書記楊建國的賣官經〉，法制周報，2006年7月9日；徐江善，〈罕見的賣官案〉，四川監察5（1997）。

53. 這個案例沒有在樣本中。相關訊息是來自謝連章的判決書。河南省駐馬店中級人民法院刑事判決書，〈謝連章受賄一案判決書〉（2014）駐刑一初字第27號。

54. 〈荷澤買官賣官調查〉，中國新聞週刊（2015年7月6日）。

55. 〈綏化政界的生態危機〉，中國新聞週刊（2005年4月11日）。

56. 這名向生意人借款的官員自己只出了2萬元人民幣（只有總金額的4%）。〈綏化政界的生態危機〉；〈馬德受賄案〉；〈一個貧困地區的官場投資交易〉，人民網，2006年7月19日，http://politics.people.com.cn/GB/8198/4606311.html.

57. 其中一名黨委書記是樣本中的羅蔭國。〈再探茂窩案〉；〈茂名巨貪楊光亮一審〉，羊城晚報，2011年12月16日。

58. 〈劉秀田受賄賣官案紀實〉，新華網，www.he.xinhuanet.com/zt/zhuanti002.htm.

59. 〈一個貧困地區的官場投資交易〉

60. 安徽蚌埠市禹會區人民法院刑事判決書,〈張桂義挪用公款受賄案〉(2005):禹刑初字第14號。

第四章 官商勾結

開場白:《習近平關於黨風廉政建設和反腐敗鬥爭論述摘編》(北京:中央文獻出版社,2015):38。

1. 官員下海經商最成功的是葉澄海。他從深圳市副市長被貶後,在1985年辭去公職,後來經營藥廠而成為億萬富翁。〈葉澄海:從副省級高官連貶三級到億萬富翁〉,中國週刊,(2009年10月22日)。

2. 最高人民檢察院給全國人的報告,2013年3月10日,http://www.spp.gov.cn/gzbg/201303/t20130316_57131.shtml.由於在這五年間,共有1萬9599名縣級官員受黨紀處分,1萬2193人被起訴利用職務犯罪,我們估計在被中共懲戒的縣級官員中,利用職務犯罪者占72%。

3. 從1999年開始,貪污受賄超過500萬人民幣以上被歸為「重大」案件。人民檢察院給全國人大的報告,2012年3月11日,http://www.spp.gov.cn/gzbg/201208/t20120820_2499.shtml

4. 龔婷,吳木鑾,〈我國2000-2009年腐敗案例研究報告〉,社會學研究4 (2012): 215.

5. 喬德福,〈改革開放以來市一把手腐敗案例研究報告〉,理論與改革5 (2013): 67.

6. Jiangnan Zhu, "The shadow of the skyscrapers: Real estate corruption in China," Journal of Contemporary China 21 (2012): 243–260.

7. 貪腐官員可能同時在好幾個部門搞貪污。

8. 仔細檢視這些人的貪污史,他們大多數是在當黨委書記或市長時搞貪污的。例如雷亞星、李啟亮、劉卓志、黃瑤、王雁、王懷中和毛紹烈,他們都是在當黨委書記時搞貪污。

9. 根據廣東省茂名市常務副市長楊光亮的說法,他的貪賄金額隨著官位升高而越大。當他還是副縣長時,他每年收賄100萬元人民幣,都是用現金裝在「紅色信封」中。當上縣長和縣黨委書記後,每年大概收賄200萬元;當上茂名市副市長以後,每年大概收賄300萬元。而當上常務副市長以後,每年收賄350萬元。〈巨貪楊光亮的腐敗樣本〉,檢察風雲15 (2011): 24–26.

10. 在貪賄金額超過中位數以上者當中，省級和市級官員的的案例過多，而縣級官員的案例過少。在超過中位數的這一組中，省級、市級和縣級官員所占百分比分別是24%、56%和20%。但在全體樣本中，其所占百分比分別是14%、50%和28%。

11. 駐馬店中級人民法院刑事判決，〈謝連章受賄一審判決書〉（2014）：駐刑一初字第27號。

12. 長沙中級人民法院刑事判決書，〈李大倫受賄案〉（2007）：長中刑二初字第19號。

13. 王懷忠幫忙生意人獲得好幾個單位審批的都是大型房地產開發項目。濟南中級人民法院判決書，〈王懷忠受賄巨額財產來源不明案〉（2003）：濟刑初字第32號。

14. 宿州市中級人民法院刑事判決書，〈劉家坤，趙曉莉受賄一審判決書〉，宿中刑初字第37號。

15. 〈譚燈耀受賄案〉，中國紀檢監察報，2012年2月3日；〈東方土地腐敗高查〉，中國新聞週刊（2011年4月14日）；〈東方土地腐敗窩案〉，新華網，2011年2月14日，http://news.xinhuanet.com/legal/2011-02/14/c_121074654.htm.

16. 〈劉卓志官市〉，財經（2012年7月31日）。

17. 宿州市中級人民法院刑事判決書，〈權俊良濫用職權受賄案〉，（2014）：宿中刑初字第29號。

18. 〈楊躍國案件剖析〉，中國紀檢監察報，2015年1月5日；昆明鐵路運輸中級法院刑事判決書，〈楊躍國貪污受賄案〉（2014）：昆鐵中刑初字第104號；雲南省芒市人民法院刑事判決書，〈王成鋼受賄行賄案〉（2014）：芒刑初字第102號。

19. 周鎮宏的判決書外洩被貼在網路上。〈周鎮宏受賄巨額財產來源不明案〉http://www.zjms114.com/news/bencandy.php?fid=156&id=8552.

20. 〈犍為縣原縣長楊國友稱為保官不得不受賄〉，成都晚報，2005年11月5日。

21. 〈廣東韶關8.14腐敗案揭秘〉，南方日報，2010年8月12日。

22. 〈利欲薰心後，人伸罪惡手〉，中國監察14 (2004): 42–45.

23. 〈王春成浮沉〉，財經（2014年7月28日）。

24. 〈南丹特大礦難〉，人民日報，2002年1月9月；〈南丹礦難的禍根〉，浙江廉政在線，http://jct.zj.gov.cn/fanfubai/detail.asp?id=505.

25. 〈雷副市長的墮落〉，檢察風雲7 (2006): 22.

26. 〈紹興新版官場現形記〉，法治與社會（2009年5月6日）。

27. 南京市中級人民法院刑事判決書，〈馬向東等貪污、受賄、挪用公款、巨額財產來源不明判決〉（2001）：寧刑初字第110號。

28. 〈嘉興56名落馬官員的紅黑江湖〉，法人（2010年9月）：43。

29. 〈觸目驚心的塌方式腐敗〉，中央紀檢監察報，2014年11月18日。

30. 〈貪欲讓明星深陷沼澤〉，中央紀檢監察報，2014年3月10日。

31. 〈傍官富豪〉，民主和法制9（2006年5月）：7。

32. 〈東方土地腐敗調查〉

33. 〈毛紹烈受賄逾千萬〉，中國新聞網，2015年4月1日，http://www.chinanews.com/fz/2015/04-01/7177164.shtml.

34. 〈青島土地窩案深層透視〉，中國網，2005年1月25日，http://big5.china.com.cn/chinese/2005/Jan/767588.htm；〈綏化原市長王慎義案開庭〉，法制晚報，2005年3月23日。

35. 〈廣東韶關8.14腐敗案揭秘〉

36. 〈三任縣委書記的前腐後繼〉，民主和法制（2011年5月31日）。

37. 〈劉卓志官市〉；〈王素毅墮落軌跡〉，新華網，2014年7月17日，http://news.xinhuanet.com/lianzheng/2014-07/17/c_1111672855.htm；〈貴州凱里市長洪金洲涉劉鐵男案落馬〉，東方早報，2013年8月13日；〈一個能人腐敗的標本〉，中央紀檢監察報，2014年11月4日。

38. 〈被情人絆倒的明星幹部〉，中央紀檢監察報，2014年12月15日；〈毛紹烈腐敗案剖析〉，中央紀檢監察報，2014年7月25日；〈巨貪楊光亮的腐敗樣本〉

39. 〈郴州落馬紀委書記〉，中國新聞週刊（2008年4月30日）。

40. 〈九江國土系統腐敗窩案〉，中國紀檢監察報，October 15, 2013.

41. 〈王敏案件警示錄〉，新華網，2015年3月31日，http://news.xinhuanet.com/legal/2015-03/31/c_127639414.htm.

42. 〈周濱：最著名的神秘富商〉，新華網，2014年7月29日，http://china.caixin.com/2014-07-29/100710373.html; "Billions in hidden riches for family of Chinese leader," New York Times, 2012年10月25日；關於劉樂飛，參見他的自傳，http://www.daonong.com/huiyuan/liulefei/.

43. 〈陳良宇案〉，財經79（2008年3月31日）：78–86；「富商周濱」，新華網，March 3, 2014, http:// china.caixin.com/2014-03-03/100645962.html.

44. 〈周政坤的黑色愚人節〉，檢察風雲，10 (2007).

45. 〈雲南省交通廳原副廳長胡星歸案〉，人民監督網，2007年4月29日，http:// www.rmjdw.com/yongguandangan/20060501/4509.html.

46. 〈觸目驚心的塌方式腐敗〉

47. 〈江西安遠涉20餘名官員稀土腐敗案〉，新華網，2014年12月18日，http:// news.xinhuanet.com/legal/2014-12/17/c_1113681761.htm；贛州中級人民法院刑 事裁定書，〈鄺玉珍、謝鳴等人非法採礦行賄案〉（2014）：贛中刑終字第89 號。

48. 〈海南東方土地腐敗調查〉；〈海南東方市土地窩案〉，新京報，2011年2月 15日；〈海南東方市原市長譚燈耀〉，檢察日報，2011年5月24日。

49. 〈紹興新版官場現形記〉

50. 〈劉卓志落馬內情〉，21世紀經濟論壇（2011年8月5日）。

51. 〈一個副省級高官的深度墮落〉，清廉網，2011年7月7日，http://www.jcj. dl.gov.cn/content.aspx?id=2011-7-7%2F20117785510.htm.

52. 〈權俊良濫用職權受賄案〉

53. 〈傍官富豪王德軍〉，民主和法制9 (2006): 7.

54. 〈還原張榮坤〉，財經202（2008年1月）：88–100。

55. 〈最高人民檢察院關於反貪污賄賂工作情況的報告〉，中國人大網，http:// www.npc.gov.cn/npc/xinwen/2013-10/22/content_1810629.htm.

56. 市級紀委通常只有12名人員。一個市平均下轄6到10個縣或區，人口在200 到400萬左右。中央紀委在2013年擴編後也只有360名人員。全中國的檢察 機關在2012年有15萬4664人。〈紀委辦案人：我們也需要心理輔導〉，廉政 瞭望，November 17, 2014；〈中央紀委增加百餘名辦案人員〉，東方早報， 2014年3月20日；《中國法律年鑑2013》（北京：中國法律年鑑出版社， 2013）：1213。

57. 周永康的案子在導言中已經介紹過。在整肅原中共中央辦公廳主任令計劃 時，山西有幾十名和令計劃關係密切的官員被捕。原江西黨委書紀蘇榮落馬 時也逮捕了許多江西官員。〈令氏兄弟〉，財新新世紀50（2014年12月29 日）；〈蘇榮腐敗案〉，京華時報，2015年3月6日。

58. 〈嘉興李中傑案牽出46名官員〉，浙江在線新聞網2009年12月5日，http:// zjnews.zjol.com.cn/05zjnews/system/2009/12/05/016127544 shtml.

59. 〈湖南婁底市政府辦公樓搬牽引發窩案〉，中國青年報，2008年11月2日。

60.〈直擊紹興房地產官商勾結〉，決策採索（2008年11月）: 66–68.

61.〈權力資本化〉，瞭望22 (2005): 10.

62.〈南丹特大礦難〉

63.〈兩任市長相繼落馬〉，南方週末，2005年6月30日。

64.〈郴州巨貪曾錦春10萬元懸賞舉報者人頭〉，廣州日報，2008年4月23日。

65.〈開發商遭報復反咬出省府高官〉，南方週末，2008年10月9日。

66.〈單增德受賄案剖析〉，中國紀檢監察報，2014年12月12日。

67.〈許宗衡落馬〉，中國新聞週刊（2009年6月22日）：25；"許宗衡官市一角"，財經20（2009年9月27日）。

68.〈蘭州掀起反腐風暴〉，南方週末，2005年6月30日。

69. 這兩個案例沒有在樣本中。〈媒體揭官員內鬥〉，廉政瞭望雜誌（2015年10月16日）；〈知情人揭露季建業岳父舉報楊衛澤原因〉，文匯網，2015年1月15日，http://news.wenweipo.com/2015/01/15/IN1501150093.htm.

70.〈直擊紹興房地產官商勾結〉

71.〈行賄的受賄的都是被迫的〉，經濟參考報，2008年10月24日。

72.〈廣東韶關8.14腐敗案揭秘〉

73.山東省濱州市人民檢察院，〈單增德起訴書〉，（2013）：濱檢刑訴47。

74.〈礦難新聞滅火隊長〉，檢察風雲1 (2008).

75.〈黃光裕案細節〉，新世紀週刊（2010年5月24日）：73–78。

76. 山東省高級人民法院刑事裁定，〈王華元受賄、巨額財產來源不明案〉（2010年10月12日）。

77.〈三任縣委書記的前腐後繼〉

78.〈南丹特大礦難〉

79.〈王先民收受賄賂單〉，http://www.shijiahh.com/420887.html.

80.〈王懷忠受賄、巨額財產來源不明案〉

81.〈李大倫受賄案〉

82. 長沙市人民檢察院，〈曾錦春起訴書〉（2008）：長檢刑訴第2號。

83.〈郴州落馬紀委書記〉

84.〈前茂名書記落馬案〉，瞭望東方，（2011年2月20日）。

85.〈王華元受賄、巨額財產來源不明案〉

86.〈廣東韶關8.14腐敗案揭秘〉

87.〈周鎮宏受賄巨額財產來源不明案〉

88.〈劉卓志官市〉

第五章　竊取國有資產

開場白：《習近平關於黨風廉政建設和反腐敗鬥爭論述摘編》（北京：中央文獻
出版社，2015：129。

1. 浙江省人民檢察院的報告說，在2001到2013年間，國企內的貪腐案件有20%
屬於窩案。上海人民檢察院的報告也說，國企內的案件有52%是窩案。〈浙
江檢察機關三年查國企領域蛀蟲〉，正義網，2014年8月27日，http://news.
jcrb.com/jxsw/201408/t20140827_1426681.html；〈上海上半年反貪污賄賂立案
187件〉，人民網，2014年7月25日，http://politics.people.com.cn/n/2014/0725/
c1001-25345255.html。
2. 中國國企內的貪腐已經不少學者研究，但沒有人研究過勾結式的貪腐。
參 見 Linfen Jennifer Huang and Robin Stanley Snell, "Turn- around, corruption
and mediocrity: Leadership and governance in three state owned enterprises in
mainland China," Journal of Business Ethics 43 (2003): 111–124; Feng Chen,
"Subsistence crises, managerial corruption and labour protests in China," China
Journal 44 (2000): 41–63. Xueliang Ding examines illicit asset-stripping in X. L.
Ding, "The illicit asset strip- ping of Chinese state firms," China Journal 43 (2000):
1–28. Melanie Manion also mentions similar behavior briefly in Corruption by
Design (Cambridge, MA: Harvard University Press, 2004): 107–110. Ding的研究
是以針對六家企業的訪談為基礎，但沒有提供個別企業和主要犯人的詳細資
訊。Ding和Manion都沒有研究勾結式的貪腐的問題。
3.〈上海貪污受賄串窩案近八成在國企〉，解放日報，2000年10月20日；〈江
蘇今年職務犯罪案件中窩案串案占三成六〉，中國新聞網，http://review.jcrb.
com.cn/ournews/asp/readNews.asp?id=13942；〈浙江檢察機關三年查國企領域
蛀蟲〉
4. 在這份報告中，國企貪腐案件所占比例在2011年是44%，2012年是35%，
2013年是24%。〈中國企業家犯罪媒體案例分析報告2012〉，法人（March
2013）：16–40；〈中國企業家犯罪媒體案例分析報告2013〉，法人（February
2014）：34–47；〈中國企業家犯罪報告2011〉，新華網，http://news.xinhuanet.
com/legal/2012-01/16/c_122590462.htm。

5. 〈中國企業家犯罪媒體案例分析報告2013〉

6. 〈中國企業家犯罪研究報告2014〉，http://www.cclpp.com/article_show.jsp?f_ article_id=9674.

7. 〈中國企業家犯罪報告2011〉

8. 〈中國企業家犯罪媒體案例分析報告2012〉.

9. 〈中國企業家犯罪研究報告2014〉

10. 同上註

11. 同上註

12. 本研究關於犯人的貪賄金額都來自判決文書。如果沒有判決文書，就採取檢方起訴時的資料。如果連這些資料都沒有，就採用媒體報導的數字。

13. 在涉案人數超過三人的案件中，全部都是國有企業幹部。

14. 有一人被判無罪，因為他的貪賄所得屬於非法獎金。〈國資損失八千萬〉，中國紀檢監察報，2014年4月21日。

15. 中國從2007年採取「少殺慎殺」政策，終審也從地方高等法院移到最高法院。Stephen Noakes, "Kill fewer, kill carefully: State pragmatism, political legitimacy, and the death penalty in China," Problems of Post-Communism 61 (2014): 18–30.

16. 自1990年代起，只有三名省部級以上官員被執行死刑。分別是廣西壯族自治區人民政府主席，第九屆全國人大常委會副委員長成克傑；江西省副省長胡長青；安徽省副省長王懷忠。副部級官員只有國家食品藥品監督管理局局長鄭筱萸被執行死刑。

17. 〈明星國企垮塌的背後〉，中國監察12 (2009): 51–54.

18. 〈突破一人，抓住一串〉，人民網，http://www.jcrb.com/n1/jcrb515/ca273970.htm.

19. 〈「橫鐵」是怎樣被「蛀」空的〉，檢察風雲7 (2005): 14–16.

20. 〈中移動窩案14名高管已落馬〉，中國經營網，2013年11月20日，http://www.cs.com.cn/ssgs/gsxw/201311/t20131120_4215134.html.

21. 〈一個大型國企沉浮的背後〉，中國紀檢監察報，2011年8月19日。

22. 〈鐵帚除碩鼠〉，中國監察8 (2006): 43–47.

23. 這家國企先前也有一件涉案人數更多的勾結式貪腐案。〈陝西延長石油腐敗窩案〉，瞭望東方47 (2012): 43–50.

24. 還有第三種罪叫「私分國有資產罪」，也就是把國企或政府單位的公共財物由幾個人分掉了。在本章中，我們將私分罪歸為集體貪污罪來處理。

25. 〈徐敏傑為妻子違規報銷〉，新京報，2015年6月10日。

26. 〈齊魯石化公司腐敗案〉，新華網，2004年8月11日，http://news.sina.com.cn/c/2004-08-12/10143380310s.shtml.

27. 〈中山端掉一個五人貪污案〉，正義網，2001年4月2日，http://review.jcrb.com.cn/ournews/asp/readNews.asp?id=29921.

28. 重慶市第四中級人民法院刑事裁定書，〈彭水飲食公司窩案〉（2011）：渝四中法刑終字第52號.29

29. 〈畢玉璽相關串案開審〉，北京晚報，2005年9月13日。

30. 〈國資損失八千萬〉

31. 〈盜礦經理的黃粱夢〉，中國紀檢監察報，2013年8月28日。

32. 〈山東省濟南中級人民法院判決書〉，"薛玉泉受賄挪用公款案"（2001）：濟刑二初字第2號

33. 〈齊魯石化窩案真相〉，21世紀經濟論壇，2005年11月23日。

34. 〈溫州菜籃子集團窩案〉，中國新聞網，2012年12月31日，http://fanfu.people.com.cn/n/2012/1231/c64371-20062003.html.

35. 〈廣西柳鋼集團原董事長梁景理受審〉，人民法院報，2015年5月27日。

36. 〈國資損失八千萬〉

37. 〈「橫鐵」是怎樣被「蛀」空的〉

38. 〈引爆張春江案的兩根導火線〉，檢察風雲17 (2011): 24–27.

39. 〈華中電力集團原總經理林孔興受審〉，江淮晨報，2004年11月3日。

40. 〈解密農發行窩案〉，法庭內外，3 (2007): 4–13.

41. 〈傳中海系茅士家被查因兒子兒媳倒抽〉，京華時報，2013年11月27日。

42. 〈廣西柳鋼集團原董事長梁景理受審〉

43. 〈吳景理受審〉，2011年10月12日

44. 中共陝西省紀委，http://www.sxdaily.com.cn/data/dajs/20051126_8775072_0.htm.

45. 〈中原煤老虎李永新落馬記〉，中國青年報，2014年2月24日。

46. 〈羊城集團何以成國資黑洞〉，新華網，2003年7月28日，http://www.southcn.com/news/gdnews/gdtodayimportant/200307280259.htm.

47. 〈蘭州審判瘋狂詐騙國有資產〉，蘭州晨報，2004年12月15日；〈魏光前窩案〉，黨風通訊10 (2000): 24–34.

48. 〈泰州查處某國企窩案〉，中國紀檢監察報，2011年9月30日。

49. 除此之外，向道成還涉嫌貪污侵吞公共財物49萬餘元人民幣；205萬餘元

個人財產來源不明；挪用公款730萬元進行營利活動；抽逃註冊資金600萬元。〈重慶企業老總騙取國家補償款2683萬〉，重慶晨報，2006年5月28日；〈渝東第一貪法庭上懺悔〉，新華網，2006年5月25日，http://news.xinhuanet.com/legal/2006-05/25/content_4598265.htm.

50. 〈王成明終審被判死緩〉，財經，http://www.caijing.com.cn/2008-03-20/100053279.html.

51. 〈國企老總侵吞2.84億〉，中國新聞網，2014年6月26日，http://www.chinanews.com/fz/2014/06-26/6324703.shtml.

52. 〈溫州國企腐敗窩案〉，經濟參考報，2013年2月8日；〈溫州應國權腐敗窩案〉，人民網，2011年12月21日，http://fanfu.people.com.cn/GB/16666065.html.

53. 有一份研究認為，國企資產的價格折扣只有5%至7%，但這似乎太低，因為賄賂的行情價通常是10%，這麼薄的價差連賄賂都不夠。參見Raymond Fishman and Yongxiang Wang, "Corruption in Chinese privatization," Journal of Law, Economics and Organization 31 (2015): 1–29

54. 〈企業自賣自買暴露改制黑洞〉，新華網，2004年12月21日，http://news.xinhuanet.com/newscenter/2004-12/21/content_2361966.htm；〈黃岩區長蔣萬明被起訴〉，檢察風雲，http://www.jcrb.com/n1/jcrb752/ca354768.htm.

55. 重慶市第四中級人民法院刑事裁定書，〈彭水飲食公司窩案〉

56. 〈萬廈公司窩案〉，蘭州晨報，2012年8月25日。

57. 〈國企女掌門貪腐〉，經濟參考報，2012年7月14日。

58. 〈蔣潔敏被控受賄〉，新華網，2015年4月13日，http://news.xinhuanet.com/legal/2015-04/13/c_1114954907.htm

59. 〈周氏攫財錄〉，財新網，2014年7月29日，http://china.caixin.com/2014-07-29/100710329.html；〈紅頂灰頂和黑頂〉，財新網，http://china.caixin.com/2014-07-29/100710327.html.

60. 〈安徽軍工原董事長黃小虎受審〉，安徽商報，2014年5月30日。

61. 〈張新明的華潤百億交易案〉，新京報，2014年6月3日；〈華潤窩案中的利益連環網〉，環球人物週刊，2014年9月26日。

62. 〈解密農發行窩案〉

63. 〈中儲糧河南多個糧庫騙7億糧食資金〉，瞭望（2013年8月17日）。

64. 〈李人志受賄案〉，甘肅日報，2011年12月24日。

65. 〈三明市物資集團公司高管腐敗案〉，中國紀檢監察報，2014年3月18日。

66.〈福建南靖縣長塔煤礦三任礦長落馬〉,新華網,2002年7月16日;http://www.people.com.cn/GB/shehui/44/20020716/777503.html.

67.〈溫州國企腐敗窩案〉;〈國企老總侵吞2.84億〉

68.〈軍工集團原董事長舉報前任立功〉,新華網,2014年5月29日,http:// fanfu.people.com.cn/n/2014/0529/c64371-25082987.html;〈檢察官談畢玉璽落馬經過〉,北京晨報,2005年3月23日。

69.〈中儲糧河南多個糧庫騙7億糧食資金〉

70. 許多中央大型國企都屬於副部級,企業負責人等同於副部長,所以必須由中共中央組織部任命。

71.〈橫鐵是怎樣被蛀空的〉;〈揭開一個老牌國企的破產迷局〉,中國紀檢監察報,2011年6月24日。

72.〈中原煤老虎李永新落馬記〉

73.〈徽商集團窩案〉,法制與新聞(2009年4月):27–29。

74.〈中國輕騎集團原董事長張家嶺判無期〉,新華網,2009年2月11日,http://news.xinhuanet.com/legal/2009-02/11/content_10804781.htm.

75.〈魏光前窩案〉

76.〈徽商集團窩案〉

77.〈解密農發行窩案〉

第六章　與黑道共枕

開場白:《習近平關於黨風廉政建設和反腐敗鬥爭論述摘編》(北京:中央文獻出版社,2015):124。

1. 組織型犯罪的官方用語是「黑社會性質的組織」,其定義經過許多演變。最新和最權威的定義是2011年修正的中國刑法第294條,黑社會性質的組織應當同時具備以下特徵:

   (一)形成較穩定的犯罪組織,人數較多,有明確的組織者、領導者,骨幹成員基本固定;

   (二)有組織地通過違法犯罪活動或者其他手段獲取經濟利益,具有一定的經濟實力,以支持該組織的活動;

   (三)以暴力、威脅或者其他手段,有組織地多次進行違法犯罪活動,為非作惡,欺壓、殘害群眾;

（四）通過實施違法犯罪活動，或者利用國家工作人員的包庇或者縱容，稱霸一方，在一定區域或者行業內，形成非法控制或者重大影響，嚴重破壞經濟、社會生活秩序。

2. 這份清單在 http://blog.sina.com.cn/s/blog_425d3adf0100ve9m.html.

3. Ming Xia, "Organizational formations of organized crime in China: Perspectives from the state, markets, and networks," Journal of Contemporary China 17 (2008): 1–23; Andrew Wedeman, "The challenge of commercial bribery and organized crime in China," Journal of Contemporary China 22 (2013): 18–34; Sheldon X. Zhang and Ko-lin Chin, "Snakeheads, mules, and protective umbrellas: A review of current research on Chinese organized crime," Crime, Law, and Social Change 50 (2008): 177–195.

4. 一份較早期的研究是Ko-lin Chin and Roy Godson, "Organized crime and the political nexus in China," Trends in Organized Crime 9(3) (Spring 2006): 5–44.

5.〈陝西潼關公安局長參與黑社會〉，瞭望東方（2008年4月22日）；〈新化黑社會團夥調查〉，新世紀週刊（2006年4月21日）；〈江西千山黨政幹部涉黑〉，中國新聞網，2001年10月16日，http://www.chinanews.com/2001-10-16/26/130530.html；〈錦州涉黑團夥〉，http://news.xinhuanet.com/legal/2006-06/29/content_4765278.htm；〈被黑老大腐蝕掉的官員〉，民主和法制30 (2012): 31–33；〈橫峰縣涉黑組織大案〉，江南都市報，2012年11月29日；〈禾陽謝文生兄弟涉黑案調查〉，中國青年報，2008年9月19日；〈山西打黑第一案〉，中廣網，2002年1月4日，http://www.cnr.cn/home/society/200201040099.html.

6.〈瀋陽打黑英雄涉黑受審〉，財經網，2008年6月30日，http://www.caijing.com.cn/2008-06-30/100072176.html；〈黑龍江第一涉黑案〉，南方週末，2004年9月2日；〈聶磊被執行死刑〉，青島新聞網，2013年9月17日，http://qd.sohu.com/20130917/n386740645.shtml；〈茂名涉黑案重審〉，羊城晚報，2014年9月20日；〈宋鵬飛涉黑案〉，瞭望東方（2008年7月14日）；〈福州高層大地震〉，檢察風雲2 (2004): 14–17；〈長春黑老大受審〉，中國新聞網，2010年10月20日，http://www.chinanews.com/sh/2010/10-20/2598451.shtml；〈曾腐蝕幹警稱霸今待嚴懲〉，新華網，2002年4月15日，http://news.xinhuanet.com/newscenter/2002-04/15/content_359105.htm；〈橫行湘潭20多年非法獲利過億〉，紅網，2011年12月26日，http://hn.rednet.cn/c/2011/12/26/2473681.htm.

7. 〈三涉黑團夥瀋陽覆滅記〉，北京新報，2008年7月16日。

8. 一份關於吉林省黑社會的研究也顯示黑幫組織已經滲入礦業和房地業。吉林省在2006到2011年間被掃掉的50個黑幫中，有5個涉及礦業，7個涉及房地產業。靳高風，〈吉林省涉黑犯罪調查〉，山東員警學院學報121 (2012): 86.

9. 〈紅與黑〉，檢察風雲1 (2001): 2–5.

10. 〈瀋陽公安局原副局長涉黑〉，北京新報，2008年7月16日。

11. 〈一位高官的腐化生活〉，檢察風雲7 (2007): 8–9.

12. 〈義烏公安局長倒於石榴裙下〉，京華時報，2002年4月20日。

13. 〈一場官黑相傍的罪惡〉，反腐敗導刊5 (2002): 36

14. 〈黑龍江最大涉黑組織關係網曝光〉，中國青年報，2004年8月16日。

15. 〈充當黑社會保護傘，淮安13名幹警被訴〉，人民網，2002年4月25日，http://www.people.com.cn/GB/shehui/44/20020424/716650.html.

16. 〈福建剿滅一黑社會組織〉，中國新聞網，2002年7月22日，http://www.chinanews.com/2002-07-21/26/204699.html.

17. 〈湘潭公安局原副局長涉黑〉，法制網，2014年4月23日，http://www.legaldaily.com.cn/index_article/content/2014-04/23/content_5474291.htm?node=5955.

18. 〈邵陽特大涉黑團夥覆滅記〉，中國新聞網，2003年12月4日，http://www.chinanews.com/n/2003-12-04/26/376809.html.

19. 〈陝西潼關公安局長參與黑社會〉

20. 〈新化黑社會團夥調查〉

21. 〈福州首富陳凱的發家史〉，三聯生活周刊（2003年12月19日）。

22. 〈值得警惕的涉黑案〉，南風窗（2004年1月16日）：21。

23. 〈邵陽特大涉黑團夥覆滅記〉；〈一個政協常委的黑道人生〉，時代潮2–3 (2004).

24. 〈拿掉官方保護傘〉，瀟湘晨報，2002年8月3日。

25. 〈鄭州皇家一號被查〉，中國新聞網（2014年5月17日）。

26. 〈充當保護傘，郴州多名政法幹部被查〉，中國青年報，2001年11月5日。

27. 〈山西陽泉警方多名官員因資產過億巡警案被調查〉，中國廣播網，December 19, 2010, http://fanfu.people.com.cn/GB/13521419.html.

28. 〈通化公安局原副局長王禹帆涉黑〉，新華網，009年11月24日，http://news.xinhuanet.com/legal/2009-11/24/content_12530921.htm.

29.〈龍興社覆滅〉，瞭望（2005年11月27日）。

30.〈揭開瀋陽劉涌犯罪集團黑幕〉，北京新報，http://news.sina.com.cn/c/2001-09-06/349390.html.

31.〈邵陽摧毀以二湯為首的黑社會組織〉，人民網，2002年1月15日，http://www.people.com.cn/GB/shehui/212/4250/6398/20020115/648185.html.

32.〈黑市長是怎樣發跡的〉，半月談內部版1 (2002): 57–60.

33.〈鉛山黨政幹部涉黑〉

34.〈橫峰縣涉黑組織大案一審宣判〉，江南都市報，2012年11月29日。

35.〈黑幫無惡不作近10年湖南漣源39名官員被查〉，中國新聞網，2002年2月8日，http://www.chinanews.com/2002-02-08/26/161076.html.

36.〈富順縣房管局原局副局長獲刑〉，檢察日報，http://www.jcrb.com/n1/jcrb345/ca194821.htm

37.〈茂港區原公安局長楊強受賄〉，南方日報，2011年6月20日。

38.〈義烏公安局長到於石榴裙下〉

39.〈鄭州公安局原副局長周廷被判〉，人民網，2015年2月13日，http://politics.people.com.cn/n/2015/0213/c70731-26562304.html.

40.〈順昌黑幫保護傘被起訴〉，中國新聞網，2002年1月29日，http://news.sina.com.cn/c/2002-01-29/459171.html.

41.〈吸毒局長蔡亞斌一審〉，瀟湘晨報，2012年8月24日；〈湖南公安廳原副廳級幹局長黃桂生受賄開庭〉，中國新聞網，2012年12月27日，http://www.chinanews.com/fz/2012/12-27/4443907.shtml.

42.〈福建剿滅一黑社會組織〉；〈淮安市淮陰公安局原副局長李楊被判徒刑〉檢察日報，2002年6月13日。

43.〈邵陽特大涉黑團夥覆滅記〉

44.〈拿掉官方保護傘〉

45. 這個黑幫的活動期間是1998到2007年。〈潼關公安局長等20多警察參與黑社會〉，瞭望（2008年4月22日）。

46.〈紅與黑〉

47.〈瀋陽公安局原副局長涉黑〉

48.〈湖南耒陽明星公安局長肖強落馬記〉，中國青年報，2008年8月26日。

49.〈米賓市原副市長李啟亮違紀〉，中國紀檢監察，2012年5月25日；〈米賓一國土幹部領刑年〉，南國早報，http://www.ngzb.com.cn/thread-525103-1-1.html.

50. 〈東安縣委副書記被公審〉，人民網，2002年1月26日，http://www.people. com.cn/GB/other4788/20020126/656255.html.

51. 汪長任是黑幫老大張秀武的代理人。〈遼寧原大副主任宋勇落馬〉，小康，2010年3月4日，http://fanfu.people.com.cn/GB/145746/11070481.html；〈被黑社會腐蝕掉的官員們〉，民主和法制30 (2012): 31–33；〈凌源原市委書記宋久林受審，被控包庇黑社會〉，中國新聞網，2010年5月18日，http://fanfu. people.com.cn/GB/11631264.html.

52. 〈被金錢擊倒的市委秘書長〉，檢察風雲9 (2004): 19.

53. 最高人民法院，〈再審劉涌刑事判決書〉（2003）：刑提字第5號。

54. 〈茂名茂港區原公安局局長楊強大肆受賄〉，南方日報，2011年6月20日。

55. 〈瀋陽公安局原副局長涉黑〉

56. 〈茂名黑老大判20年〉，廣州日報，2011年12月20日。

57. 最高人民法院，〈再審劉涌刑事判決書〉

58. 〈湘中第一黑幫的窮途末路〉，民主和法制11 (2006).

59. 〈青島多公檢法多名涉黑老大聶磊案落馬官員名單曝光〉，財新新世紀（2011年10月17日）。

60. 〈浙江溫嶺特大黑幫案開審〉，中國新聞網，2000年12月19日，http://www. chinanews.com/2000-12-19/26/62306.html;「紅與黑」。

61. 〈富州死囚富豪陳凱上訴〉，法制早報，2005年2月2日，〈福建大批高官因福州首富陳凱案被判重刑〉，重慶晨報，2004年12月17日。

62. 〈陝西終審三秦打黑第一案〉，中國青年報，2002年3月13日。

63. 〈雲南西雙版納公安局原副局長受賄〉，中國法院網，2008年6月4日，http:// cpc.people.com.cn/GB/64093/64371/7340671.html.

64. 〈吉林通化市公安局副局長涉黑受審〉，新民網，2009年11月12日，http:// news.163.com/09/1112/02/5NSSGDQ80001124J.html.

65. 〈茂名原茂港金安局長賣官縱容黑社會〉，南方日報，2011年6月20日。

66. 〈一個勇於懲腐除惡的老百姓〉，反腐敗導刊4 (2001): 14–19.

67. 〈新化黑社會團夥調查〉

68. 〈湖南耒陽明星公安局長肖強落馬記〉

69. 〈山西涉黑屢犯被判死罪供出高官一串〉，新華社，2005年11月17日，http:// news.sina.com.cn/o/2005-11-18/06267470534s.shtml.

70. 〈與黑老大稱兄道弟的公安廳副廳長〉，民主和法制6 (2007): 24–25.

71.〈青島公檢法多名涉黑老大磊磊案落馬官員名單曝光〉

72.〈茂名李振剛涉黑案〉，法制日報，2011年6月23日。

73.〈福州高層大地震〉，檢察風雲2 (2004): 14.

74.〈茂名港區原公安分局局長楊強大肆受賄〉

75. 長春黑幫老大郝偉成生意範圍廣泛，其中之一就是強迫拆遷。瀋陽的劉涌也搞暴力迫遷。〈長春黑老大受審〉，中國新聞網，2010年10月20日，http://www.chinanews.com/sh/2010/10-20/2598451.shtml；最高人民法院，〈再審劉涌刑事判決書〉

76. 福建國安廳副廳長智渡江向陳凱收賄10萬元人民幣，被判12年。〈福建大批高層因福州首富陳凱案被判重刑〉。2002年，陝西國安廳廳長張永輝也受賄於福州販毒集團100萬而被判15年。阜陽市國安局局長閃步軒因巨額財產來源不明罪，在2005年被判10年。http://blog.sina.com.cn/s/blog_425d3adf0100ve9m.html.

第七章　腐敗的擴散

開場白：《習近平關於黨風廉政建設和反腐敗鬥爭論述摘編》（北京：中央文獻出版社，2015）：19。

1. 關於一黨專政和司法改革的內在衝突，參見Stanley Lubman, ed., The Evolution of Law Reform in China: An Uncertain Path (Cheltenham: Edward Elgar, 2012).

2. 鄭小樓，〈法官腐敗報告〉，財經（2013年8月5日）。

3. 數據來自歷年度〈最高人民法院給全國人大的年度工作報告〉。2005和2015年的數據沒有放進去，因為這兩個年度的報告沒有提供數據。在1998年以前，這份報告會提供每年被刑事起訴的法官人數。在1987到1992年間，有44名法官被起訴。而在1993到1997年間，有180名法官被起訴。

4.〈司法不公窩案增加〉，新京報，2009年6月25日；〈司法人員職務犯罪窩案串案突出〉，檢察日報，2003年12月12日。關於一些早期對司法腐敗的研究，參見Ting Gong, "Dependent judiciary and unaccountable judges: Judicial corruption in contemporary China," China Review 4 (2004): 33–54; Ling Li, "Corruption in China's courts," in Randall Peerenboom, ed., Judicial Independence in China: Lessons for Global Rule of Law Promotion (New York: Cambridge University Press, 2010): 196–220; Yuhua Wang, "Court funding and judicial corruption in China," China Journal 69 (January 2013): 43–63; Zhou Keyuan, "Judicial reforms vs. judicial corruption: Recent developments in China," Criminal Forum 11 (2000): 232–351. 一些中文研究文獻是有注意到司法系統中的集體或勾結式腐敗，但迄今未有系統性的分析。Chinese literature on corruption in the judiciary has noted collective or collusive corruption, but there has been no systematic research. 參見蔣超，〈三十年來中國法官違法犯罪問題〉，寧夏社會科學4 (2010): 9–16；鄭小樓，〈法官腐敗報告〉。

5. 中共中央在1998年首次發動針對司法系統的反腐敗運動，禁止法官接受當事人及其律師的禮品饋贈和請客吃飯。1998年有高達2,512名法官受違紀處分，其中221人被起訴。〈最高人民法院工作報告1999〉，http://www.court.gov.cn/qwfb/gzbg/201003/t20100310_2633.htm.

6. 〈西城法院原院長郭生貴死緩判決〉，人民網http://politics.people.com.cn/GB/14562/8719971.html.

7. 〈茂名茂港區原法院原院長嚴得犯五宗罪〉，廣州日報，2012年6月22日。

8. 〈湖南高院原院長吳振漢落馬記〉，荊楚網，http://news.sina.com.cn/c/l/2006-11-14/115611510751.shtml.

9. 〈深圳中院原副院長墮落軌跡〉，東方網，http://news.xinhuanet.com/legal/2008-01/15/content_7427445.htm

10. 〈140萬元賄賂法官〉，新快報，2010年12月15日。

11. 〈詳解張弢案〉，新世紀（2011年3月2日）。

12. 〈究竟誰來監督法官？〉，中國新聞周刊（2004年4月19日）。

13. 〈透視武漢13名法官的腐敗同盟〉，中國新聞周刊（2004年4月19日）。

14. 鄭小樓，〈法官腐敗報告〉

15. 〈究竟誰來監督法官？〉

16. 鄭小樓，〈法官腐敗報告〉

17. 〈武漢市中級人民法院13名法官受賄〉，工人日報，2004年6月7日。

18. 〈股權糾紛牽出法官窩案〉，新華網，http://news.xinhuanet.com/legal/2012-06/20/c_123309771.htm.

19. 〈剖析福州台江法官腐敗窩案〉，中國新聞網，http://www.chinanews.com/fz/2014/09-12/6585902.shtml.

20. 〈賄賂一串法官〉，福州晚報，http://www.66163.com/fujian_w/news/fzwb/981229/5-1.htm.

21. 〈他把25名法官拉下水〉，南方周末，2009年4月30日。

22. 〈瀋陽慕馬大案查處紀實〉，廉政在線，http://jct.zj.gov.cn/fanfubai/detail.asp?id=97.

23. 法院院長嚴得也是向黑幫老大受賄。〈茂名黑老大李振剛重審〉，南都數字報，http://epaper.nandu.com/epaper/A/html/2014-09/20/content_3316738.htm?div=-1.

24. 〈黑老大蹊蹺出獄〉，南方周末，2007年11月7日。

25. Donald Clarke, "Power and politics in the Chinese court system: The enforcement of civil judgments," Columbia Journal of Asian Law 10 (1996): 1–91.

26. 根據媒體報導，這件事可能發生在1999年。〈走向地獄之路〉，民主和法制（2002年1月）。

27. 〈剖析福州台江法官腐敗窩案〉

28. 〈訴訟掮客放倒湛江9名法官〉，南方日報，2011年4月27日。

29. 〈尚軍受賄落馬〉，新華網，http:// news.xinhuanet.com/legal/2006-11/16/content_5337321_1.htm.

30. 〈茂名茂港區原法院原院長嚴得犯五宗罪〉

31. 〈湖南高院原院長吳振漢落馬〉，荊楚網，http://www.cnhubei.com/200611/ca1205390.htm.

32. 〈遼寧高院原副院長陳長林被查〉，財新網，http://china.caixin.com/2014-09-15/100728790.html.

33. 〈阜陽中院之痛〉，方圓法治(September 2009): 14–19；〈安徽阜陽中院腐敗案審判〉，中國青年報，2008年3月31日；〈阜陽中級法院三任院長前腐後繼〉，法制與新聞10 (2006)；〈尚軍受賄落馬〉。

34. 在1998年針對司法系統的反腐運動中，中央政法委發布了「四項禁令」，其中一項是不准接受當事人及其律師的禮品餽贈和請客吃飯。鄭小樓，〈法官腐敗報告〉

35. 〈剖析福州台江法官腐敗窩案〉

36. 〈公安局幹警武裝抗法案〉，檢察風雲22 (2003): 28–29。

37. 「三陪」是指陪吃喝、陪跳舞和陪睡。〈賄賂一串法官〉

38. 一名生意人在輸掉一場官司後，懷疑承審法官有收賄，於是跟蹤這名法官搜集證據。〈上海多名法官被曝參與集體召妓〉，騰訊網，http:// news.qq.com/a/20130802/018022.htm.

39. 〈公安局幹警武裝抗法案〉

40. 〈河南伊川礦難〉，財新網，http://china.caixin.com/2010-08-06/100167342.html.

41. 〈武漢法官犯罪觸目驚心〉，瞭望東方（2004年2月2日）。

42. 〈阜陽中院法官群體道德缺失〉，人民網，http://politics.people.com.cn/GB/1026/3362116.html.

43. 中國刑法，http://www.china.com.cn/policy/txt/201201/14/content_24405327_28.htm.

44. 〈溫州市安監局原局長陳彩興涉嫌受賄〉，中國廣播網，http://www.cnr.cn/2004news/internal/200810/t20081023_505131793.html；〈溫州紀委通報十大典型案件〉，溫州網，http://report.66wz.com/system/2008/12/19/101030146.shtml.

45. 本案有20人被捕。〈溫州原環保局長涉嫌受賄法庭受審〉，法制日報，2008年11月20日；〈溫州紀委通報十大典型案件〉

46. 〈廣州海珠檢察院屢查大案〉，南方都市報，2005年1月7日；〈為升官廣州環保局長李維宇拿贓款〉，羊城晚報，2004年12月28日。

47. 〈介休環保局長三名副局長落馬〉，法制日報，2012年12月14日。

48. 〈慈溪環保局原局長涉嫌嚴重違紀〉，錢江晚報，2014年6月5日。〈浙江慈溪環保局系統腐敗窩案〉，檢察日報，2009年6月18日。

49. 鄭筱萸是後毛澤東時代唯一因貪污被處決的副部級官員。〈藥監局窩案裡的小卒〉，檢察風雲20 (2007).

50. 〈聯手炮製假藥的藥監局官員〉，檢察風雲21 (2007).

51. 〈鄭筱萸受賄玩忽職守一審判決書〉，http://www.360doc.com/content/13/1204/10/3730583_334346626.shtml.

52. 〈鄭筱萸腐敗路線圖〉，中國新聞網，http://www.chinanews.com/sh/news/2007/04-10/911752.shtml.

53. 〈出事故的安監局長〉，中國紀檢監察報，2013年3月15日；〈安徽省蚌埠市安監局原副局長調查事故收受賄賂〉，新華網，2011年11月16日，http://news.xinhuanet.com/legal/2011-11/16/c_111171422.htm.

54. 〈介休環保局三名副局長落馬〉

55. 這件案子涉及7名官員和超過200名礦主。據報導，政府的採礦權收益損失超過3億元人民幣。〈吉林最大規模瀆職腐敗窩案〉，正義網，2008年4月8日，http://www.jcrb.com/zhuanti/ffzt/hscwlfb/fbwa/200808/t20080815_63020.html.

56.〈江蘇南通環保腐敗窩案〉，第一財經日報，2013年1月7日。

57.〈浙江海鹽環保局現腐敗窩案〉，正義網，2014年12月9日，http://news.jcrb. com/jxsw/201412/t20141209_1457355.html.

58.〈湖南藥監領域腐敗案調查〉，中國新聞網，2013年5月5日，http://www. chinanews.com/gn/2013/05-05/4787754.shtml.

59.〈兩年內中國環評〉，財新網，2015年3月26日，http://china.caixin.com/2015-03-26/100794908.html.

60.〈被潛規則污染的環保局〉，民主和法制（2007年10月19日）

61.〈廣東江門環保窩案〉，南方日報，2010年1月11日

62.〈別讓腐敗的水，髒了環保的門〉，正義網，http://www.jcrb.com/n1/jcrb499/ ca267239.htm；〈被污染的環保官員〉，三湘都市報，2004年10月18日。

63.〈環保局領導是怎樣被污染的〉，浙江廉政在線，http://jct.zj.gov.cn/fanfubai/ detail.asp?id=1793.

64.〈湖南省安監局原局長謝光祥索賄〉，湖南日報，2010年3月31日。

65.〈湖南省安監局原局長謝光祥的陰陽人生〉，法制日報，2010年4月8日；〈湖南安監局原局長謝光詳涉嫌受賄被紀委調查〉，荊楚網，2008，年12月18日http://news.eastday.com/c/20081218/u1a4052140.html.

66.〈為升官廣州市環保局長李維宇拿贓款〉

67.〈藥監局窩案裡的小卒〉

68.〈貪財局長倒在情人懷裡〉，信息時報，2004年7月7日。

69.〈被潛規則污染的環保局〉

70.〈杭州徹底調查環保系統腐敗〉，南方周末，2008年4月4日。

71.〈浙江省海寧市安監局腐敗窩案剖析〉，中國紀檢監察報，2014年11月24日。

72.〈會計自首揭藥監系統貪腐窩案〉，檢察日報，2014年9月25日。

73.〈介休環保局三名副局長落馬〉

74.〈杭州徹底調查環保系統腐敗〉；〈原廣州市環保局局長受賄68萬〉，新快報，2004年12月28日。

75. 中共中央紀委書紀王岐山就是用這個詞形容山西的案子。〈王岐山談塌方式腐敗〉，新華網，2015年3月11日，http://news.xinhuanet.com/politics/ 2015-03/11/c_127567146.htm.

76. 關於這些塌方式腐敗案例的細節，請見〈廣西8年一正三副4名主席落馬〉，21世紀論壇，2009年9月2日；〈內蒙3月內12名官員落馬〉，新聞晨報，2014年9月19日；〈開封官場窩案〉，新世紀周刊，2014年10月20日。

77. 〈官場大地震未息〉，財經（2005年5月1日）；〈黑龍江政壇三年大地震〉，新世紀周刊（2005年12月28日）。

78. 〈山西官員落馬加速度〉，財新網，2014年9月1日，http://china.caixin.com/2014-09-01/100723645.html；〈盤點山西反腐〉，新浪網，http://shanxi.sina.com.cn/news/zt/luoma/；〈腐敗重災區主官〉，財新網，2015年3月6日，http://topics.caixin.com/2015-03-06/100789017.html.

79. 〈蘇榮〉，http://news.ifeng.com/mainland/special/tgpzsr/；〈蘇榮的腐敗案〉，京華時報，2015年3月6日；〈蘇榮的權力場〉，中國新聞周刊，（2014年10月9日）。

80. 〈雲南落馬官員名單〉，廣州生活網，2015年3月15日，http://www.gzyeah.com/article/2015031532180.html；〈繼續追查外逃原書記高嚴〉，觀察網，2015年3月7日，http://www.guancha.cn/FaZhi/2015_03_07_311411.shtml.

81. 〈福州死囚富豪陳凱上訴〉，新京報，2005年1月23日；〈福建大批高官因福州首富陳凱案被判重刑〉，重慶晨報，2004年12月17日；〈福州首富陳凱案〉，周末報，2004年8月18日。

82. 〈瀋陽慕馬大案查處紀實〉，人民網，2001年10月15日，http://www.people.com.cn/GB/shehui/44/20011015/581373.html.

83. 〈安徽阜陽政府力圖重塑形象〉，中國經濟周刊（2007年5月28日）；黃陵紀委，〈王懷忠腐敗案件〉，http://www.ycjjw.gov.cn/WrzcNet_ReadNews.asp?NewsID=445.

84. 〈郴州腐敗窩案〉，中國青年報，2008年11月21日。

85. 〈茂名官場窩案〉，東方早報，2014年3月30日；〈廣東茂名官場又地震〉，中國新聞網，2014年10月31日，http://www.chinanews.com/gn/2014/10/31/6739256.shtml.

86. 〈王昭耀榮耀與恥辱〉，南方周末，2007年12月18日；〈安徽阜陽賣官市長肖作新受審〉，東方網，http://news.eastday.com/epublish/gb/paper134/3/class013400007/hwz186177.htm；〈王懷忠腐敗案件〉；〈貧困縣倆，賣官書記〉，新華網，2006年2月21日，http://www.gxjjw.gov.cn/article/2006/0221/article_5841.html.

87.〈廣東省原常委周鎮宏判決書〉，http://www.thepaper.cn/newsDetail_forward_
1295214；〈茂名官場窩案〉；〈茂名原公安局長倪俊雄落馬〉，新華網，
2012年6月28日，http://news.xinhuanet.com/local/2012-06/28/c_123340678.
htm；〈原茂名公安局長買官賣官〉，人民網，2012年7月16日，http://fanfu.
people.com.cn/n/2012/0716/c64371-18521630.html.

88.〈山西省原副省長杜善學〉，人民網，2015年2月13日，http://politics.people.
com.cn/n/2015/0213/c1001-26563627.html；〈山西省委原常委陳川平〉，人民
網，2015年2月17日，http://politics.people.com.cn/n/2015/0217/c1001-26580076.
html；〈蘇榮腐敗案〉

89.〈蘇榮的權力場〉

90.〈白恩培：一個省級政治山頭的崩塌〉，鳳凰網，http://news.ifeng.com/
mainland/special/tgpzbep/；〈昆明落馬書記張田欣〉，經濟觀察網，2014年7
月23日，http://business.sohu.com/20140723/n402624917.shtml；〈揭秘落馬官
員仇和〉，法制晚報，2015年5月4日。

91.〈安徽省原副省長王懷忠案〉，http://old.chinacourt.org/html/article/200402/13/
103600.shtml；〈王懷忠腐敗案件〉；〈王懷忠走向死亡〉，人民文摘(2004).

92.〈湖南郴州市委書記李大倫落馬波及158名官商〉，秦風網，2012年8月31
日，http://www.ycjjw.gov.cn/WrzcNet_ReadNews.asp?NewsID=444.

93.〈瀋陽慕馬大案查處紀實〉；〈解讀瀋陽劉涌黑幫發展過程〉，中國青年報，
2001年9月21日。

94.〈福州死囚陳凱上訴〉

95.〈劉漢朋友圈〉，財經，http://www.weixinyidu.com/n_17443.

96.〈慕綏新、馬向東與黑社會勾結實錄〉，文摘報，2001年11月29日；〈白
恩培雲南舊事〉，財經網，2014年9月15日，http://politics.caijing.com.cn/
20140915/3698688.shtml；〈起底白恩培〉，一財網，2014年8月31日，http://
news.sina.com.cn/c/2014-08-31/175930772328.shtml.

97.〈郴州腐敗窩案〉

98.〈蘇榮的權力場〉

99.〈王懷忠腐敗案件〉

100. 大悟縣紀律檢查委員會，〈慕綏新自供狀〉，http://www.dwjwjc.com/info.
aspx?id=34.

101.〈瀋陽慕馬大案查處紀實〉

102.〈福州首富陳凱案〉

結論

開場白：《習近平關於黨風廉政建設和反腐敗鬥爭論述摘編》（北京：中央文獻出版社，2015）：34。

1. Olivier Blanchard, Kenneth A. Froot, and Jeffrey D. Sachs, eds., The Transition in Eastern Europe, Vol. 2: Restructuring (Chicago: University of Chicago Press, 2007); Frank Schimmelfennig and Ulrich Sedelmeier, eds., The Europeanization of Central and Eastern Europe (Ithaca, NY: Cornell University Press, 2005).
2. Janos Kornai, "Transformational recession: The main causes," Journal of Comparative Economics 19 (1994): 39–63; Olivier Blanchard, Reform in Eastern Europe (Cambridge, MA: MIT Press, 1993).
3. Geoffrey Pridham and Tatu Vanhanen, Democratization in Eastern Europe (London: Routledge, 2002); Karen Dawisha and Bruce Parrott, The Consolidation of Democracy in East-Central Europe, Vol. 1 (Cambridge, UK: Cambridge University Press, 1997).
4. 關於掠奪型國家的討論，參見 Peter Evans, "Predatory, developmental, and other apparatuses: A comparative political economy perspective on the Third World state," Sociological Forum 4 (1989): 561–587.
5. Douglass North, Institutions, Institutional Change and Economic Performance (New York: Cambridge University Press, 1990).
6. Nicholas Lardy, Markets over Mao: The Rise of Private Business in China (Washington, DC: Peterson Institute for International Economics, 2014); Yasheng Huang, Capitalism with Chinese Characteristics: Entrepreneurship and the State (New York: Cambridge University Press, 2008).
7. 參見 Bruce Dickson, Red Capitalists in China: The Party, Private Entrepreneurs, and Prospects for Political Change (Cambridge, UK: Cambridge University Press, 2003); Dickson, Wealth into Power: The Communist Party's Embrace of China's Private Sector (Cambridge, UK: Cambridge University Press, 2008).
8. Daron Acemoglu, "The form of property rights: Oligarchic vs. democratic societies," Working Paper No. 10037, National Bureau of Economic Research,

2003; Konstantin Sonin, "Why the rich may favor poor protection of property rights," Journal of Comparative Economics 31 (2003): 715–731.

9. 在2015年137位身價超過十億美元而且從事房地產的大亨中，其總體財富約為36.902兆人民幣。胡潤百富榜，http://www.hurun.net/CN/ArticleShow.aspx?nid=14677.

10. 關於有哪些缺陷，參見World Bank and Development Research Center of the State Council, China 2030: Building a Modern, Harmonious, and Creative Society (Washington, DC: World Bank, 2013).

11. 到2015年7月為止，共有中紀委2名局級幹部、5名省級紀委書記和3名副書記、10名市級紀委書記因貪污被捕。

12. 〈鄭文貴圍獵高官記〉，財新網，2015年3月25日，http://china.caixin.com/2015-03-25/100794575_all.html#page2.

13. 〈西藏首虎樂大克被查〉，北京新報，2015年6月27日。

14. 〈全軍查辦案件，工程建設房產開發等占九成〉，北京青年報，2014年12月1日。

15. 這個理論具代表性的著作，參見Sebastian Heilmann and Elizabeth J. Perry, eds., Mao's Invisible Hand: The Political Foundations of Adaptive Governance in China (Cambridge, MA: Harvard University Asia Center, 2011); David Shambaugh, China's Communist Party: Atrophy and Adaptation (Washington, DC: Woodrow Wilson Press; Berkeley: University of California Press, 2008); Andrew Nathan, "Authoritarian resilience," Journal of Democracy 14 (2003): 6–17.

16. Daron Acemoglu and James Robinson, Why Nations Fail: The Origins of Power, Prosperity, and Poverty (New York: Crown, 2012).

17. 關於俄國和烏克蘭的民主，參見Steven Fish, Democracy Derailed in Russia: The Failure of Open Politics (Cambridge, UK: Cambridge University Press, 2005); Lucan Way, "Rapacious individualism and political competition in Ukraine, 1992–2004," Communist and Post-Communist Studies 38 (2005): 191–205.

謝辭

　　首先我要感謝Smith Richardson Foundation慷慨的支持，尤其要謝謝Marin Strmecki與Allan Song對這個計畫的信心與耐心。

　　在本書的研究期間，香港中文大學的中國研究服務中心（Universities Service Centre at the Chinese University）的職員給予了我莫大的協助。我多此訪問該中心皆承蒙熊景明、陳建民、高琦與Celia Chan提供的大力協助與熱情招待，特此致謝。在克萊蒙特‧麥肯納學院（Claremont McKenna College），付鈺、王雨晨、盛楚宜與Xue Bai, Victoria Tang從大量的中國文獻中整理篩選出本書需要的資料，對本書的完成功不可沒。凱克國際戰略研究中心（Keck Center for International and Strategic Studies）的Desiree Gibson也予以我巨大的行政協助。

　　我由衷感謝龔婷、周雪光、魏昂德（Andrew Walder）以及其他兩位匿名評審提供的珍貴建議。此外，沒有哈佛大學出版社的Kathleen McDermott的鼓勵支持與Nancy Hearst的潤飾校對，本書也難以出版。

　　我也要謝謝我的太太美洲與兒子Alexander、Philip對我在寫作期間的關懷與包容。

　　最後，我要向我學術與人生上的導師、終身的益友馬若德
（Roderick MacFarquhar）致上最深的謝意。若德在求知與學術工
作上的熱忱、慷慨的為人，以及對正義與人道毫不妥協的堅持，
始終是我的指引標竿。僅將本書獻給他。

兩岸用語對照表

中國大陸用語	台灣用語
一把手	第一把交椅
下崗	離職
下海	從商
入夥	參與
內部人交易	內線交易
分管	職權管轄範圍
出台	推出
打黑	掃黑
合同	契約
行當	行業
材料	資料
桑拿	按摩
缺分	職缺
條目	項目
團夥	幫派、集團

中國觀察 34

出賣中國
權貴資本主義的起源與共產黨政權的潰敗
CHINA'S CRONY CAPITALISM：The Dynamics of Regime Decay

作　　者	裴敏欣
譯　　者	梁文傑
編　　輯	王家軒
校　　對	陳佩伶
封面設計	李東記

企　　劃	蔡慧華、趙凰佑
總 編 輯	富　察
社　　長	郭重興
發行人兼 出版總監	曾大福
出版發行	八旗文化／遠足文化事業股份有限公司
地　　址	新北市新店區民權路108-2號9樓
電　　話	02-22181417
傳　　真	02-86671065
客服專線	0800-221029
信　　箱	gusa0601@gmail.com
Facebook	facebook.com/gusapublishing
Blog	gusapublishing.blogspot.com
法律顧問	華洋法律事務所／蘇文生律師

印　　刷	前進彩藝有限公司
定　　價	380元
一版一刷	2017年（民106）07月
一版五刷	2018年（民107）05月
ISBN	978-986-94865-8-3

版權所有・翻印必究（Print in Taiwan）
本書如有缺頁、破損、裝訂錯誤，請寄回更換

CHINA'S CRONY CAPITALISM: The Dynamics of Regime Decay
by Minxin Pei
Copyright © 2016 by the President and Fellows of Harvard College
Published by arrangement with Harvard University Press
through Bardon-Chinese Media Agency
Complex Chinese translation copyright © 2017
by Gusa Press, a division of Walkers Cultural Enterprise Ltd.
ALL RIGHTS RESERVED

國家圖書館出版品預行編目（CIP）資料

出賣中國：權貴資本主義的起源與共產黨政權的潰敗／裴敏欣作；梁文傑譯. --
一版. -- 新北市：八旗文化，遠足文化，2017.07
　　面；　　公分. --（中國觀察；34）
譯自：CHINA'S CRONY CAPITALISM: The Dynamics of Regime Decay
ISBN 978-986-94865-8-3（平裝）

1. 政治經濟與析　2. 資本主義　3. 經濟情勢　4. 中國

552.2　　　　　　　　　　　　　　　　　　　　　106010241